MÉMOIRES

DE L'HISTORIEN

PIERRE TUDEBODE

(OU TUDEBŒUF)

SUR SON PÈLERINAGE A JÉRUSALEM

TRADUITS DU LATIN

Avec notes, table des noms de famille et table des noms géographiques

PAR

Stéphen DE GOY

Prix : Franco : 3 Fr.

On peut se procurer cet ouvrage à Quimper, soit chez l'Auteur, Quai de l'Odet, 42, soit chez M. Jean-Marie SALAUN, Libraire, rue Kéréon.

Les droits d'Auteur sont réservés.

QUIMPER
TYPOGRAPHIE DE AR. DE KERANGAL.
1878

MÉMOIRES

DE

PIERRE TUDEBODE

(OU TUDEBŒUF)

MÉMOIRES

DE L'HISTORIEN

PIERRE TUDEBODE

(OU TUDEBŒUF)

SUR SON PÈLERINAGE A JÉRUSALEM

TRADUITS DU LATIN

Avec notes, table des noms de familles et table des noms géographiques

PAR

Stéphen DE GOY

AVOCAT

✻

QUIMPER

TYPOGRAPHIE DE AR. DE KERANGAL.

Ce travail d'assemblage eut lieu, selon toute vraisemblance, après la mort de *Godefroy de Bouillon, Duc de Lorraine, premier Roi Chrétien de Jérusalem*, et sous le règne de son frère *Baudoin de Boulogne*, c'est-à-dire « *de 1100 à 1118 ou 1119.* »

Les *Bénédictins de Saint-Maur* attachèrent une haute importance à la *Chronique* dont nous offrons la *Traduction*. Ils ont fait connaître les motifs de leur sentiment sur ce point :

« L'Histoire de la première Croisade, par *Pierre Tudebode*, « qui est l'unique production de la plume de cet Écrivain dont on ait « connoissance, porte avec elle tous les caractères d'écrit authentique, « vrai et sincère. Son Auteur, comme l'on vient de voir, avoit été « présent à presque tout ce qu'il rapporte, et paroît visiblement « l'avoir écrit sur les lieux mêmes. Il est au moins certain, que « lorsqu'il mit la main à la plume pour exécuter son dessein, il ne « connoissoit personne qui eût encore fait la même chose. C'est ce « qui lui a inspiré la confiance de se donner pour le premier qui eût « traité ce sujet : *Qui primus scripsit*, dit-il en parlant de lui-même.

« Ainsi, *supposé qu'il quitta la Palestine* après la journée d'As-« calon, comme tant d'autres Croisés, qui avoient alors rempli leur « vœu, il est certain qu'il avoit composé son ouvrage avant que de « revenir en France. On y découvre même divers indices qui font « juger qu'il y travailloit à mesure qu'arrivoient les événements. » (6)

MM. Wallon et Régnier, ont aussi exprimé leur opinion dans les termes suivants :

« Au reste, soit qu'on y trouve une série de *lettres* réunies plus « tard en un Recueil unique par l'Auteur lui-même, à son retour « en *France*, comme le croit *M. Paulin Paris*, ou par d'autres mains; « soit qu'on y voie une narration suivie, et même, dans l'intention « première, un ouvrage d'ensemble, c'est, dans tous les cas, un docu-« ment d'une incomparable importance. Considéré en lui-même ou « rapproché des autres Histoires de cette Croisade, il nous offre tous « les caractères d'un récit original. Nous croyons que l'Auteur a « bien eu le droit de dire, en parlant de lui-même : *qui primus hoc* « *scripsit*; que cette parole s'applique, non pas seulement au con-« tenu du *Thème* qu'elle termine, mais à tout l'ouvrage; que, si

---

(6) Histoire littéraire de la France, Tome VIII, page 631.
(7) Ms. C et D.

« d'autres mettaient par écrit, en même temps que lui, le récit des
« événements, il n'a pas eu connaissance de leur travail et n'a puisé
« à aucune source étrangère. Tout dans sa manière, dans son style,
« dans sa composition, si l'on peut ainsi parler d'une œuvre où
« l'art est absent à ce point, et où domine tellement la naïve inexpé-
« rience et la rude et incorrecte simplicité, tout dans sa façon de
« voir les hommes et les choses, de sentir, de raconter, révèle, nous
« l'avons déjà dit, le témoin, l'Auteur original ; rien ne trahit le co-
« piste, l'imitateur.

« En parlant ainsi, nous avons en vue notre texte principal, celui
« que nous donne le *Manuscrit de Paris (A)*, que nous avons,
« comme nous le dirons plus loin, conféré avec deux autres, où l'on
« trouve, à peu de chose près, la même rédaction. Mais ce texte pri-
« mitif, on ne s'est pas contenté de le répandre en le copiant ; on a
« voulu le corriger, l'abréger, l'imiter : ce qui témoignait de son im-
« portance, et devait par contre-coup, le faire négliger et des Lecteurs
« et des Copistes. Nous connaissons trois de ces retouches ou rema-
« niements, qui ont tous pour base et pour point de départ plus ou
« moins prochain, notre premier texte, et qui présentent, soit avec
« lui, soit entre eux, une différence telle que nous avons cru devoir
« les publier comme annexes...... » (8)

M. *de Fourmont*, dans son ouvrage intitulé : *l'Ouest aux
Croisades*, renvoie souvent ses Lecteurs à la *Chronique de Tudebœuf*.

Parcourons maintenant la série des Manuscrits publiés par
l'*Académie, Duchesne et Bongars*. Pour plus de facilité, nous
conserverons les désignations (*A. B. C. D.*) adoptées par
MM. Wallon et Régnier, dans la préface de l'*in-folio*.

1º MANUSCRIT A. — « Le premier Manuscrit, coté A, celui que
« nous avons pris pour base de notre Édition, et dont nous n'avons
« eu que de rares occasions de nous écarter légèrement, a été d'abord
« signalé................ par *M. Paulin Paris*. C'est un petit *in-*
« *4º*, parchemin d'une écriture du XIIe siècle, peut-être même de la
« première moitié. *M. Paris* dit : « *des premières années* » du
« siècle. Il pourrait donc être, ou peu s'en faut, du temps même de
« l'Auteur. Il appartient au *Fonds Latin de la Bibliothèque Impé-*

(8) Préf. In-fol. Acad. page VII.

« riale de *Paris* et porte le N° *5135, A*. Il vient de la riche Biblio-
« thèque de *Michel Thévenot*, le savant voyageur. A la suite de notre
« *Chronique*, il contient une description des *Lieux-Saints* commen-
« çant par ces mots : *Si quis ab Occidentalibus partibus, Jheru-
« salem pergere voluerit, etc.* » (9)

C'est, selon toute apparence *le plus ancien Manuscrit*, et par
conséquent celui qui mérite la plus grande confiance. Il a servi de base à l'Édition de l'*Académie*. Nous le traduisons principalement.

2° MANUSCRIT B. — « Le Manuscrit B renferme le texte publié par
« *Duchesne* en 1641, celui que nous avons placé..................
« au bas des pages, au dessous de notre texte principal. C'est un gros
« *in-folio*, parchemin, d'une écriture du XII° siècle. Il appartient,
« comme le Manuscrit A, à la *Bibliothèque Impériale, Fonds La-
« tin, 4892*. Ce volume a été écrit dans l'*Abbaye de Maillezais*,
« (en *Poitou*.) Au XV° siècle, il faisait partie de la XII° armoire de
« la Bibliothèque de cette Abbaye. *Maillezais* fut, au XVI° siècle,
« ruiné par les *Guerres de Religion*, et sa Bibliothèque, ainsi que
« celles des Églises voisines de *La Rochelle*, fut dispersée.

« Notre Manuscrit devint la propriété du *Baron de la Cresson-
« nière*, qui en fit don, (avant l'année 1616), à *Jean Besly*, l'Histo-
« rien du *Poitou*. *Besly* reconnut bien vite l'importance de ce texte
« pour l'Histoire des Croisades, et il en prépara une Édition. Il annota
« son Manuscrit à l'aide des Auteurs publiés par *Bongars*, particu-
« lièrement des : *Gesta Francorum et aliorum Hierosolymitano-
« rum*; puis donna son travail à *Duchesne*, qui le fit paraître, en
« 1641, dans le tome IV de sa collection des *Historiens de France*,
« en le faisant précéder de cette savante préface de *Besly* que nous
« avons cru devoir reproduire.

« Après la mort de *Besly* (1644), le Manuscrit fut remis par son
« fils aux frères *Pierre* et *Jacques Dupuy*, qui le prêtèrent à *Ph.
« Labbe* (10); il arriva ensuite dans la *Bibliothèque du Cardinal
« Mazarin*, et figura dans son catalogue sous le n° 390.

« En 1668, il passa dans la *Bibliothèque du Roi*, où il eut d'abord
« le n° 4729, et plus tard le n° 4892. Il contient la *Chronique uni-*

(9) Préf. in-fol. Acad. page VIII.
(10) *Bibliotheca nova manuscriptorum librorum*, par le Père Ph. Labbe,
de la Société de Jésus. Paris, 1654. 2 vol. in-fol.

« verselle de *Julius Florus*, avec la continuation connue sous le nom
« de *Chronique de Maillezais*, et l'Histoire de la fondation de ce
« Monastère, composée par un des Religieux nommé *Pierre*.

« A la suite vient l'Histoire de la 1ʳᵉ Croisade par *Pierre Tue-*
« *bœuf* que, par erreur, les rédacteurs du catalogue imprimé ont
« attribuée à *Baudri*. » (11)

3° MANUSCRIT C.

« C'est un des Manuscrits du *Fonds Harléien* de la Bibliothèque
« du *British Museum*, n° 3904.

« C'est un *in-8°*, parchemin, de 65 feuillets, contenant de 22 à 23
« lignes par page. L'écriture est aussi du commencement du XIIᵉ
« siècle. La Chronique est suivie de la même description des *Lieux-*
« *Saints* que dans le Manuscrit *A*. »

4° MANUSCRIT D.

« Le Manuscrit D est maintenant à la *Bibliothèque de la Facul-*
« *té de Médecine de Montpellier*, où il est marqué : *H. 142*. — Il a
« appartenu à *Pithou*, puis aux *Oratoriens de Troyes*. C'est un *in-*
« *4°*, parchemin d'une écriture du XIIIᵉ siècle. Il contient :

1° *Liber de regno et actibus Ludovici filii, Auctore Aimoino*.(12)

2° Notre Chronique : *Bellum Hierosolymitanum, liber anoni-*
mus (au folio 67, verso, se trouve un plan de *Jérusalem*) ;

3° La description des *Lieux-Saints* : *Si quis ab Occidentalibus*
partibus, etc. » (13)

Il renferme encore douze autres ouvrages plus ou moins considérables.

Ici nous ne pouvons laisser passer sans objections cette af-
firmation contenue dans la Préface de l'*in-folio de l'Académie*,
que le Manuscrit C est anonyme, *liber anonymus*. C'est une erreur, puisque le nom de *Tudebœuf* s'y trouve écrit dans des
passages qui ne peuvent guère être discutés.

(11) Préf. in-fol. Acad. page IX.

(12) *Aimoin*, Moine de Fleury, naquit en Périgord, à Villefranche (ad Francos), entre les rivières d'Isle et de Dordogne. — Sa famille était noble. Il fut élevé à Fleury (ou Saint-Benoît-sur-Loire), et devint Moine au même lieu en 979. — Variantes : Amonius, Ammonius, Hasmonius, Haymon, Hemion, Aimoenus. — Écrivain — dit : *Aimoin de Fleury*.
(Voir Histoire littéraire de la France, Tome VII, page 216.)

(13) Préf. in-fol. Acad. page VIII.

PRÉFACE DU TRADUCTEUR.

PREMIÈRE PARTIE.

POLITIQUE CHRÉTIENNE ET POLITIQUE IMPIE CHEZ LES FRANCS

Le vaste Empire d'Occident, issu comme celui d'Orient de l'esclavage païen, s'était effondré dans sa corruption au choc des Barbares ; le cadavre, en proie à la pourriture avant même de choir, fut promptement dissous.

Elle avait été condamnée, cette grande Puissance Romaine, pour l'instabilité de ses fondements, l'idolâtrie, pour l'erreur mortelle de son principe qui n'était point le vrai Dieu.

Née haïssable dans l'avilissement des âmes, vaine pour le Ciel, et inutile au bonheur du genre humain dans l'origine et dans la fin, par l'absence ou l'oubli, le dédain ou la peur de la vérité religieuse, une telle civilisation devait périr.

Au milieu de l'écroulement général, la Croix seule, qui avait porté sans se briser le Sauveur du Monde, pouvait résister à l'effroyable entraînement de ces ruines.

Elle demeura debout, et les vers, qui rongeaient la société païenne, n'ayant pu dévorer la base fondamentale marquée dans l'Évangile, les successeurs des Apôtres et du Prince des Apôtres travaillèrent à convertir les âmes neuves des envahisseurs.

Néanmoins, si l'Esprit de ténèbres n'avait pas réussi à étouffer l'Église sous le poids de tant de Peuples incultes, dans la nuit de l'ignorance, et à supprimer le nom Chrétien, il avait toutefois presque enseveli d'un coup les Sciences, les Arts et les Belles-Lettres sous les décombres de Rome.

Les races nouvelles ne manquaient ni de sève, ni de vigueur, mais, ne sachant point, elles étaient inhabiles à gouverner ;

les anciennes se trouvaient impuissantes depuis que leurs hommes étaient tombés, les uns dans les derniers combats, les autres dans la dernière mollesse. Il ne restait plus guère que des conquérants avides et des esclaves opprimés ; la Terre semblait n'avoir échappé à la tyrannie raffinée que pour être la proie de la tyrannie sauvage.

Chose remarquable ! Dans le moment même où tout s'en allait de honte ou de mort violente, ce fut précisément notre sainte Religion qui trouva en elle et dans ses Évêques encore un honneur, une gloire et une noblesse capables d'imposer le respect aux vainqueurs et la reconnaissance aux vaincus.

Au milieu de ces ignorances de l'intelligence, du cœur et de la conscience, l'Église seule savait.

Les Princes étaient fort occupés d'étendre ou de maintenir leur puissance. La profession des armes devenait forcément celle de presque tous, et les continuels bouleversements n'étaient guère propices au progrès des connaissances humaines.

Le Clergé travaillait pourtant. L'instruction se réfugia dans les Couvents ; les Moines étudiaient, conservaient allumé le flambeau de la vérité. Ils copiaient les Livres-Saints et les Auteurs anciens arrachés à l'incendie ; les premières pages de l'Histoire furent sauvées par eux.

Bientôt les Évêques ouvrirent des écoles.

Prêtres et Clercs se firent les précepteurs des rudes maîtres de la Gaule ; et ces lions difficiles à dompter devinrent les Francs Chrétiens.

Nos pères accueillirent le précieux don de la Foi et surent l'estimer ; ils l'acceptèrent sans arrière-pensée, ni réserve.

Ils ne raisonnaient point contre Dieu.

Ils ne discutaient pas la justice de ses commandements ni l'opportunité de ses desseins ; ce fut leur force et la source de leur grandeur chevaleresque. Aux hommes sincères, aux Francs appartiennent les grandes victoires de la vérité sur le mensonge.

Devant Pie IX et le Concile du Vatican les *Preux* de la 1ʳᵉ Croisade se fussent inclinés, s'ils eussent vécu jusque là, comme devant Urbain II et le Concile de Clermont ; certains que Pierre ne pouvait commencer à errer : Dieu le veut ainsi ! Dieu le veut !

Ils observaient cette discipline d'écouter le Vicaire de Jésus-Christ, ce premier chef des Chrétiens, leur guide : Dieu le veut !

Ils se souvenaient que le Pape était, dans la Foi, le père de leurs Rois, qu'il les avait faits Chrétiens, et les avait consacrés dans le *Sacerdoce extérieur* de l'Église, c'est-à-dire *sacrés* pour faire respecter Dieu et faire régner le Christ, en régnant par Lui et pour Lui : Dieu le veut ! Dieu le veut !

Aux X⁰ et XI⁰ siècles, ce Peuple, fort par le signe de la Croix, élève de tous côtés des temples au Seigneur, afin d'être plus près de Lui. L'Église se hâte ; elle prépare des héros pour les combats qu'elle prévoit.

Depuis longtemps, en effet, les sectaires farouches du *Faux-Prophète* prêchaient le *Fatalisme* les armes à la main.

Partout où ils étendaient leur domination, ils détruisaient les Institutions Chrétiennes et devenaient des persécuteurs cruels.

Déjà la vague envahissante s'est rencontrée avec les poitrines des Francs près de Poitiers. Elle a reculé jusqu'au delà des Pyrénées. Mais quelles digues la retiendront ?

Le faible Empire d'Orient, épuisé par l'Hérésie, est vaincu ; nulle barrière ne semble devoir arrêter l'irruption des fanatiques *Mahométans*. La brèche s'élargit sans cesse, et bientôt l'ennemi juré du nom Chrétien sera aux portes de Constantinople. L'Afrique est perdue ; le Croissant domine presque toute l'Asie ; la Palestine même, berceau de Jésus, est sous le joug des Infidèles. l'Europe, attaquée par les deux extrémités, la civilisation vraie, l'Église sont en danger ; tout périrait si la barque de Pierre pouvait sombrer.

Or, voici le jour où les labeurs des Saints seront récompensés. Les Moines ont tourné vers le Ciel les aspirations des Francs, et nos pères n'ont point trouvé que leurs biens, leurs fatigues et leur sang fussent dépensés en vain, lorsqu'il s'agissait de leur Foi méprisée, des Couvents pillés, des Saints-Lieux dévastés, des femmes enlevées à leurs époux, des vierges emmenées en esclavage, des mœurs pures détruites, des pèlerins dépouillés ou contraints d'abjurer, de la Croix foulée aux pieds, du Seigneur-Dieu méconnu.

La vérité et la justice ont le droit de se défendre et d'avoir des défenseurs, parce qu'elles rayonnent de la perfection infinie qui a tout le droit. Voilà pourquoi, instituée par Jésus-Christ, gardienne de la vérité et de la justice, l'Église peut dire en substance au Chrétien mis en péril dans son corps et dans son âme : *Lève-toi, arme-toi et combats les bons combats du Seigneur, car le mensonge ne doit point l'emporter*; et au frère libre du Chrétien opprimé : *N'attends pas, pour rompre les chaînes de ton frère, que les mains et les pieds soient liés aussi par l'ennemi de vos âmes.*

Le Vicaire de Jésus ne verse pas le sang humain, bien que le *glaive* lui appartienne. Mais il a le pouvoir de remettre ce glaive entre les mains des guerriers du Christ. La lutte gigantesque des Croisades, et leur prédication même par les Papes, tirent leur légitimité de ce principe que l'Église peut agir pour le salut des âmes sur la vie politique des Nations.

C'est la négation de ce droit dans les temps modernes, et le refus de le reconnaître, qui ont conduit l'Europe sur le bord du précipice où le vertige l'appelle.

Autrefois, vrais fils aînés, nous intervenions pour la défense des faibles injustement attaqués. C'était beau et noble. La grandeur morale de la France en fut accrue ; la gloire l'entoura ; elle devint puissante, honorée.

Depuis, nous avons favorisé les ennemis de l'Église dans leurs iniquités.

Nous avons vu déchirer la Pologne, puis l'Autriche, pays catholiques et amis ; nous contemplons les plaies du Monde Chrétien sans vouloir les panser ; ne les avons-nous pas aggravées ? Le Duché de Parme, le Duché de Modène, le Grand-Duché de Toscane ne nous portaient aucun ombrage par la force de leurs Armées. Dans ces États, la Religion était honorée. Leurs Princes, Chrétiens généreux, étaient bons envers leurs sujets ; ils n'étaient point usurpateurs.

Nous avons laissé dépouiller les petits, parce qu'il y avait un profit.

Le Souverain des Deux-Siciles, catholique loyal et soldat vaillant, fut aussi attaqué. D'avance on le savait trahi. Sa flotte fut rendue, livrée sans honorables combats. François II se défendit encore longtemps dans une place forte. Nous pouvions tout ; mais nous demeurâmes immobiles, et cette autre couronne fut enlevée.

Le Pape, que nous avions protégé un jour contre les brigands, vit tout-à-coup envahir ses États, sans motifs honnêtes, car il n'avait commis aucune injustice. Les plus belles Provinces furent confisquées. Pour tenir tête aux ennemis de Dieu, ou plutôt pour mourir noblement, des Chrétiens coururent se ranger autour du Souverain Pontife.

Un Ministre osa leur dire : « Pour ce fait, vous qui avez « présenté vos poitrines aux balles des agresseurs du Pape, « vous êtes déchus de votre nationalité ; vous n'êtes plus des « Francs ! » Qui donc était Franc ?

En retour de cette bassesse, on avait la folie d'espérer la reconnaissance du loup. Il s'en moqua. Un signe de menace, il est vrai, l'arrêta un peu ; la lâcheté produisit cet effet. Mais, plus tard, le fauve, poussé par la faim du bien d'autrui, voulut naturellement tout dévorer.

Dans ces moments-là, quand on voit le poignard levé sur la victime et que l'on n'a point de passé qui oblige, on se tait ; on détourne les yeux. Si l'on est tout-à-fait infâme, on dit aux Révolutionnaires : « Allez ! Hâtez-vous seulement, faites-vite ! »

Et l'honneur Chrétien ?

Notre patrie porte la peine de cet abandon des justes causes.

Pendant la dernière guerre contre les Prussiens, les Peuples nous ont délaissés, parce que nous avions rougi des *Gesta Dei per Francos*.

Puisse une aussi cruelle expérience être profitable à l'avenir. Mais le péril est grand. Déjà les échos partis de l'Orient répercutent leurs bruits menaçants jusque par-delà les rivages du Rhin. C'est que l'Europe est maintenant pleine de Turcs. Turcs par naissance et par esprit de secte, par ambition ou par lâcheté, par égoïsme et par le plus vil intérêt; Turcs au dedans et au dehors, de vive voix et par écrit; Turcs dans les Assemblées et dans la Presse; Turcs par le manque de Foi ou de bonne foi; par le cœur, ou par haine du Christ; Turcs par secrets serments; Turcs par pensées, actions et omissions; ils se comptent par centaines de mille et par millions, ces ennemis de Dieu.

La Chrétienté est envahie.

La lutte recommence plus terrible; les méchants démasquent toutes leurs batteries; leur dessein de détruire la Foi dans les âmes est manifeste. Peu leur importe aujourd'hui le moyen; ils se croient sûrs : ils ne cherchent même pas à paraître bons.

Y a-t-il encore une France et des Francs? Oui, certes! Rangeons-nous donc résolument du côté de Notre-Seigneur Jésus-Christ, et, bien pourvus du signe de la Croix, combattons de toutes nos forces, à l'exemple de nos pères, sinon avec les mêmes armes, du moins avec la même vaillance pour la sainte cause de l'Église catholique, apostolique et romaine, qui est la cause de la France; pour tous les droits de la vérité et de la justice : Dieu le veut! Dieu le veut! Dieu le veut!

DEUXIÈME PARTIE.

MANUSCRITS.

Les admirables monuments de la Foi de nos Aïeux sont peu connus.

L'Histoire même des Croisades, où la noble Nation Franque s'est illustrée entre tous les Peuples Chrétiens, est trop ignorée de tous ceux qui n'ont point étudié la Langue Latine.

Les épisodes émouvants, les exploits inouïs, les prodiges suscités fréquemment par une intervention surhumaine, ces détails saisissants où l'on reconnaît à chaque moment la puissance du Dieu des Armées, demeurent cachés même pour la plupart des gens de savoir.

Un certain nombre de Manuscrits précieux ont, sans doute, été publiés par les soins de *l'Académie des Inscriptions et Belles-Lettres*, mais les *in-folios* sont onéreux et le Lecteur ne se résigne pas facilement à l'étude des œuvres de *basse-latinité*.

Nous avons pensé qu'une *Traduction des Mémoires de Pierre Tudebode* ou *Tudebœuf*, l'un des plus graves Historiens de la 1ʳᵉ Croisade, serait un travail utile.

L'Écrivain, témoin oculaire des évènements dont il a fait le récit, était un Prêtre de la ville de *Civray*, en *Poitou*.

Tudebœuf occupe le premier rang, la place d'honneur, en tête du troisième Tome du *Recueil in-folio* des *Historiens des Croisades* publié par l'*Académie*. (1)

Auteurs d'une savante préface écrite en Langue Française, Messieurs *Henri Wallon* et *A. Régnier* ont successivement passé en revue presque tous les Manuscrits où l'œuvre du Poitevin nous a été transmise.

Sans nous laisser trop attarder par une discussion de moyenne importance à propos d'un nom, disons que les variantes Latines : *Tudebovis, Tudabovis, Tutebovis, Tudebodus, Tutboius,*

---

(1) Historiens Occidentaux.

Tudeboius, Tudebouis, ont donné naissance à *Tudebode, Tudebœuf, Tulebœuf* et *Tuebœuf,* désignations diverses du même Personnage.

Les *Bénédictins*, dans leur *Histoire littéraire de la France,* (2) ont donné sur lui une notice intéressante ; ils le nomment *Tudebode.*

MM. Wallon et Régnier préfèrent dire : *Tuebœuf.*

La qualité de *Prêtre*, contestée à notre *pèlerin* par M. *de Saulcy*, (3) nous paraît cependant certaine en présence des quatre Manuscrits. A. B. C. D.

Quant à l'époque où l'Auteur entra dans l'Armée des *Croisés,* les renseignements précis nous font défaut. Il est naturel de penser qu'il partit avec d'autres Poitevins commandés par *Hugues de Lusignan,* d'abord, puis par *Gaston de Béarn.*

Tudebœuf se trouvait aussi, probablement, à *Amalfi*, lorsque *Bohémond* donna l'ordre de découper son plus riche manteau pour en former des Croix.

En tout cas, il est facile de constater la présence de l'Historien (4) dans la Colonne des Croisés qui assiégea une certaine Forteresse occupée par des *Hérétiques*, en *Pélagonie.* (5)

A partir, au moins, de ce moment, on peut l'assurer, *Tudebœuf* raconte presque toujours des faits dont il est témoin oculaire ; il y prend même, parfois, une part active.

Les évènements qu'il rapporte ne s'étendent pas au-delà du jour où les Chrétiens, les *Francs*, deviennent réellement maîtres de toute la *Terre-Sainte* par la victoire d'*Ascalon.*

Le commencement du premier Bulletin (*Thema*) semble avoir été ajouté après coup, pour remplir l'office de préambule, par l'Historien lui-même, lorsque celui-ci, revenu en France, voulut réunir toutes ses notes, ou plutôt ses *correspondances,* en un seul Recueil.

(2) Tome VIII, page 629.
(3) Dans un article sur Tancrède.
(4) Ms. A.
(5) Bulletin 1er. § IX.

« Nous nous sommes servis, » — disent MM. Wallon et Régnier, — « pour constituer notre texte fondamental, de trois Manuscrits, « que nous désignons par les lettres A. C. D. » (14)

Pour notre part, nous regrettons vivement ce mélange de trois Manuscrits.

Il est utile, en effet, que les futurs Écrivains puissent se former eux-mêmes une opinion sur l'importance de la source, d'après les copies *manuscrites* avec plus ou moins d'exactitude *par les anciens Moines*. Ce travail est aisé lorsque les filets d'eau sont distincts. Au contraire, si les matériaux primitifs sont fondus ensemble, ou bien il faut accepter de confiance les modifications apportées par les Auteurs de l'Édition, ou bien on se trouve condamné à reconstituer séparément, par un travail lent et pénible, les divers documents historiques.

Nous avons adopté ce dernier parti.

Ainsi, le texte publié *in extenso* (voir *l'in-folio de l'Académie,*) en haut de chaque page, est celui du Manuscrit A, mais dans lequel *MM. Wallon* et *Régnier*, ont fait entrer *par centaines* des corrections tirées des Manuscrits C et D. Nous avons fait *l'opération inverse* dans notre *Traduction*, et nous donnons, en Langue Française, le texte pur du Manuscrit Latin A. — Dans cinq ou six passages seulement, nous avons demandé aux Manuscrits C et D, soit un mot nécessaire, soit un fragment de proposition qui s'imposait naturellement et dont l'Écrivain du Manuscrit A parait avoir fait l'omission par mégarde.

Nous avons eu soin de mettre ces passages très-courts, d'ailleurs, et très rares, entre deux Croix; la deuxième est suivie d'une lettre indiquant l'origine de l'emprunt.

Des quatre Manuscrits A, B, C, D, le Manuscrit A doit être considéré comme le plus ancien; le Latin en est détestable; celui des Manuscrits B, C, D, est meilleur sans être parfait.

Or, personne n'admettra que l'on ait pris à cœur de modifier un texte pour le cribler de fautes, barbarismes et solécismes.

(14) Préf. in-fol. Acad. page VIII.

Le Manuscrit B, où les différences affectent plus la Langue que le fond et la composition, est, de beaucoup, le mieux écrit. Dans *l'in-folio de l'Académie*, ce texte occupe *in-extenso* la moitié inférieure de chaque page.

Quant aux Manuscrits C et D, nous donnerons, sous forme de notes, seulement les principales variantes qui les font différer du Manuscrit A.

Il ne nous a point paru nécessaire de mentionner celles du Manuscrit B. La plupart du temps les changements ne concernent que la forme, et, lorsqu'il y a des différences de fond, elles se retrouvent presque invariablement dans les Manuscrits C et D.

Nous regrettons de ne pouvoir ajouter ici la Traduction de l'Anonyme publié par *Bongars* en 1611 ; c'est un véritable *Abrégé de Tudebœuf*, orné de quelques faits particuliers dont la source n'est pas connue.

Il existe trois Manuscrits de ce genre : deux appartiennent au *Vatican*, et le troisième à *Cambridge*. Dans *l'in-folio de l'Académie* on a publié l'un des Manuscrits du *Vatican*, (*Fonds de la Reine de Suède*, (15) n° 572, *petit in-4°*, parchemin, 76 feuillets, XII° siècle, venant de *Paul Petau*), et celui de *Cambridge*, (*in-4°*, parchemin, 12 lettres ornées, 22 feuillets, écriture du XIV° siècle), formant partie du n° 281 de la *Bibliothèque Corpus-Christi*.

Les limites que nous nous sommes imposées ne nous permettent pas non plus d'offrir au Lecteur la *Traduction* d'une Chronique probablement écrite vers 1140, et publiée d'abord par le savant Bénédictin *Mabillon*, en 1687, puis reproduite intégralement dans *l'in-folio de l'Académie* sous le titre : *Historia peregrinorum euntium Jerusolymam, seu Tudebodus imitatus et continuatus*. C'est une œuvre en beaucoup de points pareille à celle de *Tudebœuf*, mais plus étendue. Nous la mentionnons pour faciliter les recherches des personnes qui voudront vérifier certains détails historiques. En terminant,

(15) La Reine Christine.

nous déclarons, pour laisser à chacun son mérite, que nous avons puisé ces renseignements dans l'intéressante Préface de *MM. Wallon et Régnier*. Eux-mêmes, d'ailleurs, ont trouvé des matériaux précieux dans l'*Histoire littéraire de la France*.

Au point de vue du style, nous nous sommes plus appliqué à conserver le cachet original de l'Historien et à reproduire fidèlement sa pensée, qu'à faire une de ces Traductions où l'exactitude est trop souvent sacrifiée à la grâce.

Quimper, le 1er juillet 1877.

Stéphen de GOY.

PRÉFACE (1)
DE JEAN BESLY, POITEVIN.
TRADUITE DU LATIN.

L'an MDCXI (2), un littérateur distingué, *Jacques Bongars* (3), fit imprimer, à Hanau, et publia, sous la forme d'un gros volume, les Auteurs de l'Histoire d'Orient.

Parmi eux, le plus ancien, dont le nom n'est pas indiqué, lui parut être de nationalité italienne d'après son style et son amitié pour *Bohémond*.

---

(1). Cette Préface latine de Jean Besly se trouvait en tête de l'Édition du Manuscrit B, publié par Duchesne en 1641.

(2) L'an 1611.

(3) Jacobus Bongarsius.

« Ni l'Abbé d'un certain Monastère, (qui engagea, dès le commencement du XIIe siècle, Robert de Saint-Remi de Reims à écrire une Histoire de la première Croisade,) ni Robert lui-même, n'avoient point celle de Pierre Tudebode autrement que de la révision du Plagiaire. — C'est aussi la même qu'avoient Baudri, Évêque de Dol, Guibert, Abbé de Nogent, et qui leur servit de modèle et de canevas pour composer ce qu'ils ont écrit sur le même sujet. On ne peut la méconnoître, en lisant dans Baudri les caractères sous lesquels il la représente. Quelque grossier qu'en soit le style, Guibert en faisoit beaucoup de cas pour la certitude des faits ; assurant qu'il les avoit vérifiés lui-même sur le témoignage de divers Croisés, qui s'étoient trouvés présens aux évènements qui y sont rapportés.

« Jacques Bongars, l'ayant trouvée dans deux divers Manuscrits, l'a publiée en tête de son ample Recueil d'Historiens de la Croisade, imprimé à Hanaw, l'an 1611, en deux volumes *in-folio*. » (Hist. litt. de la France par les Bénédictins de Saint-Maur. Tome VIII, page 631. — Paris, MDCCXLVII.)

Je n'entends pas disputer avec acharnement sur le point de savoir si cette opinion est bien ou mal fondée. Néanmoins, et je l'affirme positivement, l'*Anonyme* de Bongars a tiré tout, à peu de chose près, de l'Histoire écrite par un Poitevin, *Pierre Tudebœuf,* qui intitula son récit : « *De Hierosolymitano itinere*: Pélerinage à Jérusalem. »

Afin de s'approprier l'œuvre de celui-ci, (les exemplaires étaient devenus fort rares,) et d'en usurper le mérite tel quel par une manœuvre clandestine, le Plagiaire supprima le nom de l'Auteur et enleva de l'ouvrage entier les signes nombreux et indubitables qui devaient faire reconnaître le tour de style du véritable Écrivain.

Il ajouta bien quelque peu, sans doute, et combla des petites lacunes en intercalant, au cours du texte, certaines additions, dont je ne lui sais point mauvais gré.

Mais, en revanche, il a tronqué témérairement ou retranché d'une manière trop peu judicieuse plusieurs passages importants et dignes de regret.

Enfin, la plupart du temps, il a modifié la forme pour moins bien faire ou ne pas faire mieux, et s'il eût été aussi fort en littérature qu'il se l'imaginait, il eût vraiment dû, l'ampoulé docteur, apprendre à Tudebœuf à parler Latin.

Quel qu'il fût, d'ailleurs, la Fortune lui joua ce *tour pendable* (1), (à lui qui s'était appliqué à faire disparaître le nom de l'Auteur,) de ne pas conserver le sien, et de léguer l'autre à la postérité.

---

(1) Ludibrium.

De meilleure foi, *Robert-le-Moine,* (5) *Baudri, Archevêque de Dol* (6), et *l'Abbé Guibert*, (7) tous contem-

---

(5) *Robert-le-Moine.* — Son nom de famille est resté inconnu. Il fut élevé dans l'Abbaye de *Saint-Remy de Reims*. Il passa dans celle de *Marmoutiers-les-Tours*, devint lui-même Abbé de Saint-Remy, puis Prieur de Senuc; (Arrt. de Vouziers, Ardennes,) et enfin, redevenu simple Moine, il mourut, en 1122, après bien des chagrins. Il eut Baudri pour maître.

(6) *Baudri* ou *Baudry*, (*Baldricus*,) l'un des plus célèbres poëtes de son temps, gouverna l'Abbaye de *Bourgueil* de 1079 à 1108; il fit partie du *Concile de Clermont*, en qualité d'*Abbé mitré*; puis il devint *Évêque de Dol*; (certains Auteurs disent même : *Archevêque*, mais à tort).

« Les Lettres fleurirent d'une maniere encore plus brillante à
« *Bourgueil*, autre Abbaïe au même diocese d'Angers ! *Baudri*, l'un
« des plus celebres Poëtes de son temps, qui la gouverna en qualité
« d'Abbé depuis 1079 jusqu'en 1108, qu'il fut Évêque de Dol, y étoit
« presque tout occupé d'étude et de la belle Literature. C'est ce que
« font juger et le grand nombre de ses Poësies, et les expressions
« qu'il y emploie pour attirer des sujets dans son Monastere ! Il ne
« leur parle que de livres, de papiers et autres choses convenables à
« des Étudiants. Il eut tant de joïe d'avoir gagné un nommé *Gerard*,
« grand homme de Lettres, qui se rendit Moine à Bourgueil, qu'il la
« fit éclater par deux pieces de vers publiées à ce sujet. *Gerard* était
« de *Loudun* en Poitou, et y étoit regardé comme la lumiere et
« l'honneur du Clergé. Il y enseigna quelque temps les Arts Libéraux
« qu'il avoit étudiés sous le célèbre *Manegaud*.

« . . . . On ignore si *Gerard* continua d'exercer à Bour-
« gueil l'emploi de Professeur, et s'il laissa quelques productions de
« son esprit ! Mais il y a de l'apparence, que *Baudri* y donnoit, au
« moins quelquefois, des leçons sur les Belles-Lettres, s'il ne l'avoit
« pas déjà fait, avant que de parvenir à la dignité d'Abbé. Il parle
« effectivement de quelques-uns de ses Élèves dans le cours de ses
« Poësies. Il y fait nommément mention, en cette qualité, de *Robert*,
« depuis *Abbé de Saint-Remi de Reims*, et l'un des Historiens de
« la Croisade. » (V. l'État des Lettres en France, au XIe siècle,
§ LXXVI, dans l'Hist. litt. de la France, par les Bénédictins de
Saint-Maur. Tome VII, page 63.)

porains, avouant sans détour s'appuyer sur le travail d'autrui, reprennent en sous-œuvre l'Anonyme qu'ils traduisent d'ordinaire en un style plus coulant et avec liberté, parfois aussi en suivant au plus près le *mot-à-mot*.

Ces personnages nous ont encore transmis dans leurs écrits d'autres faits intéressants pour les personnes qui ont le goût de l'Histoire; ils tenaient, d'ailleurs, ces détails de gens ayant pris part à l'Expédition de Jérusalem.

Notre Historien a voulu, conformément à un usage ancien et fort usité, nous faire connaître sa propre personne, son nom, sa famille, sa nationalité, sa profession, ses œuvres et leur titre, l'époque où il vécut et celle où il écrivit.

Il importe de ne pas confondre ce Personnage, *Évêque de Dol en Bretagne*, avec deux autres du même nom, ses contemporains. C'est à savoir : 1° *Baudri, Évêque de Noyon et de Tournai*, qui fut sacré : « le premier Dimanche après l'Épiphanie de l'année.... 1099, » comme successeur immédiat de Radbod II décédé au commencement de l'année 1098. Il mourut en 1113. (V. Hist. litt. de la France. Tome IX, pages 578 et s.)

2° *Baudri, Chantre de l'Église de Térouane*, né à Cambray.

« Nous avons une letre de *Rainolde*, ou *Renaud, Archevêque de*
« *Reims*, écrite à *Baudri* même, en qualité de Chantre de l'Eglise
« de Térouane. Dignité à laquelle il fut élevé après qu'il eut quitté
« Cambrai, et qu'il remplissoit encore en Janvier 1094, qui est la
« date de la letre, et que nous compterions aujourd'hui 1095. On
« n'a point de preuve certaine que Baudri ait vécu au-delà de cette
« époque. Il étoit connu de son vivant pour un grand homme de
« Letres, et ce qui nous reste de ses écrits, peut justifier cette répu-
« tation. » (V. Hist. litt. de la France, Tome VIII, pages 400, et s).

Ce Baudri, est notamment, l'Auteur d'un ouvrage très célèbre sous le nom de *Chronique de Cambrai*, longtemps attribué à l'Évêque de Noyon.

(3) L'Abbé *Guibert, dit de Nogent, Moine de Flaix ou St-Germer*.

L'an MXCIX (8), au mois de Juillet, comme l'Armée Chrétienne, occupée au siége de Jérusalem, souffrait de la soif « *par suite de la saison, la plus chaude de l'année, sous un ciel de feu et sur une terre embrasée, (selon les expressions d'Æmilius,) on fit des prières ; on alla implorer Dieu aux Saints-Lieux suburbains, pieds nus, très-humblement, en suppliants.* »

Ici Tudebœuf ajoute les lignes suivantes, que nous tirons de son Livre V^e (Bulletin xiv, § vi.)

« *Là, (à la Montagne de Sion), désireux de pénétrer dans l'Église, un Clerc avait pris les devants, et marchait le premier en tête de la Procession. Sur le seuil même du Monastère, il reçut une flèche au milieu du front et expira. On doit en croire celui qui, le premier, mentionne ce fait par écrit ; car il en fut témoin, ayant lui-même été de la Procession, et il rapporte ce qu'il a vu de ses propres yeux ; c'est à savoir le Prêtre Pierre Tudebœuf, de Civray : Petrus Sacerdos Sivracensis.* »

Il indique son nom, sa patrie, par une liaison de mots forcée.

S'il y avait « *Sivracensis Sacerdos, Prêtre de Civray,* » (9) ces termes ambigus, pouvant nous induire en erreur, nous eussent mis dans l'embarras et rendus indécis.

Quant à « *Sivracum* », c'est évidemment Civray, place forte du Poitou. Chef-lieu d'un *Gouvernement Royal*, c'est une des quatre grandes villes qui, sous le

---

(8) L'an 1099.
(9) C'est-à-dire : Prêtre à Civray.

nom de *Sénéchaussées*, donnent le plus d'importance au pays et le rendent plus florissant.

A cette époque, Civray faisait partie du domaine d'*Hugues de Lusignan*, surnommé le *Diable* à cause de l'impétuosité de son caractère.

L'Historien dit se souvenir de *Rainald* qui commandait les troupes dudit Hugues, et l'appelle *Chambellan*: (*Dapiferum.*)

L'an MXCIX, le IV° jour des Ides de Juin (9 bis), le V° depuis leur arrivée devant Jérusalem, les Chrétiens avaient commencé l'attaque. La brèche était déjà pratiquée à l'extérieur des remparts, on avait approché des échelles pour s'emparer du corps de la place, lorsque ce même Rainald, l'un des plus hardis à monter aux murailles, y fut grièvement blessé par les assiégés et rendit l'âme ; (mort qui, d'ailleurs, ne resta pas sans vengeance.)

En effet, si *Guillaume VIII, Comte de Poitou et Duc d'Aquitaine*, n'avait pas encore personnellement pris part à la *Guerre-Sainte*, (10) cependant ce Prince très-puissant avait envoyé d'importants renforts de troupes.

L'année précédente, le IV° jour des Calendes de Juillet, (11) on livra bataille, sous les murs d'*Antioche*, contre *Kerboga* qui avait deux cent mille hommes de Cavalerie et une quantité innombrable de Fantassins.

(9 bis) Le Vendredi, 10 Juin 1099.

Besly est ici en désaccord avec Tudebœuf, qui fixe l'arrivée des Croisés sous les murs de Jérusalem au Mardi, 7 Juin, et la mort de Rainald au Lundi, 13 Juin 1099. (V. Bulletin XIV, § 1.)

(10) Guillaume VIII, Duc d'Aquitaine, n'accomplit son vœu qu'en 1101. (V. Foucher de Chartres. L. II. C. XVI, page 398.)

(11) Le Lundi, 28 Juin 1098.

Toute l'Armée Chrétienne fut divisée en six Corps.

Ce jour-là, les Poitevins étaient sous les ordres de *Gaston, Vicomte de Béarn,* Vassal du Duc, chargé de commander le cinquième Corps avec *Tancrède. Tudebœuf,* Poitevin lui-même, et *célébrant la gloire de ses concitoyens,* (qui n'avaient pas marchandé leur héroïsme, leurs efforts et leur sang pour remporter cette éclatante victoire, où les Barbares furent entièrement défaits, mis en fuite et taillés en pièces), *Tudebœuf seul, dans l'ardeur de son patriotisme,* consigna ce détail par écrit.

L'Anonyme et tous les autres, à qui il importait peu d'en conserver le souvenir, l'ont passé sous silence.

Notre Historien n'indique nulle part à quelle époque il se mit en route pour Jérusalem ; il n'est pas possible de l'établir dans le cours du récit. J'admettrais cependant assez volontiers qu'il accompagna d'abord le Comte *Hugues-le-Grand.*

Mais, après que, (traîtreusement surpris à *Dyrachium* où il avait eu l'imprudence de débarquer avec *Guillaume, fils du Marquis* (12) *et d'une sœur de Bohémond,*) Hugues-le-Grand eut été amené captif devant l'Empereur Alexis, Tudebœuf s'attacha à Bohémond, (qui n'avait pas encore retiré ses troupes de l'*Apulie,*) et se rendit avec lui à *Constantinople.*

Il y arriva l'an MXCVII, le XVI° jour des Calendes d'Avril, (13) ou, selon l'expression d'*Albert de Bagnères,* « lorsqu'il ne restait déjà plus que trois semaines avant Pâques. »

---

(12) Le Marquis: *Marchisus.*
(13) Le Mardi, 17 Mars 1097.

Le jour de Pâques tombait, en effet, cette année-là, aux Nones d'Avril. (14)

L'Évêque de Tyr écrit que Bohémond alla trouver Alexis le V° jour de la semaine avant la Solemnité Pascale (15), ou guère plus tard, en tout cas, c'est-à-dire vers le IV° jour des Nones du même mois.

Pour Tudebœuf, dans son Histoire, il ne fait allusion à sa propre présence dans l'Armée qu'à dater du V° jour des Calendes de Mars de la même année. (16)

A cette époque, des troupes placées en embuscade assaillirent à l'improviste Tancrède et le *Comte de Roussillon*, d'autant moins préparés à une semblable agression qu'ils étaient en paix et se croyaient en parfaite sécurité. Ces troupes furent mises en déroute et

---

(14) Le Dimanche, 5 Avril 1097. Les Pâques de l'année 1097 tombent le même jour que celles de l'année 1874. Ces deux années sont moyennes et commencent l'une et l'autre par un Jeudi.

(15) Le Jeudi, 2 Avril 1097.

Nous lisons dans la Préface de Jean Besly : [*Scribit Pontifex Tyrius Buamundum Alexio « occurrisse quinta feria ante Paschalem Solemnitatem, » paulo serius, hoc est ad diem IV Non. ejusdem mensis.*]

Il s'agit du 5° jour de la semaine qui précédait le jour de Pâques. Nous devons compter ainsi :

Dimanche des Rameaux, 29 Mars, Feria prima.
Lundi   —   30 Mars, Feria secunda.
Mardi   —   31 Mars, Feria tertia.
Mercredi   —   1er Avril, Feria quarta.
Jeudi   —   2 Avril, Feria quinta.

Compter cinq jours depuis celui de Pâques, en remontant le cours du temps, ce serait reporter la date au Mardi, 31 Mars 1097. Mais le premier sens est le meilleur aux yeux mêmes de Besly, si l'on en juge par la fin de sa phrase : *paulo serius, hoc est ad diem IV Non. ejusdem mensis*. Le 4e jour des Nones d'Avril tombe, en effet, le Jeudi, 2 Avril 1097.

subirent une défaite sanglante sur les rives du fleuve *Baradi*, en *Illyrie*. « L'affaire, dit-il, eut lieu le IV°
« jour de semaine qui ouvre le Carême (17). Le
« combat ayant eu cette issue, le perfide Empereur
« donna l'ordre à son plus fidèle ami, un certain
« *Corpolatius* de nous conduire en sûreté au travers
« de son territoire jusqu'à ce que nous fussions
« parvenus à Constantinople ; » etc.

Tudebœuf eut deux frères qu'il recommande au Lecteur, avec sollicitude et en termes des plus élogieux, comme « *très-estimables et parfaits Chevaliers*, » c'est-à-dire remarquables par leur vertu guerrière et par l'honorabilité de leur vie privée.

Ils étaient originaires de France ; s'il n'en existait d'autres preuves, leurs noms seuls suffiraient à le démontrer.

A l'époque où les Chrétiens, par un revirement de la Fortune, d'assiégeants, qu'ils étaient d'abord, étaient devenus assiégés dans la ville d'Antioche, *Hervé*, lors d'une vigoureuse sortie contre les *Sarrasins*, trouva la mort en combattant avec bravoure.

Pierre Tudebœuf lui fit des funérailles, et lui donna une sépulture près de l'Église de Pierre, devant la *porte occidentale*.

Quant à son frère *Arnauld*, criblé de blessures et

---

(16) Le Mercredi, 25 Février 1097, premier jour des Quatre-Temps.
Besly fait erreur : (voir plus loin les Notes à la fin du Bulletin 1er.)
Il a écrit : « *De se in Historia Tudebodus dat intelligi tantum ex a. d. V Kal. Martias ejusdem anni* » (25 Février). Il eût mieux fait d'écrire : « *De se dat in Historia Tudebodus intelligi tantum ex a. d. XII Kal. Martias ejusdem anni* » (18 Février).

(17) Le Mercredi, 18 Février 1097, jour des Cendres, premier du Carême.

luttant dans des conditions tout-à-fait défavorables, il fut achevé par les ennemis, près de *Marrah*.

Robert-le-Moine déplore vainement qu'en son travail l'Anonyme « *ait omis certains détails dont la place « était naturellement indiquée à l'ouverture du récit, « en un mot : l'Histoire du Concile de Clermont.* » — Se vantant, même, avec fatuité, il dit « *avoir, en « conséquence, mis une tête à un ouvrage qui n'en « avait point.* »

En effet, Tudebœuf, dans lequel puisa l'Anonyme, prend le commencement de son Histoire depuis ce Concile ; mais pour le discours que Robert lui-même, et d'autres à l'envi, prêtent avec grand et pompeux appareil au Pape *Urbain*, Tudebœuf et, d'après lui, l'Anonyme, le racontent en deux mots, chacun, ici, parlant à son idée, suivant les conseils de son imagination.

Notre Historien couronne son œuvre par un bouquet magnifique, le récit de l'éclatante victoire remportée si brillamment, sous les murs d'*Ascalon*, par les Princes Chrétiens, sur l'*Emir de Babylone*, le XIXe jour des Calendes de Septembre, l'an MXCIX après la naissance du Christ. (18)

Ni l'Anonyme, ni Robert, ni Baudri n'est allé au-delà.

Seul, *Guibert* poursuivit deux années plus loin. Tudebœuf écrivit et termina son Manuscrit du vivant du Duc Godefroy ; (par conséquent avant le XVe jour des Calendes d'Août de l'année MC, (19) date de la mort de ce grand Prince.)

Dans son Livre Ier, en effet, il prie Dieu avec ferveur, « *pour Godefroy et pour son frère Baudoin, excellent*

---

(18) Le Dimanche, 14 Août 1099.
(19) Le Mercredi, 18 Juillet 1100.

« champion du Christ. Veuille, dit-il, le Maître du
« Monde les entourer de gloire et leur accorder sa
« protection ; » ce qu'on ne pourrait jamais dire
raisonnablement d'un mort. (20)

Il renferma son travail en cinq Livres ; l'Anonyme
les fondit en quatre ; Baudri commente l'Anonyme et
conserve la même division. Robert a préféré faire neuf
Livres. Quant à Guibert, il n'en fit que sept, mais il étendit
le dernier jusqu'à la deuxième année inclusivement du
règne de Baudoin Ier.

Il intitula son ouvrage: « De Hierosolymitano itinere: Pélérinage à Jérusalem. »

---

(20) Besly a copié l'Anonyme de Bongars.
Dans la Préface nous lisons : « Scripsit et finem scribendi fecit
« Duce Godefrido adhuc superstite, hoc est ante diem XV Kal. Sex-
« til. anni MC quo magnus ille Princeps decessit. Libro enim I : *illi*
« *et ejus fratri Balduino, sapientissimo Christi athletæ,* bene
« precatur: *quos,* inquit, *Dominus mundi gloria muniat atque*
« *custodiat,* quod de mortuo nemo sanæ mentis unquam dixerit. »
Pour plus de précision, nous mettrons le Lecteur en présence des
différents textes :
1° *Manuscrit B.* « Una pars in Ungriæ intravit regionem: scilicet
« Petrus Eremita, et Dux Godefredus, et sapiens Christi athleta
« Baudoinus frater ejus, quos Dominus mundi gloria muniat atque
« custodiat. »
2° *Manuscrits A et C.* — « Una pars in Hungariæ intravit regio-
« nem, scilicet Petrus Heremita et Dux Godefredus et sapiens Chris-
« ti athleta, Balduinus frater ejus *quem* Deus muniat atque custo-
« diat ! »
3° *Manuscrit D.* — « .... quos Dominus mundi gloria muniat. »
En présence de cette variété dans les textes, le parti le plus sage
est d'admettre la version fournie par le Manuscrit A, le plus ancien,
selon toutes les apparences. Or, dans ce Manuscrit, les souhaits de
l'Historien ne s'appliquent pas à Godefroy, mais seulement à son frère
Baudoin.

Baudri emprunta le même titre à l'Anonyme, et je pense qu'il faut le conserver, si j'en juge d'après une lettre adressée par Baudri lui-même à un certain Abbé Pierre. (21)

« *Je vous ai envoyé à corriger,* lui dit-il, *un petit livre composé par moi, tant bien que mal, sous le titre Pèlerinage à Jérusalem. Je voudrais qu'il fût soumis à une sévère censure, que vous lui donniez le poli, et qu'en me le renvoyant ensuite vous y joigniez cette lettre avec deux mots de réponse.* »

La *lettre* fut retournée ; celle qu'on lit en tête des Livres de Baudri est positivement de lui. Dans sa réponse le sus-dit *Abbé* paraît avoir voulu faire allusion au titre : « *Nous vous renvoyons aussi le Livre de Jérusalem que vous nous avez soumis en notre qualité de Pèlerin de Jérusalem, avec la lettre placée au frontispice et pleine d'une charmante amabilité.* »

Le Recueil manuscrit de *Cambden,* dont Bongars s'est servi pour publier l'Anonyme, portait à la fin ces mots : « *Ici finit l'heureux Pèlerinage.* » *Heureux Pèlerinage* ne peut s'entendre qu'à raison du titre de : *Pèlerinage à Jérusalem.* Cette ligne n'aurait pas de signification avec un titre comme celui-ci : « *Guerre*

---

(21) *Pierre,* Moine de Maillezais, florissait sous *Goderanne, Abbé de Maillezais,* en Bas-Poitou. Par ordre de son Supérieur, il écrivit l'Histoire du temps, celle des *Comtes de Poitou, Ducs d'Aquitaine,* et celle de l'*Abbaye.* L'Abbé Goderanne succéda à l'Abbé *Humbert* en 1060, et devint plus tard *Évêque de Saintes.* Le Monastère fut érigé en Évêché, mais le siège épiscopal a été transféré depuis à *La Rochelle.* (V. Hist. litt. de la France par les Bénédictins de St-Maur. T. VII, page 599.)

« de Jérusalem, » ou bien : « *Expédition de Jérusa-*
« *lem.* »

Torquatus Le Tasse, le Phénix des poëtes Italiens de son époque, avait d'abord choisi pour titre : « *Di* « *Jerusalume conquiestata ;* » mais, plus tard, il changea d'avis et préféra mettre : «*Di Jerusalume liberata.*» Notre Historien, lui aussi, au titre :« *de Hierosolymitano* « *itinere : Pélerinage à Jérusalem,* » ajoute quelque part : « *et liberatione civitatum : et délivrance des* « *autres villes de Terre-Sainte.* »

L'expression « *Voie de Dieu,* » qui était en usage en ce temps-là, représente absolument la même idée. Guibert dit, au Livre II : « *Le Concile, qui siégeait à* « *Clermont vers l'Octave de la Saint-Martin, au* « *mois de Novembre, est clos à peine qu'un grand* « *cri s'élève dans toutes les parties de la France,* « *vous invitant, vous, et vos proches, et vos servi-* « *teurs, à prendre la Voie de Dieu ;* » (c'était ainsi que l'on parlait, par antonomase.)

L'Abbé Pierre, dont parle Baudri, était Abbé de *Maillezais,* (et non pas de *Maillozais,* ce qui serait une erreur.)

Son oncle *Geoffroy,* auquel il succéda, fut, de *Moine Reclus,* nommé Abbé de Maillezais, l'an MLXXXIII. (22)

Baudri dirigea l'Abbaye de *Bourgueil* (23) depuis l'an MLXXXIX. (24) Entre les Abbés de ces Couvents se forma une amitié durable et une grande intimité.

Les deux Monastères reconnaissent également pour

---

(22) 1083.
(23) L'Abbaye de Bourgueil. En Latin : *Burdigalium.*
(24) 1089.

fondateurs *Emma Campana* (25) et son fils *Guillaume IV, Duchesse et Duc d'Aquitaine.*

Cela suffit pour trancher la difficulté en face de laquelle plusieurs opinions sont demeurées hésitantes.

Passons, à présent, au Manuscrit de Tudebœuf. Au lieu de nous prononcer, laissons plutôt parler les interprètes contemporains de cet Écrivain ; qu'ils portent eux-mêmes le jugement, à leurs risques et périls, et nous disent la foi, l'autorité, que méritent les faits dont il nous a légué le souvenir.

Robert : « Que ceux qui liront ou écouteront le
« récit de ces faits le sachent bien : nous ne racon-
« terons ici ni banalités, ni mensonges ; tout ce
« que nous rapportons de remarquable est absolu-
« ment vrai. »

Baudri : « Je ne sais quel compilateur, (le nom a
« été enlevé,) composa sur ces faits un petit livre
« beaucoup trop négligé dans la forme, mais plein
« de vérité. »

L'Abbé Guibert : « J'ai confronté, certes, bien sou-
« vent, les faits rapportés dans ce livre avec le récit
« des témoins oculaires contemporains, et, pour moi,
« nulle incertitude, nul doute ne peut subsister,
« parce qu'il n'y a désaccord sur aucun point entre
« l'Auteur et tous ces Historiens. »

Les faits, dont il s'agissait de vérifier l'authenticité, sont, il est vrai, tirés de l'Anonyme ; mais Tudebœuf est évidemment compris dans le même jugement, l'Anonyme ayant puisé tout dans le Manuscrit de Tudebœuf, sa vraie source, comme je l'ai déjà dit ; en un mot, tout le monde prit l'Anonyme pour point de départ.

---

(25) *Emma Campana*, ou *Emma de Campanie.*

Aussi, quand il entend passer pour le premier Historien de cette Expédition, l'Anonyme m'entraîne-t-il facilement dans son parti, tant qu'on n'a pas découvert un Auteur plus ancien et père d'une œuvre semblable.

Mais il existe un Écrivain du même temps et dont le travail est fort analogue; c'est *Raimond d'Aguilers*, (26)

---

(26) Ou *d'Agiles*. — « Raimond, l'un de nos premiers Historiens
« de la Croisade, portoit le surnom d'*Agiles*, soit du nom de sa fa-
« mille, ou plutôt du lieu de sa naissance, ou enfin de quelque terre,
« comme la coutume s'en établit alors tout communément en France.
« Aïant embrassé l'état ecclésiastique, il devint Chanoine de la Ca-
« thédrale du *Puy-en-Velay*, sous le celebre Evêque *Adhémard*, dont
« nous avons donné l'Histoire. Il n'étoit encore tout au plus que
« Diacre, lorsqu'au mois de Novembre 1095 le Concile de Clermont
« aïant approuvé la fameuse Croisade, le Pape *Urbain II* la fit prê-
« cher et la prêcha lui-même par-tout. Raimond d'Agiles voulut en
« être, à l'exemple de tant d'autres Ecclésiastiques, qui prirent ce
« parti. Il avoit plus de motifs que bien d'autres, d'entreprendre ce
« long et pénible voïage, puisque son propre Evêque, revêtu de la
« double dignité de Légat et de Vicaire du Pape, marchoit à la tête
« des Croisés.

« Naturellement Raimond devoit servir de Chapellain à ce Prélat,
« étant Chanoine de son Église. Mais, ou *Raimond, Comte de Saint-
« Giles, de Toulouse* et *de Provence*, l'avoit déjà choisi pour un des
« siens pendant la Croisade, à laquelle Raimond d'Agiles en fit effec-
« tivement les fonctions à la suite de ce Prince ; ou Adhémar avoit
« déjà auprès de lui, en cette même qualité, *Bernard*, qui fut depuis
« *Patriarche d'Antioche*.

« Il ne convenoit pas que le Chapellain d'un des principaux Chefs
« de la Croisade, ne fût pas revêtu du Sacerdoce. Raimond d'Agiles
« fut donc ordonné Prêtre, lorsque l'Armée Chrétienne étoit déjà en
« route pour se rendre en Palestine. C'étoit un homme d'esprit, de
« piété et de mérite, en qui le Comte de Saint Giles avoit tant de
« confiance, qu'il l'admettoit volontiers dans ses Conseils. (V. Hist.
litt. de la France par les Bénédictins de Saint-Maur. T. VIII, p. 622
— Paris. M.DCC.XLVII.)

Chapelain de *Raimond, Comte de Toulouse*, qui paraît, bien évidemment, même aux yeux de nos adversaires, avoir recueilli à cette guerre les faits accomplis chaque jour par les Chrétiens.

Compagnons d'armes, notre Auteur et lui durent se communiquer réciproquement leurs commentaires. Bien comparés l'un avec l'autre, ils se trouvent d'accord à un point surprenant, ne variant entre eux que d'une manière tout-à-fait insignifiante.

On peut même lire une petite page et la correspondante conçues en termes presque identiques chez les deux Écrivains.

Ils déposent chacun leur plume après le récit de la bataille d'*Ascalon*.

L'illustre Bongars n'a pas dû mettre en doute que le premier fragment, défectueux pourtant et incomplet, fût de Raimond, comme il le dit et le croit. L'autre fragment constitue un passage de son Anonyme, (fin du dernier Livre.)

On s'étonnera donc avec raison qu'à l'époque où il s'occupa de corriger ces Livres, un tel fait n'ait pas éveillé les soupçons de Bongars. Mais cet homme éminent, pressé comme il l'était par un si grand nombre d'affaires publiques ou personnelles, ne prit sans doute pas le temps d'en faire la remarque.

Dans ces conditions, Tudebœuf et Raimond sont, à mon sentiment, les plus dignes de foi.

Je ne m'arrête pas à *Foucher de Chartres*. En effet, le Duc Godefroy, Hugues-le-Grand et d'autres puissants Seigneurs assiégeaient déjà *Nicée*, depuis la veille des Ides de Mai, (27) lorsque les troupes du Comte de Chartres,

---

(27) Le Jeudi, 14 Mai 1097, jour de l'Ascension de N. S.

(où se trouvait Foucher), arrivant les dernières, se réunirent enfin à tous les autres Corps d'Armée, l'an MXCVII, dans la Ire semaine de Juin, (suivant le propre aveu de cet Historien.) (28)

Nicée se rendit le IIIe jour des Nones de Juillet, (29) et l'on parvint sous les murs d'Antioche le XIIe des Calendes de Novembre. (30)

Peu de jours auparavant, Foucher avait déjà quitté le camp et s'était rangé, à titre de compagnon, sous la bannière de *Baudoin de Boulogne*. (31)

Il alla avec lui du côté de *l'Euphrate*. De là, il partit pour *Edesse*, se fixa dans la Principauté de ce nom, et y resta jusqu'au moment où, le Duc Godefroy mort, son frère Baudoin le remplaça sur le trône. Durant ce séjour, Foucher, voulant s'acquitter de son vœu, se rendit une fois à Jérusalem.

Il y vint l'an MXCIX, au mois de Décembre, « *en ce jour où le soleil,* » selon ses termes pompeux, « *revenant sur ses pas, après avoir achevé sa course* « *descendante d'Hiver, reprend sa marche ascen-* « *dante ;* » ou, comme le fait connaître *Guillaume de Malmesbury,* « *au jour du Solstice d'Hiver.* » (32)

Voilà pourquoi il raconte avec sécheresse, pour les avoir seulement entendu raconter, les hauts faits accomplis par les Chrétiens, durant son absence.

Notre Auteur, au contraire, depuis le moment où il

---

(28) C'est-à-dire entre le Dimanche, 30 Mai, Fête de la Sainte-Trinité, et le Dimanche, 7 Juin 1097.
(29) Le Dimanche, 5 Juillet 1097.
(30) Le Mercredi, 21 Octobre 1097.
(31) Le Comte *Baudoin*, frère de Godefroy de Bouillon.
(32) Le Vendredi, 21 Décembre 1099.

s'était associé à l'Expédition sainte, persévéra dans sa résolution jusqu'au bout, et, ne se détournant pas de son but, fut, la plupart du temps, témoin oculaire de tant de combats, de tant de brillants exploits.

Je ne sais pas d'Écrivain, ancien ou moderne, à part l'Anonyme de Bongars, qui ait connu ou lu l'ouvrage de Tudebœuf, qui le cite, ou qui ait butiné dans son Manuscrit d'une manière plus profitable et plus instructive.

Cependant *Othon, Évêque de Frisingue*, (33) et *Conrad, Abbé d'Auersperg*, (34) peuvent faire naître l'incertitude à ce sujet par leurs commentaires sur la guerre de Palestine, dont ils font le récit en remontant le cours de l'Histoire jusqu'au commencement du règne de l'Empereur *Henri IV*. (35)

Conrad dit « avoir lu à Jérusalem des Mémoires
« écrits par une personne qui était à Constantinople »
(en même temps que le Duc Godefroy et les autres Princes).

« *Ces Mémoires poursuivant avec la plus grande*
« *exactitude toute la suite de cette Histoire, et rela-*
« *tant la plupart des laborieux exploits accomplis*
« *par les Armées du Seigneur pour arriver à cet*
« *heureux triomphe de la prise de Jérusalem,* »

---

(33) *Othon* ou *Odon*, frère utérin du Roi *Conrad III*, fit ses études à Paris, devint Abbé de *Morimond*, puis Évêque de *Frisingue*. (V. Hist. litt. de la France par les Bénédictins de St-Maur. T. IX.)
« *Episcopus Frisingensis* »; Freisingen, en Bavière, Évêché suffragant de *Saltzbourg*.

(34) « *Chunradus, Urspergensis Abbas.* »

(35) *Henri IV*, Empereur d'Allemagne, monta sur le trône de *Germanie*, (à la mort de son père *Henri III*, dit : *le-Noir*,) l'an 1056, à l'âge de six ans, sous la tutelle de sa mère *Agnès*. Il épousa une sœur de Godefroy de Bouillon.

l'Abbé « *ne croit pas devoir, par ce motif, apporter* « *lui-même beaucoup de détails sur plusieurs faits.* »

Tudebœuf, de son côté, finit son ouvrage par ces mots : « *Ce récit de la marche sur Jérusalem, en trois* « *années, complété par les épisodes de la délivrance* « *des villes, doit suffire.* »

Effectivement, pour que la délivrance de Jérusalem fût véritable, la victoire d'Ascalon était nécessaire au premier chef.

Par ce grand coup, le joug des Infidèles fut secoué tout-à-fait; enfin, la Ville Sainte put, ce jour là, être regardée à juste titre comme entièrement acquise et définitivement assurée à la puissance du Nom Chrétien.

Il y aurait donc lieu de penser que les *Mémoires* dont se servit Conrad, sont bien encore ceux de notre Poitevin.

Baudri, non plus, ne croit pas devoir appeler les Livres de l'Anonyme, ni ses quatre propres Livres, d'un autre nom que celui de : *Mémoires*.

En outre, malgré que Tudebœuf prenne les faits depuis le Concile de Clermont, il compte néanmoins les années de son Expédition à partir seulement de l'époque où les Princes Chrétiens arrivés à Constantinople, traversèrent le *Bosphore* (36) et passèrent en Asie, ce qui arriva pendant le cours de l'année MXCVII. En un mot, il ne tient pas compte du temps consacré aux préparatifs de guerre.

Pour l'Évêque de Frisingue, (37) bien que tirant les mêmes faits de la source où Conrad avait puisé, il ne dit rien des Mémoires.

---

(36) Le Bosphore : *Bosporum*.
(37) Le *Frison*: Conrad, Évêque de Frisingue.

Tout ce qu'il consigne dans ses Chroniques jusqu'à l'an MCVI, il confesse franchement le tenir, par réciprocité de bons offices, des Manuscrits de ses devanciers.

En sens contraire, le passage suivant du même Conrad est fort pressant :

« *A l'époque où Constantinople venait d'être prise, (après un siège de quelques jours seulement), par une Armée de novices formée depuis deux mois à peine, on fit un dénombrement qui fournit, (sans compter une foule de jeunes garçons et une multitude incroyable de femmes), le chiffre de trois cent mille combattants.* »

Othon articule ce fait dans son Livre VII, et Paulus Æmilius l'a reproduit dans son livre IV.

Ils ne paraissent pas d'accord sur le lieu où fut fait le dénombrement. Conrad indique *Byzance*, Æmilius désigne *Chalcédoine*.

Je ne donnerai raison ni à l'un, ni à l'autre. Vous ne trouverez, en effet, rien de semblable dans Tudebœuf, ni dans l'Anonyme ; vous ne pouvez pas soupçonner une omission due à la négligence ou à la précipitation des Copistes, lorsque Robert et les Interprètes de l'Anonyme, Raimond, Foucher, et l'Archevêque de Tyr, lorsque tous les anciens, enfin, gardent le silence sur ce point.

Sans doute, un fait peut être exact, et la preuve faire défaut, on ne saurait penser autrement ; mais que ce Chroniqueur doive obtenir gain de cause à l'encontre de tous, l'Histoire ne le permet pas.

Foucher : « *Les Armées Chrétiennes ne se réunirent pas toutes en même temps avant notre arrivée devant Nicée.* »

Il y a donc plutôt lieu de croire que, tous deux, Conrad et Othon eurent sous les yeux et suivirent d'autres Auteurs.

D'ailleurs, ils mentionnent différents faits tirés par eux d'une lettre du Duc Godefroy portée par le Comte Robert (de Flandre, je suppose), au Pape Pascal.

Sigebert, Auteur de la même époque, fit des extraits de cette lettre vers les années MXCVII, XCVIII et XCIX ; enfin l'Abbé Dodechin la copia tout entière en l'année MC.

Ils peuvent avoir pris pour positif le chiffre suspect qu'ils trouvèrent dans la lettre. On y lit : « *Lorsque toute l'Armée s'éloigna de Nicée après la prise de cette ville, on était plus de trois cent mille hommes d'armes.* »

Le Pape Urbain, dans une lettre à Alexis, Empereur de Constantinople, dit aussi : « *Tant d'hommes se sont Croisés qu'on estime leur nombre à trois cent mille.* »

Quoi qu'il en soit, l'Auteur des Mémoires où puisèrent Othon et Conrad leur en a fait accroire.

Avant que Bongars eût débarrassé l'Anonyme de ses imperfections, et l'eût corrigé, l'incomparable Nicolas Vigner l'avait lu, car il cite, à trois reprises, cette peinture si célèbre de la valeur guerrière des Francs, tirée du Manuscrit contenu au Livre III de la Bibliothèque, année MXCVIII.

Ces pages, publiées aujourd'hui au Livre III de l'Édition de Bongars, sont extraites du Livre II de Tudebœuf. Négligemment laissées de côté par Robert, elles sont, au contraire, recueillies avec enthousiasme par Guibert qui les donne dans son Livre III ; Baudri les insère dans son Livre II, et, après lui, Ordric les place dans son Livre IX.

Tudebœuf et ses quatre Interprètes restèrent inconnus au Chroniqueur de Tyr qui s'était guidé sur Raimond d'Aguilers et Albert de Bagnères ; Æmilius a pris pour base Guillaume de Tyr et *Baudoin* ; ceux qui auront le désir et le temps de comparer entre eux tous ces différents Auteurs seront obligés de le reconnaître.

Rempli de solécismes, le texte de Tudebœuf est rédigé en entier dans ce style incorrect dont se servaient communément, il y a cinq cent-cinquante ans, ceux qui s'imaginaient parler la Langue des Romains ; Latin seulement par la terminaison des verbes et les déclinaisons, ce genre de discours vous écorche les oreilles et vous les fatigue de je ne sais quel faux-semblant de latinité.

Ne nous plaignons pas, toutefois ; laissant passer sous nos yeux, puis disparaître, ce pauvre langage, retenons seulement les faits, intéressants et instructifs, qui peuvent toujours nous être d'un grand profit.

Que leur gravité, leur caractère important, les fixe dans l'esprit ; que celui-ci en soit frappé et pénétré ; qu'il garde le souvenir, enfin, de tant d'actions ou d'événements remarquables et vrais. Eh ! ne recherchons-nous pas, n'aimons-nous pas, dans la bouche de nos petits enfants, la vérité, même balbutiée, lorsqu'ils apprennent à parler ?

Le petit livre en parchemin, au sujet duquel je viens d'entrer dans toutes ces explications est très-ancien ; je le crois unique en Europe. Je le tiens en cadeau de feu Pilingenius, Baron de la Cressonnière ; gentilhomme de la meilleure noblesse du Poitou et personnellement fort remarquable, avec qui je fus en grande intimité jusqu'au jour où le Destin nous sépara. J'ai remis, à mon tour, ce Manuscrit annoté, pour le publier, au Géographe du Roi, André Duchesne, ami cher à bien des titres. On lui doit beaucoup déjà ; mais on lui devra plus tard encore davantage, quand il aura mis en pleine lumière les documents dont il prépare l'Édition et qui étaient exposés à disparaître pour toujours.

Toute la suite de ce Recueil est employée à vous faire connaître Tudebœuf. (38)

---

(38) « ...... *Jean Besly*, Avocat du Roi à *Fontenai-le-Comte*, l'un
« des habiles Antiquaires de son siecle, ayant eu du Baron de
« la Cressonniere en Poitou, un ancien exemplaire de l'Histoire de
« Pierre Tudebode, qu'il regardoit comme l'unique qui fût en Eu-
« rope, et qui pouvoit être l'original de l'Auteur, découvrit la super-
« cherie du Plagiaire, en le conferant à l'Edition de Bongars. C'est
« de quoi il se crut obligé d'instruire le public par une scavante
« dissertation qu'il envoia aux Du Chesne, avec une copie de son
« Manuscrit. Au moïen de quoi ceux-ci publierent l'un et l'autre dans
« leur IVe volume des Historiens de France, et rendirent par-là l'ou-
« vrage à son véritable Auteur, en le donnant tel qu'il étoit sorti de
« ses mains. » (Hist. litt. de la France, par les Bénédictins de Saint-
Maur. T. VIII. Notice sur Pierre Tudebode, p. 629 à 640.)

MÉMOIRES

DE PIERRE TUDEBŒUF

PRÊTRE, (DE CIVRAY)

MÉMOIRES
DE PIERRE TUDEBŒUF
Prêtre, (de Civray)
sur son pélerinage a jérusalem (1)

(D'après le Manuscrit coté A dans le texte publié par l'Académie des Inscriptions et Belles-Lettres.)

Bulletin Ier.

Paragraphe I. — C'était l'an mil quatre-vingt-dix-sept depuis l'Incarnation du Seigneur. (2 et 3).

Déjà l'heure était sonnée de marcher vers ce noble but, sans cesse montré par Dieu aux Fidèles, mais désigné plus spécialement encore dans l'Évangile par ces paroles : « *Si quelqu'un veut aller sur mes traces, renonçant à lui-même, qu'il prenne sa Croix et me suive.* » (4)

Dans toutes les parties de la Gaule a retenti ce cri :

---

(1) Le titre, tel que nous le donnons, n'existe dans aucun des Manuscrits A. B. C. dont *M. Philippe Le Bas* s'est servi pour composer le texte Latin publié *in-extenso*, par les soins de l'*Académie des Inscriptions et Belles-Lettres*, dans la moitié supérieure des pages de son *in-folio*. Seulement le texte D. était intitulé : *Bellum Hierosolymitanum*. (V. in-folio Acad. p. VIII.)

(2) Tudebœuf, ou plutôt le copiste du Manuscrit A, fait erreur. Robert-le-Moine, Foucher de Chartres, Guillaume de Tyr et tous les autres disent avec grande raison : « *L'an mil quatre-vingt-quinze.* »

(3) Om. « *C'était l'an..... du Seigneur.* » — C. D.

(4) Luc IX, 23.

Que celui dont le cœur est pur et dont l'âme nourrit vraiment un vif désir de marcher sur les pas du Seigneur et de porter courageusement sa Croix après Lui, n'hésite pas, à prendre sans retard le chemin du Saint-Sépulcre.

C'est que le Successeur des Apôtres sur le Siège de Rome, *Urbain*, (5) a franchi les Monts avec une honorable et très-digne Assemblée d'Évêques, d'Archevêques et de Clercs, sans compter plusieurs Personnages Laïcs Romains des plus recommandables.

Le Seigneur *Aimé*, (5 bis) Archevêque de l'Église de Bordeaux et Légat de Rome, s'était rendu, en conséquence, auprès du Pape. Celui-ci prononça un discours sublime au milieu de son Clergé. (6 et 7)

---

(5) Om. « *Urbain.* » — D.

Urbain II, Pape, naquit dans le territoire de Reims à *Bainson*, village tout proche de *Châtillon-sur-Marne*, l'an 1042. Il fut connu avant d'être Pape, sous le nom d'*Eudes*, ou *Odon*, ou *Othon*. Sa mère s'appelait *Isabelle*; son père était *Eucher, seigneur de Lageri et de Bainson*. Urbain II avait suivi dans sa jeunesse les enseignements de *Saint Bruno* et fut Chanoine de Reims. (V. Hist. litt. de la France par les Bénédictins de Saint-Maur. T. VIII. p. 514).

Il y avait au Concile de Clermont, outre le Pape et les Cardinaux, 13 ou 14 Archevêques, 225 Évêques, plus de 90 Abbés, avec une multitude de Clercs de second ordre, de Princes et de Seigneurs.

Le Concile dura dix jours, du 18 au 28 Novembre 1095. Baudri Abbé de Bourgueil, en faisait partie. (V. Hist. litt. de la France, par les Bénédictins de Saint-Maur, T. VIII, p. 525 et 526.) Robert-le-Moine s'y trouvait aussi.

(5 bis) *Amatus.*

(6) Variante : « *Celui-ci, entouré de ses Archevêques et Prêtres, commença un discours très-habile......* » — D.

(7) Au Concile de Clermont, le 18 Novembre.

V. Guill. de Tyr, L. I. C. XV, p. 39. *(Clarus-Mons)* Clermont Ferrant, (Auvergne), aujourd'hui chef-lieu du Département du Puy-de-Dôme.

« *Si un Chrétien veut sauver son âme* », disait-il dans sa prédication, « *qu'il ne balance pas et se mette à marcher avec des sentiments d'humilité dans la Voie du Seigneur, sur le chemin du Saint-Sépulcre.* (8). *S'il n'a pas assez d'argent, la divine miséricorde lui en procurera.* »

« *D'ailleurs, le Prince des Apôtres nous a dit : Frères, il faut beaucoup souffrir pour le nom du Christ, la misère, la pauvreté, la persécution, les privations, les infirmités, la nudité, la faim, la soif et d'autres maux semblables.*

« *Le Seigneur le dit également à ses Disciples : Vous souffrirez beaucoup à cause de mon nom;* (9) *cependant, ne craignez pas de dire la vérité aux hommes face-à-face;* (10) *pour Moi, Je vous donnerai les lèvres de l'éloquence,* (11) *et, plus tard, vous serez largement récompensés.* » (12)

Ce discours fut bientôt publié de proche en proche dans toutes les Provinces de la Gaule.

Les Francs y répondirent, la plupart en faisant mettre aussitôt des ✚ Croix ✚ (D) sur (13) leurs vêtements, à l'épaule droite. ✚ « *Nous marcherons,* » disaient-ils, « *sur les traces du Christ* ✚ (C. D) (14), *qui nous a rachetés de l'esclavage de l'Enfer.* »

---

(8) Om. « ..... sur le chemin du Saint-Sépulcre..... » D.
(9) Acta, IX, 16.
(10) II, Timoth. I, 8.
(11) Luc XXI, 15.
(12) Coloss. III, 24.
(13) Tous les mots compris entre deux Croix ont été omis dans le Manuscrit A. La lettre qui suit immédiatement la seconde Croix indique le Manuscrit auquel ont été empruntés les mots indispensables ou utiles à l'intelligence du texte.
(14) « ..... *dicentes esse Christi unanimiter vestigia.* » — A.

PARAGRAPHE II. — Bientôt tous les habitants de la *Gaule* eurent quitté leurs demeures et marchèrent séparés en deux Colonnes. (14 bis).

La première pénétra dans la *Hongrie*, sous les ordres de *Pierre l'Hermite*, (15) du Duc *Godefroy* (16) et de son frère *Baudoin, prudent athlète du Christ, que Dieu veuille garder et protéger.* (17), (18).

Ces très-excellents Chevaliers, et d'autres dont j'ignore les noms, vinrent, sans aucun guide, par la route que jadis un Prince extraordinaire, le *Roi de France Charlemagne*, (19) fit pratiquer jusqu'à *Constantinople*. (20).

(14 bis) « Le Manuscrit de la Bibliothèque du Roi cotté 2236, en-
« tre ceux de *M. Colbert*, nous présente une liste des noms et ar-
« moiries de ceux qui se croisèrent, en 1096, pour aller Outre-mer. Si
« cette liste est semblable à celles que nous avons vues dans d'autres
« Manuscrits, et à celles qui sont imprimées dans l'Histoire de Nor-
« mandie par *Gabriel du Moulin*, elle n'a été rédigée qu'assez long-
« temps après la date qu'elle porte dans l'inscription. » (V. Histoire
litt. de la France par les Bénédictins de Saint-Maur. T. VIII. p. 589.)

(15) *Petrus Eremita*. (in-folio Acad.)
Petrus Heremita. ms. A. B. C. presque partout.

(16) *Godefredus*. In-folio. Acad. et ms. A. B.
Godifredus. ms. D.

(17) D'où l'on peut conclure que Tudebœuf écrivit même sous le règne de Baudoin.

(18) Var. « ..... *Que le Maître de l'Univers veuille combler de gloire.* » ms. D.

(19) *Carlomannus*. ms. A. C. in-folio. Acad.
Kallomagnus. ms. D.

(20) Voir les discussions de Le Bœuf et de Foncemagne sur le prétendu pèlerinage de Charlemagne, Empereur des Francs, en Terre-Sainte, dans les Mémoires de l'Acad. des Inscriptions et Belles-Lettres, T. XXXI, p. 136, 149 et s.

Pierre l'Hermite (20 bis) y arriva le premier, (21) le troisième jour des Calendes d'Août, (22) (23) amenant avec lui une multitude d'*Allemands*.

Il trouva là rassemblés des *Lombards*, des *Longobards* (24) et des hommes de diverses nationalités que l'Empereur (25) faisait entretenir sur les ressources de la ville, et leur dit : « *Ne franchissez pas le Détroit* (26) « *avant que la plus grande partie des Chrétiens* « *soit arrivée, car vous n'êtes pas en nombre pour* « *vous battre contre les Turcs.* »

Cependant, les Chrétiens se conduisaient très-mal dans la ville, démolissant, incendiant les palais, enlevant le plomb dont les Églises étaient couvertes, pour le vendre aux Grecs.

L'Empereur en fut tout-à-fait irrité. Bientôt, il leur enjoignit l'ordre de franchir le Détroit. Mais, après la traversée, ils continuaient encore à commettre toutes sortes de brigandages, à brûler et à dévaster les habitations et les Eglises.

PARAGRAPHE III. — Enfin, ils parvinrent à *Nico-*

(20 bis) Pierre *Damien* ou *d'Amiens*.

(21) Pierre, dit l'*Hermite*, n'arriva que le second à Constantinople, si l'on en croit Guill. de Tyr. Voyez in-fol. Acad. Willelm Tyr. L. I. C. XIX, p. 50.

(22) *III Kal. Augusti* — A. — Le Mercredi, 30 Juillet 1096.

(23) *I Kal. Augusti* — C. D., c'est-à-dire : le 1er Août 1096.

(24) *Lumbardos* et *Langobardos* — conduits par *Gaultier-sans-Avoir*. *Gualterius dictus sine habere*. Voyez in-folio Acad., Guill. de Tyr, L. I, C. XVIII, p. 49.

(25) L'Empereur Alexis. — C. D.

(26) Le Détroit ou Bras de Saint-Georges est la communication de l'Archipel et de la mer de Marmara ou *Propontide*.

médie, (27) où les Lombards, les Longobards (28) et les Allemands (29) se séparèrent des Chrétiens de race *Franque*, parce que ceux-ci les traitaient avec beaucoup de hauteur.

En conséquence, les Lombards et les Longobards choisirent pour les commander un vieillard nommé *Rainald*; (30) les Allemands firent de même.

Pénétrant ensuite en *Romanie*, ce Corps de troupes isolé parvint, en quatre jours de marche, au-delà de *Nicée*, (31) jusqu'à une certaine Forteresse appelée *Exerogorgo*. (32)

Il n'y avait personne dedans. Les Chrétiens en prirent possession et y trouvèrent une assez grande quantité de froment, du vin, de la viande et toutes sortes de provisions. Sur ces entrefaites, les Turcs, ayant entendu dire que les Chrétiens étaient dans le Château-fort, vinrent aussitôt l'assiéger. Il existait un puits hors de l'enceinte, vis-à-vis la porte; et, au pied du rempart, se trouvait une source, la seule, (33) jusqu'à laquelle Rainald s'avança pour observer les ennemis.

---

(27) *Nicomium.*
(28) *Lumbardi* et *Langobardi.* — A.
Lombardi et *Longobardi.* — C.
Longobardi. — D et infra.
(29) *Alamanni.*
(30) *Raginaldus.* — A. D.
Rainaldus — C. et sic infra. Ce Chef des Allemands n'est pas autrement connu; les Historiens n'indiquent point le nom de sa famille, ni le lieu de sa naissance.
(31) *Nicenam.*
(32) *Exerogorgo* — A. C. — *Exorogorgo* — D.
Aujourd'hui : *Eski-Kaleh.*
(33) ...*et ad pedem castri erat fons unus juxta quem exiit Reginaldus excubare Turcos.* — A. C. D.
.... *fons vivus....* — B.

Ces derniers, se portant en avant le jour de la Fête de saint Michel Archange, (34) eurent une rencontre avec Rainald et tous les siens, dont ils tuèrent un grand nombre.

Les survivants se réfugièrent dans la Place que les Turcs investirent immédiatement, et, par le fait, les assiégés se trouvèrent privés d'eau. (35)

Ces derniers furent si cruellement tourmentés par la soif qu'ils faisaient saigner leurs chevaux et leurs ânes pour en boire le sang. Les uns jetaient dans une mare des écuelles (36) qu'ils pressaient ensuite contre leurs lèvres ;
. . . . (37) ;
d'autres fouillaient le sol humide, puis se couchaient à plat-ventre, ou bien se jetaient de cette terre sur la poitrine et sur tout le corps pour calmer les ardeurs de la soif.

Un Évêque et des Prêtres, qui étaient avec eux, les encourageaient, les soutenaient : « *Soyez toujours fermes,* » leur disaient-ils, « *dans la Foi du Christ.* « *N'ayez point peur des assiégeants. Le Seigneur a dit,* « *en effet : Ne craignez pas ceux qui tuent le corps ;* « *ils n'ont pas le pouvoir de détruire l'âme.* » (38)

Ce supplice dura huit jours, au bout desquels le Chef des Allemands s'entendit avec les Turcs sur le moyen

---

(34) Le Lundi, 29 Septembre 1096.
(35) « …. se trouvèrent dorénavant privés d'eau. » — C. D.
(36) Ou tout autre ustensile.
Alii mittebant eniciclas in piscinam, et eas postea deprimebant in os suum. — A.
Ciniciclas. — C. D.
Ce mot est inconnu, même dans le dictionnaire de basse et moyenne latinité de Du Cange.
(37) *Alii quippe mingebant in pugillo alterius et sic bibebant…*
(38) Matth. X. 28.

de leur livrer tout le monde, et, feignant de sortir pour se battre, il s'enfuit avec beaucoup d'autres au milieu des rangs ennemis. Ceux qui ne voulurent pas renier Dieu furent condamnés à mort.

Les Turcs s'emparèrent des uns pour se les partager comme des moutons. Ils en envoyèrent d'autres à la cible et les percèrent à coups de flèches.

D'autres étaient vendus ou donnés comme des animaux. Chaque infidèle conduisait ses prisonniers chez lui, qui à *Corosanum*, qui à *Antioche*, à *Alep*, où ailleurs.

PARAGRAPHE IV. — Ces premiers Croisés acceptèrent le *martyre* avec joie pour le nom du Christ. Bientôt après, au bruit de l'arrivée de Pierre l'Hermite et de *Gauthier-sans-Avoir* (39) à *Civito*, (40) (lieu situé en avant de la ville de Nicée,) les Turcs, ravis, s'empressèrent d'accourir pour les exterminer.

Effectivement, à peine arrivés, les ennemis, pleins de confiance, marchant à la rencontre de Gauthier (41) et de ses troupes, en firent un grand massacre.

Quant à Pierre l'Hermite, il était retourné, peu de temps auparavant, à Constantinople, parce qu'il ne pouvait maintenir la discipline dans cette foule mélangée, (42) qui n'avait pas confiance en lui et ne l'écoutait point.

Les Turcs fondirent donc sur les Chrétiens. (43). Ils en

---

(39) Galterius *sine habere*. — A.
Galterius. — C. D. Om. *sine habere.* —
(40) *Civito* — A. — *in castro Civitot.* — C. — *Civitoli.* — D. Aujourd'hui *Gemlik*, ville située au delà de Nicée.
(41) *Gauterium* — A. — *Galterium* — C. D.
(42) *Illam diversam gentem.* — A. C.
..... *divisam*..... — D.
(43) « Les Turcs fondirent donc sur les Chrétiens et en tuèrent une
« quantité. — Ils avaient trouvé les uns endormis, d'autres... » — C. D.

trouvèrent un grand nombre endormis, étendus par terre, déshabillés. Un Prêtre, saisi à l'autel, au milieu de la célébration de la Messe, fut aussitôt martyrisé.(44)

Ceux qui purent échapper s'enfuirent à Civito; (45) plusieurs s'embarquèrent; d'autres se jetèrent dans des montagnes couvertes de forêts.

Les Turcs poursuivirent les Chrétiens jusqu'à leur camp et firent des tas de bois pour brûler à la fois le camp et ceux qui s'y trouvaient.

Mais Dieu ne voulait pas abandonner ceux des nôtres qui étaient enfermés dans la Place; ils jetèrent du feu sur les bois amoncelés, et la flamme se retourna contre les Infidèles.

Les Turcs se partagèrent les hommes qu'ils prirent vivants, (46) et les dispersèrent dans toutes leurs Provinces, à *Corosanum*, et en *Perse*.

Tous ces évènements furent accomplis au mois d'Octobre. (47)

L'Empereur, à la nouvelle que les Turcs avaient dispersé les Croisés, fut enchanté et se montra tout joyeux. Il donna des ordres pour faire repasser le Détroit aux débris de l'Armée; puis, quand ils eurent accompli la traversée, il fit saisir toutes leurs armes.

PARAGRAPHE V. — La seconde Colonne pénétra dans le territoire de l'*Esclavonie* (48) avec *Raimond, Comte*

---

(44) «Un Prêtre disait la Messe; ils le martyrisèrent sur l'Autel. — D.
(45) *Civito* — A. — *Civitot*. — C. D.
(46) « Les Turcs se partagèrent ceux qu'ils prirent vivants, comme « ils avaient fait la fois précédente, et les dispersèrent...... » — C. D.
(47) Octobre 1096.
(48) *In Sclavaniæ partibus.*

de *Saint-Gilles*, (49) qui était accompagné de l'honorable Évêque du *Puy*. (50)

Une troisième Armée vint à *Rome*, par la route ordinaire; c'étaient *Robert, Comte de Flandre*, (51) *Robert, Comte de Normandie*, (52) *Hugues-le-Grand* (53) et d'autres.

De là, Hugues-le-Grand (54) et Guillaume, fils du Marquis, (55) se rendirent au Golfe de *Brindes*, (56)

---

(49) *Raimundus, comes de Sancto Ægidio*. (V. Bull. XV. paragr. III, Note 14e.)

(50) *Podiensis Episcopus*.

(51) *In ista namque parte fuit Rotbertus comes Flandrensis*. A. *Fuit vir Flandrensis comes*. — C. D.

(52) *Rotbertus, comes Normannus*. — A.
Et Robertus Romanus. — C. D.
C'était le fils ainé de Guillaume-le-Conquérant.

(53) *Ugo Mannus*. — A.
Ugo lo Magnus. — C.
Ygo lo Magnus. — D. — Hugues, Comte de *Vermandois*, dit : *le Grand*, frère du Roi de France *Philippe Ier*.

(54) *Hugo Magnus* — A. — *Hugo Mannus*. — C. D.

(55) .... *et Willelmus Marchisi filius*. Le Comte Guillaume, fils d'Odon-le-Bon-dit-le-Marquis, fut tué près de Dorylée par les Infidèles, en 1097. Il avait pour frères l'illustre *Tancrède* et un autre Seigneur nommé *Robert*. Il laissa deux fils : *Richard* dit : *le Prince* et un autre appelé *Tancrède*.

Odon-le-Bon-dit-le-Marquis avait épousé *Emma*, sœur de *Bohémond Ier*, Prince d'Antioche, et de *Roger II*, Duc d'Apulie ou de Pouille, fille de *Robert Guiscard* et petite-fille de *Tancrède de Hauteville*, puissant Seigneur de Normandie. Richard-dit-le-Prince eut deux fils : 1° *Roger*, Prince d'Antioche pendant la minorité de *Bohémond II dit-le-Jeune*, et tué dans une bataille qu'il livra aux Turcs, en l'année 1107; 2° *Guillaume*, qui s'enfuit d'Antioche, quand les Croisés étaient assiégés par Kerboga, en 1098.

(56) *Portum Brundusii* — A. — *Portum Brundusi* — C.
Portum Brundusium — D.

ou de *Bari*, ou d'*Otrante*, s'embarquèrent sans délai au port de Bari, et, traversant la mer, jetèrent l'ancre à *Dyrachium*. (57)

A la nouvelle que ces Personnages distingués avaient débarqué, le Gouverneur de la ville conçut aussitôt un méchant projet. Il ordonna de les arrêter et de les conduire prudemment à Constantinople, devant le misérable Empereur, afin qu'ils lui jurassent pleine et entière fidélité.

PARAGRAPHE VI. — Le Duc Godefroy (58) était arrivé le premier (59) devant Constantinople, avec sa grande Armée, deux jours avant la Nativité de Notre Seigneur Jésus-Christ. (60)

Il demeura d'abord aux environs de la ville et y resta jusqu'à ce que l'indigne Empereur donnât l'ordre de le recevoir respectueusement (61) dans le faubourg.

S'y étant établi sans défiance, le Duc désignait chaque jour, publiquement, plusieurs de ses Écuyers pour lui apporter de la paille et d'autres objets de première nécessité.

Déjà les Croisés se proposaient, en toute confiance, de s'en aller où bon leur semblerait ; mais, à ce moment même, l'infâme (62) Empereur *Alexis*, (63) qui les faisait habilement surveiller, ordonnait à ses *Turcopolitains* et à ses *Pincinnatins* (64) de se jeter sur eux et de les exterminer. (65)

---

(57) *Dyrachium*.
(58) *Godefredus* — A. C. — *Godifridus*. — D.
(59) V. Guill. de Tyr, L. II. C. V. p. 80, in-fol. Acad.
(60) Le Mardi, 23 Décembre 1096 de l'Ère Chrétienne.
(61) *Venerabiliter* — A. — *Honorabiliter* — C. D.
(62) *Iniquus* — A. C. — *Inimicus* — D.
(63) Alexis Ier, *Comnène*, Empereur des Romains en Orient.
(64) *Suisque Turcopolis et Pincinnatis* — A. C.
Om. *Pincinnatis*. — D.
(65) V. Guill. de Tyr, L. II. C. VIII et suiv. p. 81, in-fol. Acad.

Baudoin, (66) frère du Duc, ayant appris l'ordre donné par ce traître d'Empereur, se mit à courir de toutes ses forces, espérant arriver peut-être à temps pour atteindre les Soldats *Grecs*.

Il parvint à les rejoindre, et les trouva occupés à massacrer ses gens.

Il fondit avec tout son courage sur les assaillants, et, grâce à Dieu, il en vint à bout.

Il s'empara de quarante (67) d'entre eux, en tua un certain nombre, et conduisit les autres devant le Duc.

Tout cela mit l'Empereur fort en colère; ce que voyant, le Duc ordonna, pour ce motif, à ses Chevaliers, de sortir du faubourg et de s'établir où ils étaient d'abord, en dehors de la ville.

Sur le soir, le misérable Empereur donna des instructions à ses troupes, et fit attaquer le Duc et l'Armée

---

(66) *Balduinus*. — *Baudoin de Boulogne*, frère de Godefroy de Bouillon, devint d'abord *Comte d'Édesse*. Il épousa *Arda*, fille de *Thoros, Prince d'Arménie*. Devenu Roi de Jérusalem, Baudoin abandonna son épouse légitime pour *Adélaïde* ou *Adèle, Comtesse de Sicile*, fille de *Boniface, Marquis de Montferrat*, que *Roger I*er, *Comte de Sicile*, avait répudiée. Plus tard, tourmenté par ses remords, le Roi renvoya la Princesse Adèle en Sicile. Peu de temps après, à la fin de Mars de l'an 1118, étant allé jusqu'en Égypte, il s'empara d'une ville nommée *Pharamia* ou *Pharan*. Sur les entrefaites, Baudoin fit une promenade qui l'amena jusqu'aux rives du *Nil* avec un petit nombre de gens. Ses Chevaliers pêchèrent fort adroitement avec leurs lances plusieurs poissons qu'ils rapportèrent. Le Roi en mangea, fut aussitôt saisi de violentes douleurs d'entrailles, voulut se faire transporter à Jérusalem et mourut en route, à *Larisse*. On l'ensevelit, auprès de son frère Godefroy, sur le *Golgotha*. (V. Hist. occ. des Cr. in-fol. Acad. T. III, p. 396, N. a.; p. 428, N. a.)

Foucher de Chartres. Chap. XIV, LI, LIX, LXIV.

(67) « .... *soixante*. » — C. D.

du Christ. Mais, encore victorieux, le Prince Franc se mit, avec les Chevaliers du Christ, à la poursuite des agresseurs, en tua sept, et relança les fuyards jusqu'aux portes de la cité ; puis il revint dans sa tente. Il demeura ainsi, sans sortir du camp, pendant près de cinq jours, jusqu'à ce qu'il eût conclu un Traité avec l'Empereur.

Ce dernier promit de lui faire traverser le *Bras de Saint-Georges*, de lui donner toute facilité pour acheter le nécessaire à Constantinople, dans la mesure du possible, et de faire aux soldats indigents des largesses convenables.

Paragraphe VII. — Vers cette époque, un puissant (68) homme de guerre, *Bohémond*, était occupé à faire le Siége d'*Amalfi*, (69) sur la mer de *Scarphée*.

Apprenant qu'une innombrable Armée de Francs était venu enlever la *voie* du Saint-Sépulcre des mains des plus détestables païens, afin qu'à l'avenir la route fût libre et demeurât ouverte à tous les Chrétiens, il commença de suite, en homme prudent, à se bien renseigner et à s'enquérir des armes dont ces troupes étaient pourvues, du signe extérieur de Christianisme qu'elles portaient en *pèlerinage*, et de leur *cri* de guerre.

Sur son ordre, on lui donne tous ces détails. *Les combattants ont des armes convenables pour entrer en campagne immédiatement ; ils portent sur l'épaule droite ou entre les deux épaules la Croix du Christ.*

---

(68) Om. « .... puissant homme de guerre. » — C. D.
(69) Sur le Siége de cette ville, voyez Dumoulin : Conquêtes et trophées des Normands. L. V. p. 173, et *Historias Pandulphi Collenutii*, p. 112. Éd. in-12, 1618.

Quant au cri, tous ensemble ils poussent d'une voix celui de : Dieu le veut! Dieu le veut! Dieu le veut! (70)

Bientôt, mu par l'Esprit-Saint, il donna l'ordre qu'on lui apportât son manteau le plus précieux, le fit couper par morceaux, et aussitôt transformer tout entier en Croix.

Or, la plus grande partie des Chevaliers qui étaient à ce Siége, accourut sans tarder près de Bohémond, si bien que le Comte *Roger* (71) resta presque seul. Ce dernier (71 bis) retourna en *Sicile* à contre-cœur, fort chagrin, et se plaignant, souvent avec tristesse, d'avoir perdu ses troupes.

Le Seigneur (72) Bohémond rentra dans ses domaines et fit promptement publier partout que, bientôt, il irait au Saint-Sépulcre; puis il passa la mer, avec son Armée, en compagnie du fils du Marquis, le très-prudent Tancrède, et de plusieurs autres Personnages.

PARAGRAPHE VIII. — On traversa donc la mer ensemble, et l'on aborda en *Bulgarie*, (73) où se trouvaient en surabondance le froment, le vin et les autres aliments. On descendit dans la vallée dite d'*Andrinople*, et

――――――

(70) *Deus hoc vult, Deus hoc vult, Deus hoc vult.* — A. C. *Deus lo vult, Deus lo vult.* — D.

(71) *Rotgerius* — A. — *Rogerius* — C. D.

(71 bis.) *Robert Guiscard* ou *Guischard*, Chef Normand, mourut le 17 Juillet 1085. Il eut un fils, *Roger, Duc de Pouille et de Calabre*, qui lui succéda. (V. Guillaume dit : de la Pouille, Historien et Poëte, qui écrivit une Histoire de la Guerre-Sainte.) Mais Robert Guiscard avait aussi un frère nommé *Roger, Comte de Sicile* ; c'est de ce dernier qu'il s'agit. (V. Hist. litt. de la France par les Bénédictins. T. VIII. p. 192.)

Robert Guiscard eut encore pour fils, *Bohémond, Prince de Tarente*.

(72) Om. « .... *le Seigneur.* » — C. D.

(73) *In Burgariæ partibus* — A. D. — *Bugariæ* — C.

l'on s'y établit pour attendre que tout le monde eût débarqué.

Paragraphe IX. — Alors on partit, et l'on s'avança, nageant dans l'abondance, de village en village, de Château en Château, de ville en ville, jusqu'au moment où l'on parvint à *Castorie*, (74) puis on pénétra dans la *Pélagonie*, où il existait une certaine *Forteresse* (75) occupée par des Hérétiques. Nous attaquâmes cette Forteresse, établie et construite au milieu d'un Lac, et, aussitôt, elle tomba en notre pouvoir. On alluma du feu et elle fut brûlée avec ceux qui l'habitaient, c'est-à-dire avec sa troupe d'Hérétiques.

Paragraphe X. — On parvint, après cela, aux rives du fleuve *Baradi*. (76) Le Seigneur (77) Bohémond passa l'eau avec une partie de ses troupes, le reste demeurant sur le bord, en compagnie du Comte de *Roussillon* (78) et de l'Évêque, son frère.

---

(74) « ,... à Castorie. Là, on célébra solennellement la Nativité du « Seigneur. On sortit ensuite de Castorie pour pénétrer dans la *Péla-* « *gonie*, où se trouvait..... » — C. D.

D'après les Manuscrits C. et D., on était donc, le Jeudi, 25 Décembre 1096, à Castorie.

In Palagoniam — A. — *In Pelagoniam* — C. D.

(75) *Castrum*.

(76) *Ad flumen Bardarum*.

(77) Om. « .... *le Seigneur*. » — D.

(78) *Cum Comite de Rosignolo* — A. — ... *de Rusignolo*. — C. D.

Les Historiens et les Commentateurs ne s'accordent point sur le nom et la famille de ce Personnage. Dans les Manuscrits du Moyen-Age, il est appelé : *de Rosignolo* — *de Rugsinolo* — *de Ruscignolo* — *de Russignolo* — *de Rusinolo* — *de Rossilione*.

L'*Historia Francorum*, désignée par MM. Ph. Le Bas, Henri Wallon et A. Régnier sous le titre : *Tudebodus imitatus et continuatus*, renferme le passage suivant, au § VII, pages 176 et 177 de l'in-fol. Acad. :

Or, l'Armée de l'exécrable Empereur vint assaillir le Comte, son frère, et tous les autres.

« *Reversus itaque Dominus Boamundus iterum in terram suam, (diligenter enim undique honestavit sese ad incipiendum Sancti Sepulcri iter), tandem transfretavit mare cum suo exercitu, et cum eo prudentissimus Tancredus, Marchisi filius, et Robertus, Girardi filius, et Riccardus de Principatu, et Raynaldus, frater ejus, et Robertus de Surda-Valle, et Robertus, filius Trosteri, et Unfridus, filius Rau, et Riccardus, filius Comitis Raynulfi, et Goffridus, Comes de Rossilione (F), et Episcopus (G), et Girardus frater ejus, et Episcopus de Ariano (A), et Boellus Carnotensis, et Alberedus de Cagnaco, et Goffridus de Monte Scabioso. Alii vero, qui ante transierunt mare, promiserunt Boamundo quod eum exspectarent in Bulgaria......* »

Traduction : — « Le Seigneur Bohémond rentra donc dans son
« territoire. Il fit publier partout qu'il allait entreprendre le pèleri-
« nage du Saint-Sépulcre ; puis il passa la mer avec son Armée, en
« compagnie du très-prudent Tancrède, fils du Marquis, de Robert,
« fils de Girard, de Richard le Prince et de son frère Renaud, de
« Robert de Sourval, de Robert, fils de Trost, d'Onfroy, fils de Rau,
« de Richard, fils du Comte Renaud, de Godefroy, Comte de Rous-
« sillon, de l'Évêque et de son frère Girard, de l'Évêque d'Ariano,
« de Boël de Chartres, d'Albert de Cagnac et de Godefroy d'Aspre-
« mont. D'autres, qui avaient franchi la mer avant Bohémond, lui
« avaient promis de l'attendre en Bulgarie...... »

Robert, fils de Trost, est indiqué ailleurs sous le nom de : *Robertus, filius Toustani*, (Robert, fils de *Toustan*, de *Toustain*, ou de *Toutain*, peut-être de *Toussaint*.)

Renaud (Raynaldus), frère du Prince Richard, est le même Croisé que le Comte Renaud *(Raynulfus)*, père de Richard dit : *(filius Comitis Raynulfi.)* Pour le *Comte de Roussillon*, M. Philippe Le Bas donne, en Notes, les indications suivantes : *Infra dicitur de Ruscignolo.*

F. *[Apud Willelmus Tyr. L. II. C. XIII. p. 90 : comes de Rosinolo, vernacule : Girard de Rosignon.]*

« *Si credas cl. viro, D. Aug. Leprevost, Goffridus ille, genere Normannus, comes erat de Roscignolo (vulgo, Roscigno): urbe in*

Le très-prudent Tancrède (79) l'apprit, revint sur ses pas, et, s'étant jeté dans le fleuve, réussit à rejoindre

Principatu citeriori sita. (cf. Order. Vital. T. III, p. 487, Not.3). Plerique tamen hic agi de Girardo Rossolionensi, gallice: de Roussillon, arbitrati sunt. »

G. [*Episcopus ille infra vocatur Episcopus de Ruscinulo. (cf. XLV. p. 189.*]

A. « *Melius Petrus Diac. in Chron. Cassin L. VI. : et Girardus, frater ejus, Episcopus de Ariano.* » (*cf. Pertz. Monum. German. T. IX, p. 766, et Ital. Sacr. T. VIII, col 214.*)

Ne pourrait-on pas admettre que *Godefroy, Comte de Roussillon*, avait deux frères, l'un, dit : *l'Évêque du nom de Roussillon*, sans indication de Siége épiscopal; l'autre, *Girard de Roussillon*, Chevalier, père de Robert, *Robertus, Girardi filius* ?

Dans les divers textes Latins de l'époque, on rencontre presque toujours le Siége épiscopal d'un Évêque pris adjectivement pour distinguer chaque Prélat. Maintes fois on trouvera, par exemple : *Episcopus Oriensis, Episcopus Podiensis, Episcopus Martoronensis, Archiepiscopus Remensis, Archiepiscopus Lugdunensis*: l'Évêque d'Orange, l'Évêque du Puy, l'Évêque de Martorano, l'Archevêque de Reims, l'Archevêque de Lyon. On lit aussi : *Girardus Arianensis Episcopus* : Girard, Évêque d'Ariano, en Apulie.

Mais on ne voit nulle part : *Episcopus Russilionensis*. Pour ce motif, il y a lieu de penser que le mot *Russilione*, peu importe son orthographe, a dû être employé comme nom de famille, par les Historiens comtemporains de la première Croisade.

Le prénom de *Girard* n'est attribué à l'Évêque, frère du Comte Godefroy de Roussillon, que dans la Chronique du Mont-Cassin, compilation très-postérieure aux évènements racontés par Tudebœuf. Rien n'empêche d'ailleurs, que l'Évêque d'Ariano se soit appelé *Girard*.

Les Auteurs de la Préface de l'in-fol. Acad. tiennent pour *Roscigno*. Voir Tudebœuf, Bulletin VI, § X.

Boel de Chartres : *Boello, Budellus, seu Gouel Carnotensis*, Chevalier, était frère de *Foucher de Chartres* : « *Fulgerius vel Fucherius Carnotensis.* »

Raoul de Caën dit que *Gouel de Chartres* monta le premier à l'assaut, lors de la surprise d'Antioche.

les combattants ;(80) deux mille Chevaliers s'élancèrent, dans le courant à la suite de leur Chef.

Quumque satis firmos struxisset nexus, juventus volucris, pennata corpora, accincti gladiis, per funes volant : Gouel Carnotensis primus, sicut aquila provocans pullos suos ad volandum, et super eos volitans : vir ille nobilis, et a puero nihil esuriens ut laudem neque sitiens, non propter vitam laudari, sed propter laudem vivere cupiebat... (V. Gesta Tancredi, Cap. LXVI, in-fol Acad. p. 654.) Raimond d'Aguilers accorde cet honneur, non pas à *Boel de Chartres*, mais à son frère Foucher : *Primus quidam Francus, nomine Fulgerius, frater scilicet Budelli Carnotensis, muros intrepidus conscendit......* (V. Raim. de Ag. Hist. Franc. Cap. IX.) Robert-le-Moine est d'accord sur ce point avec Raimond d'Aguilers : *Quæ quum erecta fuit (scala), ex tanta multitudine nullus prior ascendere præsumpsit; quumque omnes sic hæsitarent, tunc unus miles, nomine Fulcherius, Carnotensis natione, ceteris audacior, ait : Ego in nomine Jesu Christi primus ascendam ad quodcumque me Deus vocaverit suscipiendum, sive ad martyrium, seu ad obtinendum victoriæ bravium. Quo ascendente, ceteri subsequuntur, et in brevi ad ipsa murorum fastigia pervenitur.....*

Les mots : *Carnotensis natione* prouvent que Boel et Foucher étaient Chartrains ; mais rien n'établit positivement le nom patronimique de ces deux vaillants Chevaliers.

La préface de MM. Wallon et Régnier nous apprend que « M. Le-« prévost, dans ses notes sur Orderic Vital, cite quatre personnages « qui s'appelèrent: *Fulcherius Carnotensis.* »

Celui qui monta le premier sur la muraille, n'était point l'Historien, Chapelain du Comte Baudoin ; mais il fut, peut-être, de la même famille.

« Foucher, fils de Girard, d'origine noble, était devenu, quoique « marié, Chanoine de l'Église de Notre-Dame de Chartres. Il eut plu-« sieurs fils, dont un était appelé : *Bartholomæus Boellus.* » (V. Recueil des Hist. des Croisades, Hist. Occ. T. III, préf. de MM. Wallon et Régnier.)

(79) *Tancredus* — A. D. — *Tanchredus* — C.

(80) V. in-fol. Acad. Robert-le-Moine. L. II. C. VIII ; et Guill. de Tyr, L. II. Chap. XIV. p. 93.

En fort peu de temps, ils atteignirent les Turcopolitains et les Pincinnatins (81) réunis, contre les nôtres, attaquèrent de suite l'ennemi avec fureur, le vainquirent habilement, et lui firent plusieurs prisonniers, que l'on conduisit garrottés devant Bohémond.

Cet homme sage, s'adressant à eux, leur dit : « *Pourquoi, malheureux, tuez-vous ces soldats, qui sont en même temps ceux du Christ et les miens? Je n'ai cependant aucune querelle avec votre Empereur*». Ils répondirent : « *Nous ne pouvons agir autrement, car nous sommes liés à la Fortune du criminel Empereur; et ce qu'il ordonne, il nous faut l'exécuter.* »

Le Seigneur Bohémond les laissa partir sans leur infliger aucune punition.

Ce combat eut lieu le quatrième jour de semaine qui ouvre le Carême. (82 et 83).

---

(81) *Turcopolos et Pincinatos* — A. D. — *Pinzinacos* — C.

(82) *Hoc bellum factum est in quarta feria quod est caput Jejunii.*

Feria signifie: Dimanche, Fête, jour férié.

Mais, d'un bout à l'autre de son récit, Tudebœuf prend le mot: *Feria* dans le sens ecclésiastique de: *jour de la semaine*, ce qui ne doit point étonner, si l'on songe à l'esprit Chrétien de ces temps-là, et aux sentiments religieux de l'Historien.

Les noms des jours de la semaine sont païens :

Lundi, Lunæ dies; Mardi, Martis dies; Mercredi, Mercurii dies; Jeudi, Jovis dies; Vendredi, Veneris dies; Samedi, Saturni dies; Dimanche, Solis dies. Seul, le Dimanche a reçu, dans le langage usuel, une désignation conforme à nos croyances : Dies Dominica.

En outre, chaque jour de l'année a été désigné pour la célébration plus spéciale des vertus et du triomphe d'un grand saint. Ce culte *honorifique* par lequel l'Église chante, à des époques fixes et périodiques, la gloire de ses plus illustres enfants, est communément désigné

Que Dieu en soit béni dans tous les Siècles! Ainsi-

sous le nom de: *Fête: (Festa)*, à cause du caractère joyeux de cette coutume. Or, pour Tudebœuf, il semble précisément que le Lundi, le Mardi, le Mercredi, etc, n'existent plus.

Sa Foi n'a voulu voir, dans les sept jours de la semaine, que des jours de Fêtes Chrétiennes, à commencer par le Dimanche, le premier, à ses yeux, comme essentiellement consacré au Seigneur. En effet, dans sa méthode de supputation, Tudebœuf calcule de la manière suivante :

Dimanche:	Feria	Prima.
Lundi	—	Secunda.
Mardi	—	Tertia.
Mercredi	—	Quarta.
Jeudi	—	Quinta.
Vendredi	—	Sexta.
Samedi	—	Septima.
Dimanche	—	Prima.

C'est également la manière de compter des Astronomes, qui entendent, par : *Férie*, un jour quelconque de la semaine. (V. La Gnomon, ou Art de vérifier les dates, par Monsieur de la Prise. Caën, M.DCC.LXXXI. 1 vol. in-8° avec planches et une gravure d'ornement.)

Pour faciliter les recherches des personnes qui désirent vérifier exactement les dates, nous avons calculé, d'après la méthode indiquée par M. de La Prise, (p. 177 et s. de son ouvrage), la Férie (ou jour de la semaine,) à laquelle correspond le 1er Janvier des années, 1095 1096, 1097, 1098, 1099, 1100, 1101, 1102, 1103, 1104 et 1105.

TROUVER PAR QUEL JOUR DE LA SEMAINE A COMMENCÉ OU COMMENCERA UNE ANNÉE PROPOSÉE, DEPUIS OU AVANT LA RÉFORMATION DU CALENDRIER.

« L'Année ......, est composée de 52 Semaines, 1 Jour et 1 Quart ;
« et nous avons aussi remarqué que la première année de notre Ère
« commença un Samedi : il faut compter conséquemment autant de
« fois 1 Jour 1/4 qu'il s'est écoulé d'années depuis la première de
« notre Ère inclusivement, s'il ne s'agit que de connoître la Férie
« où le premier jour de cette année a commencé.......

« On divise cette somme de Jours par 7, (nombre des Jours de la soit-il ! (81).

« Semaine), et le reste du dividende marque exactement la Férie du
« quantième proposé : s'il ne restoit rien, ce seroit bien sûrement la
« Férie 7e qui y répondroit.

« Cette méthode est exacte jusqu'à l'époque de la réformation du
« Calendrier, selon qu'elle a été adoptée plus ou moins tard ; mais
« depuis cette époque, il faut retrancher de la somme des jours,
« avant de la diviser par 7, savoir : depuis l'époque de 1582 jusqu'à
« 1699 inclusivement, 10 jours ; depuis 1699 jusqu'à 1799, 11 jours ;
« et depuis 1799 jusqu'à 1899, 12 jours, etc. »

Calcul de la Férie du 1er Janvier 1095.

L'année précédente était : 1094 de l'Ère Chrétienne.

Le quart de 1094 = 273 plus ? de fractions.

Total = 1367 nombre qui, divisé par 7 jours,

donne 6 pour 1er reste 6.6 et pour quotient 195
— 3 — 2e — 3.7
— 2 — 3e — 2

Ce chiffre 2 est celui de la Férie ; ainsi, le 1er Janvier 1095 tombait dans la 2e Férie, ou jour de la Semaine, c'est-à-dire : un Lundi.

De ces calculs ressort le tableau suivant :

   1er Janvier 1095: 2e Férie: Lundi.
   1er Janvier 1096: 3e Férie: Mardi, (année bissextile.)
   1er Janvier 1097: 5e Férie: Jeudi.
   1er Janvier 1098: 6e Férie: Vendredi.
   1er Janvier 1099: 7e Férie: Samedi.
   1er Janvier 1100: 1e Férie: Dimanche, (année bissextile.)
   1er Janvier 1101: 3e Férie: Mardi.
   1er Janvier 1102: 4e Férie: Mercredi.
   1er Janvier 1103: 5e Férie: Jeudi.
   1er Janvier 1104: 6e Férie: Vendredi, (année bissextile.)
   1er Janvier 1105: 1e Férie: Dimanche.

Dans le cas présent, Tudebœuf a donc voulu désigner le : Mercredi, 13 Février 1097, jour des Cendres, premier du Carême. C'est la date indiquée, en Note, par M. Philippe Le Bas, dans l'in-fol. de l'Acad.

(83) Jean Besly, dans sa Préface, dit : *Quando Hierosolymorum iter sit ingressus ostendit nusquam; et in Historia divinare illicitum est. Conjicio tamen Hugoni Magno ab initio se dedisse comitem.*

Puis, il fait entendre que Tudebœuf se comprend lui-même dans l'effectif de l'Armée par ces mots : ... *His ita transactis, Imperator nequissimus præcepit cuidam suo fidelissimo, nomine Corpolatio, ut nos secure deduceret per suam terram usque dum venissemus Constantinopolim.* (Voir plus loin, Bulletin II, § Ier). Sans doute, ceci doit être vrai. Mais, au point de vue de la date, soit de son entrée dans l'Armée, soit de son arrivée à Constantinople, Tudebœuf n'a point désigné *un jour précis*. En effet :

1º L'Historien *Croisé* ne signale point la date : *ex a. d. V Kal. Martias ejusdem anni*, mentionnée par Besly.

2º Si nous nous reportons au Calendrier, nous y voyons que le Ve des Calendes de Mars de l'année 1097 est le Mercredi, 25 Février, jour des Quatre-Temps, c'est-à-dire le Mercredi qui suit immédiatement le Mercredi des Cendres. Il y a donc lieu de croire que, si Besly désigne la date : *ex a. d. V Kal. Martias ejusdem anni*, c'est par une altération du sens normal du mot : *Jejunium*. La proposition : *Hoc bellum factum est in quarta feria quod est caput Jejunii*, est interprétée par Besly de la manière suivante : « *Ce combat eut lieu le quatrième jour de la semaine qui ouvre le Jeûne,* » (sous entendu : des Quatre-Temps). Ce qui donne le Mercredi, 25 Février 1097, 1er jour des Quatre-Temps.

Besly eût donc été exact s'il avait dit dans sa Préface : *De se in Historia Tudebodus dat intelligi tantum ex a. d. XII Kal. Martias ejusdem anni* ; c'est-à-dire une semaine plus tôt.

D'ailleurs, si Besly a relevé, pour la première fois, les traces de la présence de Tudebœuf dans les rangs des Croisés, en s'appuyant sur le § Ier. du Bulletin II, cela provient de la variante contenue dans le texte B, dit : Manuscrit de l'Édition Duchesne.

Dans le Manuscrit A, base de notre Traduction, la présence de Tudebœuf ressort d'un passage antérieur, tiré du Paragraphe IX du Bulletin Ier: *Nos vero aggressi sumus illud in quodam lacu in quo ædificatum fuerat; quod continuo nostro succubuit imperio.* Les Manuscrits C. et D. suivent, à peu de chose près, la version du Manuscrit B. Comme dans ce dernier, l'Historien y emploie, non pas la première personne du pluriel: *nos aggressi sumus... nostro*; mais la troisième: *Quod undique aggrediuntur unum lacum ubi..* C. D.

Illi vero undique aggredientes illud una cum habitatoribus in lacum ubi ædificatum fuerat. — D.

(84) *Feria capud Jejunii......* — C.

BULLETIN DEUXIÈME

BULLETIN II.

PARAGRAPHE I. — Le misérable Empereur chargea un de ses favoris, qu'il appelait *Corpolasius* (1 et 2), d'accompagner nos messsagers (3) et de nous amener en sécurité, à travers son territoire, jusqu'à Constantinople. Étions-nous parvenus aux portes d'une ville, les habitants avaient ordre de nous apporter des provisions, + ce qu'ils faisaient (4) + (C. D.) ; car, en vérité, l'Empereur craignait l'Armée du très-vaillant (5) Bohémond, au point de ne permettre à aucun des nôtres de franchir les murs d'enceinte.

Nous finîmes par atteindre de la sorte la ville de *Rusa* (6), où nous logeâmes.

L'habile (7) Bohémond, quittant alors son Armée, poursuivit sa route jusqu'à Constantinople, afin de parler à l'Empereur.

En partant, il dit à ses troupes : « *Approchez un « peu de la Capitale ; pour moi, je prendrai les « devants.* »

Il emmena un petit nombre de Chevaliers avec lui. (8).

---

(1) *Corpolasium vocabat.*
(2) V. infol. Acad. Guill. de Tyr. L. II, C. XV, p. 93.
(3) « . . . . . *les Messagers des Francs.* » — C.
(4) . . . . . « *comme par lui.* » — C.
(5) Om. « . . . . . *très vaillant.* » — C. D.
(6) *Rusiam.* — D. — Variantes : *Rossa* et *Suza*. — (*Rusa*). — A. C. Ville de *Macédoine* qu'il ne faut pas confondre avec une autre ville du même nom, située en *Syrie*, près d'Antioche. Rusa, en Macédoine, s'appelle aujourd'hui : *Ruskujan*. — Rusa, en Syrie, porte le nom de : *Ruiath*.
(7) Om. « . . . . *habile*. . . . . »
(8) *Pour moi, je prendrai les devants avec un petit nombre de « Chevaliers.* » — C. D.

PARAGRAPHE II. — A la nouvelle que le très-estimable (9) Bohémond était venu le voir, l'Empereur ordonna de le recevoir honorablement, et de le loger aussi bien que possible (10), en dehors de la ville.

Quand celui-ci fut agréablement établi dans son habitation, l'Empereur lui fit savoir qu'il irait l'entretenir en particulier.

PARAGRAPHE III. — Or, pendant ce temps-là, *Raimond, Comte de Saint-Gilles*, en compagnie de l'Évêque du Puy (10 bis), sortait de l'*Esclavonie*, où il eut à souffrir (11), pour le nom du Christ et la voie du Saint-Sépulcre, bien des maux qu'il ne méritait en aucune

---

(9) Om. « . . . . *très-estimable*. . . . . » — C. D.

(10) « . . . et de le loger très-prudemment en dehors de la ville. . . . » — C. D.

(10 bis.) *Aimar* ou *Adhémar de Monteil* [*de Montilio*], Évêque du *Puy* ou d'*Annecy* [*Episcopus Podiensis seu Aniciensis*], fut attaché à l'Armée des Croisés, en qualité de Légat du Saint-Siège, avec des pouvoirs exceptionnels, par le Pape Urbain II. Adhémar mourut à Antioche, et fut enseveli dans cette ville, en l'Église de St-Pierre. *Raoul de Caen* a consigné, au Chap. XCV des: *Gesta Tancredi*, l'épitaphe qui fut gravée sur la tombe du Prélat. Celui-ci, se sentant gravement malade, avait eu soin de désigner, à ses derniers moments, pour son successeur, *Arnoulf* (*Arnulphus*), Chapelain de *Robert-Courte-Heuse*, *Comte de Normandie*. Cet Arnoulf devint Patriarche de Jérusalem.

L'Évêque du Puy avait un frère, *Guillaume—Hugues, Comte de Monteil*, qui prit part à la première Croisade, et dont parle Raimond d'Aguilers. [V. Historia Francorum, cap. XVIII).

Monteil. — Aujourd'hui : *Montélimar*. (V. Hist. gén. du Languedoc, par deux Bénéd. de St-Maur. T. II, p. 238).

(11) V. in fol. Acad. Guill. de Tyr, L. II, C. XVIII, p. 96 et S. — V. encore : Raimond d'Aguilers.

manière, et où il perdit plusieurs Chevaliers très-estimables. (12)

De là, il parvint à *Dyrachium* (13), ville Impériale, où, déjà, il espérait être en sûreté, comme chez lui, lorsqu'il fut assailli par une troupe des plus détestables ennemis. (14)

L'Armée Grecque, occupée à tendre des guet-à-pens à ces très-prudents Chevaliers du Christ, ne cessait, ni le jour, ni la nuit, de leur nuire ou de les offenser le plus possible d'une manière sourde et secrète.

Le Chef de la ville leur donna de suite l'assurance de son loyal concours pour tout le temps qu'ils seraient sur son territoire.

Or, en dépit de ces promesses spontanées, ses gens tuèrent traîtreusement un bon Chevalier nommé *Ponce Raginald* (15); encore blessèrent-ils grièvement son frère.

Sur les entrefaites, on se remit en route (16), et l'on rencontra, pendant la marche, un courrier qui apportait une lettre pleine d'assurances de paix fraternelle, et où l'Empereur disait regarder les Chevaliers *comme ses fils*. (17)

PARAGRAPHE IV. — Tandis que l'on racontait ces belles phrases, les Turcs, les Pincinnatins, les Comans, les Esclavons, les Usiens, les Adaniens (18) épiaient

---

(12) « . . . . . *beaucoup de Chevaliers très-estimables.* » — D.
(13) *Durachiam.* — A. — *Durachim.* — B. C.
(14) « . . . *lorsqu'il eut le bonheur d'échapper à ses pires ennemis.* »
— C. D.
(15) *Pontius Raginaldus.* — A. — *Rainaldus.* — C. D.
(16) « *On se remit immédiatement en route.* » — C. D.
(17) V. infol. Acad. Guill. de Tyr. Loco. cit.
(18) *Turci, et Pincinati, et Comani, et Sclavani Usi, et Athenasi.*
— A. — *Pinzinathi, et Clavi, et Commani, Usi.* — C. — *Et Sclavi, Usi.* — D.

partout les Chevaliers, et cherchaient l'endroit favorable pour leur faire un mauvais parti.

Un soir, par hasard, l'Évêque du Puy, étant en course, fut pris par des Pincinnatins (19) qui, aussitôt, le jetèrent à bas de la mule sur laquelle il était monté, le dévalisèrent, et lui firent une blessure à la tête. Mais le *Peuple de Dieu* ne pouvait encore se passer d'un si éminent Prélat; aussi la Miséricorde du Tout-Puissant conserva-t-elle la vie à l'Évêque. Dans les tentes, on entendit le bruit de la lutte; tous accoururent, et l'arrachèrent sans retard des mains de ces brigands.

Chemin faisant, comme on arrivait à une Forteresse nommée *Bichinat* (20), le Comte fut averti que des Pincinnatins le guettaient dans un certain défilé de montagnes.

Il fit halte avec plusieurs Chevaliers, découvrit les Pincinnatins (21), en tua une partie, et pourchassa le reste.

PARAGRAPHE V. — Cependant l'Empereur envoyait toujours ses lettres pacifiques, tandis que ses troupes hostiles dressaient des embûches de tous côtés.

Enfin, les Chevaliers Chrétiens arrivèrent à une certaine ville appelée *Rusa*. (21 bis). Or, les habitants leur faisaient ouvertement tout le mal qu'ils pouvaient.

A la vue d'une semblable conduite, le Comte, fort in-

---

(19) A *Pincinatis*. — A. — *Pinzinachis*. — C. *Pinzinathis*. D. — V. inf. Acad. Guill. de Tyr, L. II.

(20) *Bichinat*. A.— *Buchinaht*. D.—*Buchinat*. C.— Forteresse, en *Macédoine*.

(21) *Pincinatos*. —A. D. — *Pinzinacos*. — C.

(21 bis) *Rusa*, aujourd'hui *Ruskujan*, ville de Macédoine, dont il a été parlé plus haut. — V. Bul. II, paragraphe I.

digné, fit prendre les armes à ses troupes et pousser son cri de guerre.

On livra bataille, et la ville fut complètement vaincue.

On parvint, ensuite, à une autre ville nommée *Rodesto*. (21 ter). Cette fois, la Cavalerie de l'Empereur assaillit l'arrière-garde. Le Comte se battit, tua trente des agresseurs, et prit quarante (22) chevaux.

PARAGRAPHE VI. — Des messagers, que l'on avait, un jour, envoyés à Constantinople, rejoignirent la Colonne à *Rodesto*. Ils apportaient les nouvelles suivantes :

L'Empereur promettait de rendre promptement aux Chevaliers, à leur arrivée (23) dans sa Capitale, tout ce qu'ils avaient perdu ; le Duc Godefroy (24),

---

(21 ter.) *Rodesto*, ville de Macédoine.

(22) « . . . *soixante.* » — C. D.

(23) « . . . , *avant leur arrivée.* » — D.

(24) *Godefredus.* — A. D. — *Godifredus.* — C.

(V.) Hist. litt. de la France par les Bénédictins de Saint-Maur, T. VIII. — Notice sur Godefroy de Bouillon, p. 598 à 622.

« Il étoit fils aîné, selon Guillaume de Tyr et Ordric Vital, ou
« seulement puisné, selon d'autres, d'Eustache, Comte de Boulogne et
« de Lens, l'un des plus puissants Seigneurs et des plus braves Ca-
« pitaines de la Belgique, en son temps; qui se fit autant de réputation
« dans les pratiques de la piété Chrétienne que dans la profession des
« armes. » (Hist. litt. de la France, T. VIII. p. 598.)

Godefroy-le-Grand ou le Barbu, Duc de la basse Lorraine et de Bouillon, avait épousé une veuve, *Béatrix, Marquise ou Comtesse de Toscane.* Il eut une fille, *Ide,* qui se trouvait la nièce (par Béatrix), du Pape *Étienne IX,* et la sœur du Duc *Godefroy-le-Bossu.* — Ce dernier Prince épousa l'illustre *Mathilde,* fille unique et héritière de la Comtesse Béatrix.

Ide fut la mère du premier Roi Chrétien de Jérusalem. Ainsi, ce héros, par son aïeule maternelle, était issu des Rois de Lombardie; mais, par son aïeule paternelle, *Mathilde,* (fille de *Gerberge et petite fille de Charles, Duc de la Basse-Lorraine,* frère de Lo-

Bohémond, Robert, Comte de Flandres (25), et tous les Princes priaient le Comte de quitter le gros de

thaire, Roi de France), il descendait de nos rois Carlovingiens.

« C'est sur ce principe qu'Ordric-Vital et l'Historien de la bienheu-
« reuse Ide attestent que le Comte Eustache, son père, étoit de la
« race de Charlemagne. Godefroi naquit à *Boulogne-sur-Mer*, à l'ex-
« tremité de la *Picardie*, ou plutôt à *Baçy*, dans le *Brabant fran-
« çois*, et eut pour frere *Baudouin* qui lui succéda dans la suite au
« royaume de Jérusalem, et *Eustache*, qui herita des Comtés du
« pere et contracta alliance avec *Marie d'Écosse*, dont il vint une
« fille unique nommée *Mathilde*, qui épousa *Etienne de Champagne*,
« depuis *Roi d'Angleterre* à la mort d'*Henri I*^{er}.

« Guillaume de Tyr et quelques autres Écrivains donnent encore à
« Godefroi un troisieme frere nommé *Guillaume*, que les Généa-
« logistes comptent pour la souche des derniers *Ducs de Lorraine*.

« Mais une genéalogie, écrite vers l'an 1095, ne reconnoit que
« trois fils du *Comte Eustache* et de la *Comtesse Ide : Eustache*,
« *Godefroi* et *Baudoin*. De même, ni la Comtesse Ide aïant occa-
« sion de parler de ses enfants, ni Godefroi parlant de ses freres, ne
« nomme jamais ce Guillaume. Quoi qu'il en soit de ce qua-
« trieme fils du Comte Eustache, Godefroi eut une sœur, nommée
« *Praxede-Adelaïde*, qui épousa *Henri IV, Roi de Germanie*, puis
« Empereur, mais que ce Prince. . . . [Hist. litt. de la France, T.
« VIII. p. 599.]

« . . . Tel étoit Godefroi, lorsqu'en 1076, à la mort de *Godefroi-le-
« Bossu*, son oncle maternel, il lui succéda dans le Duché de *Bouillon*,
« dont il prit aussitôt le titre, sous lequel il est le plus connu et qu'il
« a glorieusement immortalisé. »

« Il devoit aussi lui succéder dans ses autres États; puisque cet
« oncle, n'aïant point d'enfants, l'avoit adopté pour son fils et établi
« son héritier. Mais le Roi Henri IV, regardant les Fiefs de cette suc-
« cession comme lui étant dévolus, revêtit *Conrad*, son propre fils, du
« *Duché de Lorraine*, et donna au jeune Godefroi le *Marquisat
« d'Anvers*, par une espece de dédomagement. Dans la suite, cepen-
« dant, Conrad ayant donné sujet de mécontentement au Roi, son
« pere, ce Prince lui ôta la Lorraine et la rendit à Godefroy, à qui
« elle appartenoit de droit, et qui, d'ailleurs, l'avoit bien méritée par

son Armée, et de venir en hâte, sans armes, avec un petit nombre de Chevaliers. Car l'Empereur avait

« les services signalés qu'il avait rendus à Henri. . . . . »
« On distinguoit, alors, entre la *haute* et la *basse Lorraine*. Mais
« la haute Lorraine n'étoit presque connue que sous le nom de *Mo-*
« *sellane*; et, par la dénomination de : Lorraine, on n'entendoit que la
« *basse* qui n'étoit autre que le *Duché de Brabant*. Dans la suite,
« le nom de Lorraine passa à la *Mosellane*, qui le retient encore.
« C'est ce qui commença, ce semble, dès le temps de *Jacques de*
« *Vitri*, qui, foisant l'éloge de notre héros, le qualifie: *Duc de Brabant*,
« quoique les Historiens qui l'avoient précédé, lui donnent le titre de
« Duc de Lorraine. »
(Hist. litt. de la France T. VIII. p. 601 et 602.)

« . . . .
« . . . . , . Godefroi, comptant encore plus sur le secours de
« Dieu que sur ses propres forces, partit dès le printemps de l'année
« 1096, avec ses frères *Eustache* et *Baudoin*, à la tête de plus de
« *deux cent mille Croisés*, tant *Frisons*, *Saxons* et *Allemands* que
« *Lorrains* et principalement *François*. Il prit sa route par la
« *Hongrie*, après en avoir obtenu la permission du Roi, qui le traita
« avec beaucoup d'honneur. Godefroi, de son côté, retint son Armée
« dans une si exacte discipline, qu'elle n'y causa aucun dégât. — V.
« Ursp. chr. an, 1096. — Mart. ibid. — Malm. ibid. p. 133. »
(V. Hist. litt. de la France, T. VIII, p. 604).

Nous n'avons point rencontré, dans nos recherches, la date précise de la mort du Comte Eustache, époux de la B. Ida. Mais nous pouvons affirmer que le père de Godefroy de Bouillon vivait encore en l'année 1071 : nous en avons la preuve dans un document tiré des Archives du Palais Archiépiscopal de Cambray, et publié, en 1664, par *Jean Le Carpentier*, Historien du *Cambrésis*. 2 Vol. grand in-4° — Dans le manuscrit furent énumérés les principaux témoins d'une donation faite par l'Évêque *Liebert* à l'Eglise Sainte-Marie de *Lens*. Les seigneurs nommés dans cette Charte, et contemporains du père du Duc Godefroy, furent, sans nul doute, les compagnons d'armes de ce Prince, soit dans les Guerres d'Allemagne, soit dans l'Expédition de Terre-Sainte. Au cours du texte Latin que nous offrons au Lecteur, les mots Français insérés entre parenthèses sont ajoutés par l'Historien du Cambrésis.

déclaré, qu'après avoir pris la Croix, il irait (26) en pélerinage à Jérusalem, et serait notre Généralissime, notre Chef.

« Ex archiv. Palatii Arch. 1071. »

« Liebertus solo nomine *Cameracensium Episcopus* justis peti-
« tionibus *Eustachii Comitis Boloniensis* et *Idæ Comitissæ*, ussoris
« ejus, annuentes, Ecclesiæ quam apud *Lensium* in *Pago Atreba-*
« *tensi* cooperante Dei gratia elapso anno consecraveram in honorem
« *S. Dei Genitricis Mariæ*, quam ab omni exactione Episcopali li-
« beram omnimodo feceram, concedo *Alodia* mea apud *Cambam*
« *unam*, apud *S. Laurentium* et *Rokelincortem*, etc. Actum *Atrebati*
« in Basilica mea, An. M.LXXI. Mense Februario. Clericorum et Mi-
« litum multorum adstante corona. S. *Gerardi, Vidrici* et *Fulconis*
« Archidiac. S. Militum, *Eustachii* Comitis *Boloniæ, Guidonis* Co-
« mitis S. *Pauli, Hugonis* fratris ejus, *Roberti Atreb.* Advocati,
« *Guidonis de Crepicordio, Wiboldi* Præpositi, *Walteri de Thiem-*
« *broune, Huardi de Ordine* (d'Ordre au Boulenois), *Wiscardi de*
« *Thiembroune, Fulconis de Montecorelio* (Montaurel), *Anseloti*
« *de Selles, Usionis de Tingris, Hugonis Duacensis, Hugonis de*
« *Albiniaco, Helgoti de Lensio, Enguerrani de Wallincurt, Elle-*
« *boldi de Buschoi, Hellini de Bellomanso* (Beaumès), *Rogeri de*
« *Cupegni, Berneri de Himericurte, Draconis de Harnes, Balduini*
« *de Waencurt* (Waencourt), *Wistachii de Novavilla* (Neufville),
« *Erici de Kreski, Guidonis de Rolandicorte* (Rolancourt), *Sicardi*
« *de Auxiaco, Simonis de Heuchius, Reginaldi de Liska* (Liques),
« *Willemi de Senghem, Sifridi de Renti, Petri de Herikorte,*
« *Wisconis de Willerivalle* (Willerval), *Samsonis de Hames, Eus-*
« *tachii de Raucicurte, Amandi de Habarco, Jacobi de Boni-*
« *corte* (de Boncourt), *Imberti de Bailliolo* (Bailleul), *Gerardi de*
« *Mancicorte, Ursionis de Nedonis cella* (de Nédonchel), *Radulphi*
« *de Inchis, Mathæi de Calderone* (Cauderon), *Enguerrani de Goy,*
« *Roberti Molendinikorte* (Molencourt), *Simonis de Hulluch,*
« *Enguerrani de Ploich, Regneri Barnastres, Wigonis de Fossa,*
« *Frumoldi de Montignaco, Anselmi de Haverdoeng, Rothulphi de*
« *Bursa* (Bours), *Hellini de Cuinchis, Alardi de Ricco-Manso*
« (Ricamez), *Adami de Berlettes, Davidis de Aableng* (Ablain),
« *Balduini de Barlis, Sigeri de Minerva* (Mennerve), *Colardi de*

A cette nouvelle, le Comte quitta l'Armée, accourut à Constantinople, et s'y entretint + avec l'Empereur. + (C.D).

« *Carnodio* (Carneu), *Milonis de Alennes, Arnoldi de Calonna,*
« *Wilfride de Grebouivallo* (Griboval), *Alani de Esterres, Ulrici*
« *de Mammes, Bodini de Vermelles, Philippi de Mesnilo* (Mesnil),
« *Wolfradi de Alorana,* (d'Allewaène), *Anselmi de Hosdeng* (de
« Houdaing) *junioris, Burcardi de Vallis* (de Vaux), *Varneri de*
« *Longastro, Anselli de Noilles, Ulrici de Bruielles, Walrandi*
« *de Hingetes, Rogeri Houliers, Walleri-Flaet de Goy, Anselli de*
« *Lambris, Malgeri de Lo, Ioannis de Lardario, Hugonis Miettes,*
« *Gossuini de Ployemont, Anseloti de Pas, Ægidii d'Orton, Bal-*
« *duini de Simonis-Korte* (Simoncourt), *Roberti de Rambures, Si-*
« *geri Talet, Amandi Thessell, Sicheri Cassenas, Ivonis Taisson,*
« *Bordini de Riez, Willelmi de Brullio* (de Bruille), *Alelmi de*
« *Buissis, Militum, et aliorum multorum spectatorum fide-*
« *lium. Ego Liebertus* hoc scriptum manu propria confirmavi, illud
« que ferendum demandavi Eccl. *Lensensi* per manus *Walteri de*
« *Bousies* Pari, Consiliario et Primati meo. Amen. Amen. »

« Scellé du seel de cet Evesque à l'Antique. »

Traduction. — « *Archives du Palais Archiépiscopal*, 1071.

« Nous *Liebert*, premier Évêque du nom sur le Siège de *Cam-*
« *bray*, qui, en considération des légitimes demandes d'*Eustache*,
« *Comte de Boulogne*, et de la *Comtesse Ida*, son épouse, avions,
« l'an passé, à *Lens*, au Pays d'*Artois*, consacré et dédié à *Marie*,
« la *Sainte Mère de Dieu*, une Église que nous avions en même
« temps complètement exemptée de toute dime épiscopale, abandon-
« nons à cette Église les *alleux* dont nous sommes possesseurs à
« *La Cambe, à Saint-Laurent* et à *Rokelincourt*, etc.

« Fait, à *Arras*, dans ma Basilique, l'an MLXXI, mois de Fé-
« vrier, en présence de plusieurs Clercs et d'un nombreux concours
« de Chevaliers.

« C'est-à-savoir, *Gérard, Vidric* et *Foulque*, Archidiacres. Les
« Chevaliers sont : *Eustache, Comte de Boulogne; Guy, Comte de*
« *Saint-Paul; Hugues,* son frère ; *Robert-dit-d'Artois; Guy de*
« *Crèvecœur; Wibold,* gouverneur de la ville ; *Walter de Thiem-*
« *broune; Huard d'Ordre* (d'Ordre au Boulenois); *Guiscard de*
« *Thiembroune; Foulque de Montcaurel; Lancelot de Selles;*

Celui-ci lui dit de consentir à être son *Vassal*, et de lui donner sa *foi*, comme l'avaient fait Bohémond et les autres Princes. Le Comte répondit : « A Dieu ne

---

« Ursin de Tingris ; Hugues de Douai ; Hugues d'Albiniac ; Hel-
« got de Lens ; Enguerrand de Wallincourt ; Ellebold de Bous-
« choi ; Hellin de Beaumés ; Baudoin de Waëncourt ; Eustache
« de Neufville ; Ulric de Créquy ; Guy de Rolancourt ; Sichard
« d'Auchy ; Simon de Heuchy ; Renaud de Liques ; Guillaume
« de Senghem ; Sifrid de Renty ; Pierre d'Héricourt ; Wascon de
« Willerval ; Samson de Hames ; Eustache de Raucicourt, (de
« Raucourt ou de Rocourt) ; Amand de Habarc ; Jacques de Bon-
« court (ou d'Aboncourt) ; Humbert de Bailleul ; Gérard de Man-
« cicourt ; Ursin de Nédonchel ; Rodolphe d'Inchy ; Mathieu de
« Cauderon ; Enguerrand de Goy ; Robert de Molencourt ; Simon
« de Hulluch ; Enguerrand de Ploich ; Régnier Barnastres ;
« Hugues de la Fosse ; Frumold de Montignac (de Montaignac ou
« de Montaigne) ; Anselme d'Haverdoeng ; Rodolphe de Bours ;
« Hellin de Cuinchis ; Alard de Ricamez ; Adam de Berlettes ;
« David d'Ablain ; Baudoin de Barlis ; Siger de Mennerve ; Co-
« lard de Carneu ; Milon d'Alennes ; Arnould de Calonne ; Wil-
« frid de Griboral ; Alain d'Esterres ; Ulric de Mammes ; Bodin
« de Vermelles ; Philippe de Mesnil ; Wolfrad d'Allewaëne ; An-
« selme de Houdaing le cadet ; Burchard de Vaux ; Varner de
« Longastre (ou Lancastre) ; Anselme de Noïlles ; Ulric de Brui-
« elles (ou de Bruille) ; Walrand de Hinget ; Roger Houlier ;
« Wallier-Flaël de Goy ; Anselme de Lambris ; Malger de Lô ;
« Jean de Lardar ; Hugues Miettes ; Gossuin de Ployemont ; Lan-
« celot de Pas ; Gilles d'Orton ; Baudoin de Simoncourt ; Robert
« de Rambures ; Siger Talet ; Amand Thessell ; Sicher Casse-
« nasse ; Yves Tesson ; Bordin de Riez ; Guillame de Bruille ;
« Ablain de Buissis, Chevaliers, et beaucoup d'autres Fidèles qui
« étaient présents. Nous, *Liebert*, avons confirmé cet écrit en signant
« de notre propre main ; et nous avons chargé, *Wallier de Bou-*
« *silles*, Pair, Conseiller, mon Primat, de porter cette Charte à
« *Lens*. Ainsi soit-il ! Ainsi soit-il !
« Scellé du sceau de cet Évêque à l'antique. »
(25) « Bohémond et le Comte de Flandre. » — C. D.

« plaise! Certes, dans cette Voie, je ne me donne-
« rai d'autre Seigneur que celui que j'ai déjà, et
« pour l'amour de qui je suis venu jusqu'ici. Pour-
« tant, si tu veux prendre la Croix sans retard, et
« venir avec nous à Jérusalem, je tiendrai entière-
« ment à la disposition ma personne, mes troupes,
« et tout ce que la Divine Miséricorde a mis + en
« ma + (C.D.) puissance. »

PARAGRAPHE VII. — Après le départ du Comte pour Constantinople, les Troupes Impériales vinrent épier les Comtes et l'Armée privée de son Chef (27), l'assaillirent vivement et lui firent le plus possible de blessés. A la nouvelle de ce fait, le Comte se plaignit et fut très-chagrin.

Il appela de suite auprès de lui Bohémond et les autres Princes, puis demanda à l'Empereur pourquoi il l'avait fait venir à Constantinople par un motif perfide, et comment il avait bien osé blesser ses hommes.

Celui-ci, protestant énergiquement, en présence des Princes, répondit : « En vérité, ce n'est point d'après
« un ordre que le fait a eu lieu, et je l'ignorais
« complètement. Mais, ce que je sais bien, c'est le
« dommage que ton Armée m'a valu; car les troupes
« ont singulièrement saccagé les villes et les Châ-
« teaux de mon territoire. Néanmoins, je t'accorde
« loyalement satisfaction, et je te donne le Seigneur
« (28) Bohémond pour arbitre. »

Or, le jour où les parties adverses se présentèrent

---

(26) «... il viendrait avec nous en pèlerinage à Jérusalem... » — C. D.

(27) «... vinrent épier son Armée privée de Chef... »

(28) Om. « Le Seigneur. » — C. D.

pour le jugement, le Comte, prenant les devants, retira sa plainte, et son Armée arriva sous Constantinople au moment où l'arbitrage venait d'être abandonné.

Alors, pour la seconde fois, l'Empereur demanda au Comte de lui jurer foi et hommage, comme les autres.

Tandis qu'on lui faisait cette demande, le Comte songeait aux moyens de tirer vengeance de l'Armée Impériale.

Mais le Duc Godefroy, le Comte de Flandres et les autres Princes lui dirent : *qu'il n'était pas bien de guerroyer contre des Chrétiens.*

Bohémond ajouta : *qu'il prendrait lui-même parti pour l'Empereur, si le Comte commettait une injustice, et refusait de donner sa foi.*

PARAGRAPHE VIII. — Accédant à l'avis de ses compagnons, le Comte jura, *sur sa tête et sur son honneur*, à Alexis: *de ne lui rien enlever* (29), *ni par son propre fait, ni par le fait d'un tiers.* Mais, lorsqu'il fut invité à *prêter hommage*, il répondit : *qu'il n'en ferait rien, dût-il pour cela mettre sa vie en péril.* L'Empereur s'adressant alors au très-vaillant Bohémond, dont il avait grand peur au fond de l'âme, parcequ'il l'avait envoyé promener plusieurs fois, (30) lui dit : *que*

(29 « . . . *de son territoire.* . . » — C. D.

(30) Il y a amphibologie dans les Manuscrits; ce n'est pas à nous de la détruire en traduisant.

« *Boamundo dixit imperator, quem valdè timebat in corde suo,*
« *quia sæpe eum ejecerat de campo, quod...* » — A.

« ... *quia jam sæpe eum cum suo exercitu ejecerat.* » — C. D.

Voici les quatre sens possibles :

« L'Empereur, s'adressant alors au très-vaillant *Bohémond*, dont
« il avait grand peur au fond de l'âme, 1° le *Prince Croisé* n'ayant
« pas craint, à plusieurs reprises, d'envoyer promener *Alexis*, (A) +
« et les Troupes Impériales + C. D... »

s'il voulait de bonne grâce lui jurer hommage, il lui donnerait, en retour, une partie de son territoire mesurant en longueur quinze journées de marche à partir d'Antioche, et huit en largeur. Bohémond prêta serment comme il suit, à savoir : que si l'Empereur tenait fidèlement sa parole, lui-même ne violerait pas la sienne.

PARAGRAPHE IX. — Alors l'Armée du Seigneur Bohémond s'approcha de Constantinople, et l'on se trouva réunis. (31)

Les Pèlerins parvinrent ainsi, tous ensemble, au port d'embarquement, passèrent le Détroit, tous à la fois, et, abordant en même temps, atterrirent à *Nicomédie*, où ils restèrent trois jours.

Le Duc Godefroy et le Comte de Flandre avec leurs Armées mirent le Siège devant la ville de *Nicée* (32), Capitale de toute la *Romanie*.

Le sage Bohémond les rejoignit, et assiégea la ville du côté du Nord. On campa là le six Mai. (33)

PARAGRAPHE X. — On commença le jour de l'Ascen-

« 2° ... le *Prince Croisé* ayant souvent battu *Alexis* (A) et l'Armée
« Impériale ✝ C. D.... »

« 3° *Alexis* ayant souvent provoqué la colère du *Prince Croisé* en
« le chassant de sa présence (A) ✝ et en maltraitant ses troupes. ✝
C. D.

« 4° .... *Alexis* ayant souvent provoqué la colère du *Prince Croisé*
« en le chassant de sa présence (A) ✝ par la violence et à main ar-
« mée. » ✝ (C. D.)

Le premier sens paraît de beaucoup préférable aux trois autres.
(31) Om. « *Hoc autem totum factum est.* » — D.
(32) « *Nichenam.* » A. D. — « *Nicenam.* » — C.
(33) Le Mercredi, 6 Mai 1097.
Guill. de Tyr, L. II, C. XXI, p. 105, in-fol. Acad. dit: «*On assié-
« gea la ville en Mai, le 15 du mois.* »

sion du Seigneur (34) à presser la ville de toutes parts, à monter des machines, et à faire des tours (en bois) pour renverser celles de la Place.

Les Chrétiens attaquèrent, tous ensemble, pendant deux jours avec tant de bravoure et d'acharnement, qu'ils parvinrent même à miner le mur de la ville.

Or, les Turcs qui se trouvaient dans l'intérieur, (c'est-à-dire l'Armée des Barbares), envoyèrent des messagers à ceux qui étaient venus au secours de la ville, pour leur dire d'approcher hardiment, en toute tranquillité, et d'entrer par la Porte méridionale, personne ne devant se trouver de ce côté pour leur barrer le passage ou les inquiéter. (35)

Mais, le même jour, la susdite porte fut immédiatement occupée par le *Comte de Saint-Gilles* et par l'Évêque du Puy. (36)

PARAGRAPHE XI. — Le Comte, qui avait quitté un autre campement pour venir là, se distinguait par les vertus d'En-Haut; c'était, en outre, un brillant guerrier, digne de sa très-vaillante Armée.

Il trouve donc les Turcs sortant à notre rencontre, il est bien armé du signe de la Croix, il fond sur eux avec impétuosité; ceux-ci sont vaincus, prennent la fuite, et périssent pour la plupart.

PARAGRAPHE XII. — Enchantés du renseignement fourni par les Assiégés et transportés de joie à l'idée d'une victoire certaine, les ennemis, qui venaient à la rescousse, apportaient avec eux des cordes pour nous gar-

---

(34) Jeudi, 14 Mai 1097. — Les Pâques tombaient, cette année-là, le 5 Avril.

(35) « .... *ou leur barrer le passage.* » — C. D.

(36) « *Pondiensi episcopo.* » — D.

rotter et nous emmener en captivité à *Corosanum*. Ils vinrent donc, et commencèrent à quitter peu-à-peu le sommet d'une montagne.

Or, tous ceux qui descendirent dans cette vallée eurent la tête tranchée par les Francs, et demeurèrent gardiens de la cité. Les vainqueurs mirent les têtes coupées au fond d'une machine, et les envoyèrent dans la Place, afin de consterner davantage la garnison.

Paragraphe XIII. — Le *Comte de Saint-Gilles* et l'Évêque du Puy se consultèrent sur le moyen de miner une certaine tour, située en face de leurs tentes. Des hommes furent choisis pour la saper pendant que des arbalétriers et des sagittaires défendraient les travailleurs sur tous les points.

En effet, on mina la tour jusque sous les fondations. Des poteaux et des pièces de bois furent placés par dessous, puis on mit le feu. Mais, le soir venu, la tour s'écroula, par hasard, en pleine nuit, et l'on ne put livrer bataille à cause des ténèbres. L'ennemi, aussitôt sur pied, mit à profit les heures d'obscurité; il releva et restaura le mur si solidement et si bien, que, le jour arrivé, tous les efforts furent inutiles de ce côté-là.

Paragraphe XIV. — Cependant, les Turcs, voyant qu'ils ne pouvaient recevoir le moindre secours de leurs Armées, envoyèrent une députation à l'Empereur, pour l'informer qu'ils lui rendraient spontanément la ville, s'il leur permettait de sortir, la vie sauve, avec leurs femmes, leurs enfants et toutes leurs richesses.

Alors l'Empereur, plein d'ambitieuses et odieuses préoccupations, donna l'ordre de les laisser aller sans les châtier, ni les inquiéter, et de les amener à Constantinople avec un soin scrupuleux.

Les Pélerins (37) passèrent sept semaines à ce Siége, où un grand nombre des nôtres, fidèles à leur Foi, reçurent le martyre avec joie, heureux de rendre à Dieu leurs âmes sereines.

Parmi les plus pauvres, beaucoup moururent de faim, et expirèrent avec allégresse pour le nom du Christ, béni et digne de louanges dans les Siècles des Siècles.

Ainsi-soit-il !

---

(37) « Les Pélerins y consentirent par condescendance pour l'Em-
« pereur ; ils passèrent sept semaines à ce Siége, etc. » — C. D.

BULLETIN TROISIÈME

BULLETIN III.

Paragraphe I. — La ville s'étant donc rendue (1), les Turcs furent conduits à Constantinople; l'Empereur, enchanté de ce que Nicée était remise entre ses mains, fit distribuer des secours très-considérables à nos Pélerins nécessiteux.

Dans le courant de la journée où nous quittâmes la ville (2), nous découvrîmes un pont (3), près duquel nous demeurâmes pendant trois jours. (4)

Le troisième (5), on fut sur pied avant l'aurore (6), et, par suite de l'obscurité, on ne remarqua pas si tous prenaient le même chemin ; on se trouva divisés en deux Colonnes, et l'on marcha séparément pendant deux jours.

Dans la première Colonne étaient Bohémond, Robert de Normandie (7), le prudent Tancrède et plusieurs au-

---

(1) Nicée fut prise le 20 Juin 1097, d'après Guill. de Tyr.—V. in-fol. Acad. T. III, C. XII, p. 128.

Besly dit, au contraire, que « *Nicée se rendit le IIIe jour des Nones de Juillet* » ; c'est-à-dire le Dimanche, 5 Juillet 1097.

(2) Le troisième jour des Calendes de Juillet, c'est-à-dire le Lundi, 29 Juin 1097, d'après Guill. de Tyr. L. III, C. XIII. p. 129.

D'après le Manuscrit A de Tudebœuf, ce devrait être plutôt le Vendredi, 26 Juin 1097 ; et, d'après les Manuscrits C et D, le Samedi, 27 Juin 1097.

(3) V. Robert-le-Moine : L. III, et Guill. de Tyr, loco cit.

(4) « ... *pendant deux jours.* » C. D.—Robert-le-Moine dit aussi « deux jours. »

(5) Le Lundi, 29 Juin 1097, en calculant d'après le Manuscrit A de Tudebœuf.

(6) «.... *à l'aurore.* » — D.

(7) « *Rotbertus Normannus.* » — A.— «*Rotbertus Normannus.*» C.— « *Rotbertus Normandus.* » — D.

tres; dans la seconde, Raimond, Comte de Saint-Gilles, le Duc Godefroy, l'Évêque du Puy, Hugues-le-Grand, le Comte de Flandre (8) et plusieurs autres.

Or, le troisième jour de marche, (9) les Turcs assaillirent fortement Bohémond, et ceux qui se trouvaient avec lui.

A peine nos ennemis et ceux de Dieu, c'est-à-dire les Turcs, nous eurent-ils aperçus, qu'ils se mirent à siffler, à croasser et à pousser d'immenses clameurs, vociférant avec un bruit infernal je ne sais quelles paroles en langue étrangère.

PARAGRAPHE II. — A la vue des Turcs innombrables qui sifflaient, et criaient au loin comme des possédés, le sage Bohémond donna de suite à tous les Chevaliers l'ordre de mettre pied à terre et d'établir les tentes sans perdre un instant. Mais, avant que ce travail fût accompli, il reprit:

« *Illustres et très-vaillants Chevaliers du Christ,*
« *la bataille est imminente; le péril nous menace*
« *de tous côtés; allez tous, bravement, à la rencontre*
« *de l'ennemi. Que les fantassins, pendant ce temps-*
« *là, établissent les tentes avec soin, et au plus vite.* »

Quand l'opération fut terminée, les Turcs nous environnaient + déjà + (C. D.) de toutes parts en combattant, nous envoyant des javelots et des traits, et nous lançant leurs flèches d'une manière merveilleuse, de loin et à longue portée.

Or, bien qu'il nous fût impossible de résister avec

---

(8) « *Hugo Mannus et comes Flandrensis.* » — A. C.
« *Ugo Magnus et Flandiensis comes.* » — D.

(9) Le Mercredi, 1ᵉʳ Juillet 1097. — C'est la bataille dite de *Dorylée.*

succès et de supporter la masse écrasante de tant d'ennemis, nous tînmes cependant tous de pied ferme, sans perdre un pouce de terrain.

Ce jour-là, les femmes, qui faisaient partie de notre Armée, nous furent d'un très-grand secours ; elles apportaient de l'eau à boire à nos combattants et les encourageaient constamment, avec énergie, prenant part à la lutte auprès d'eux, et les défendant.

Sans perdre un seul instant, le sage Bohémond envoya dire à la seconde Colonne, c'est-à-dire à l'excellent Comte de Saint-Gilles, à l'illustre Duc Godefroy, à Hugues-le-Grand et à tous les autres très-prudents Chevaliers, de se hâter et d'approcher le plus rapidement possible pour prendre part à la bataille, leur faisant savoir, « *que, s'ils voulaient combattre le jour même,* « *il fallait venir hardiment.* »

Ceux-ci, se refusant à croire une semblable nouvelle, plaisantaient les messagers et leur répondaient : « *Mais* « *c'est un conte!!!* » Nous ne pensions pas, en effet, que les Turcs fussent déjà si avisés que d'oser nous tenir tête de nouveau, et de livrer bataille contre nous.

PARAGRAPHE III. — Cependant, le brave et audacieux Duc Godefroy et Hugues-le-Grand vinrent ensemble, les premiers, avec leurs Armées. L'Évêque du Puy les suivait avec la sienne, et le très-vaillant Chevalier (10) Raimond, Comte de Saint-Gilles, venait après, accompagné de troupes considérables.

En arrivant, les nôtres se demandaient avec surprise d'où pouvait bien être sortie une si immense multitude de *Turcs*, d'*Arabes*, de *Sarrasins*, et d'autres que je ne saurais dénombrer, car toutes les montagnes, les col-

---

(10) Om. « *Chevalier.* » — C. D.

lines, les vallées, et tous les lieux plats, étaient, d'un bout à l'autre entièrement (11)couverts de cette engeance excommuniée.

Aussi, nous faisions-nous des confidences mutuelles ; on se félicitait; on disait : « *Soyez tous fermes dans la* « *Foi du Christ et confiants dans la Victoire du Dra-* « *peau de la Sainte Croix. Aujourd'hui, s'il plaît à* « *Dieu, vous serez tous enrichis.* »

Les bataillons furent mis en ordre sur-le-champ. A gauche était le sage (12) Bohémond, Robert de Normandie, le prudent Tancrède et le très-estimable Chevalier Robert de Ansa (13), et l'illustre Prince Richard.(14)

L'Évêque du Puy alla par les hauteurs sur d'autres points, cernant les Turcs qui ne s'en doutaient pas.

A droite, se trouvèrent le très-prudent Chevalier Raimond, Comte de Saint-Gilles, l'honorable Duc Godefroy, le Comte de Flandre, (15) Chevalier très-redoutable, Hugues-le-Grand et plusieurs autres, dont j'ignore les noms.

A peine nos Chevaliers marchèrent-ils à l'ennemi, que Turcs, Arabes, Sarrasins, Agulans (16), toutes

---

(11) « *presque entièrement* » — C. D.
(12) Om. « *le Sage.* » — C. D.
(13) « *Rotbertus de Ansa.* »
(14) « *Richardus de Principatu.* » — A. — «*Ricardus de Principatu.*» — C. D.
Le Prince *Richard* était à la fois *petit-fils* de Robert Guiscard, *fils* de Guillaume, et *neveu* de Tancrède. —(V. Gesta Tancredi, in Expeditione Hierosolymitana, Auctore Radulpho Cadomensi — (Raoul de Caen), — ejus familiari. cap. XLIII. — Hist. occ. des Croisades, in-fol. Acad. T. III, p. 638).
(15) « *Flandensis comes.* » — D.
(16) « *Gulami.* » — A.— « *Angulani.*» —C.— « *Agulani.*»— D.

les troupes des Barbares, s'enfuirent au pas de course par les chemins de traverse de la montagne, et dans la plaine.

Or, les *Turcs*, les *Sarrasins*, les *Publicains*, les *Perses*, les *Agulans* et autres païens étaient *trois cent soixante mille*, sans compter les *Arabes* dont personne, hormis Dieu seul, ne sait le nombre.

Leur fuite les avait ramenés avec trop de bonheur dans leurs positions premières, qu'ils gardèrent longtemps. (17) Cependant, ils recommencèrent à fuir; en les poursuivant, nous en tuâmes toute la journée.

Nous recueillîmes beaucoup de dépouilles, de l'or et de l'argent, des chevaux et des ânes, des chameaux, des moutons, des bœufs et beaucoup d'autres choses que nous ne connaissions pas.

Si le Seigneur n'avait été pour nous à cette bataille, et n'avait appelé promptement la seconde Armée à notre aide, pas un des nôtres n'eût échappé.

Le combat dura depuis la IIIe heure (18) jusqu'au milieu de la IXe (19), mais, n'ayant point voulu, dans sa miséricordieuse bonté, que ses Chevaliers périssent ou tombassent entre les mains des ennemis, le Dieu-Tout-Puissant nous envoya du secours sans tarder.

PARAGRAPHE IV. — Dans la lutte, la mort frappa deux de nos plus honorables Chevaliers, *Godefroy*

---

(17) « *Comme leur fuite les avait ramenés avec trop de bonheur « dans leurs premières positions, on ne leur permit point de s'y « attarder longtemps. Ils recommencèrent donc à fuir.* » — C. D.

(18) Neuf heures du matin.

(19) Trois heures de l'après-midi.

« .... jusqu'à la neuvième..... » — D.

d'Aspremont (20), et *Guillaume fils du Marquis* et *frère de Tancrède* (21); nous perdîmes, aussi, bien d'autres *Chevaliers* et *Fantassins* dont j'ignore les noms.

Quel homme, si instruit et savant qu'on le suppose, pourra jamais décrire, ou s'imaginer, toute l'habileté, l'expérience militaire et la valeur des Turcs ? Ces derniers pouvaient bien terrifier, avec leurs nuées de flèches, l'Armée des Francs, comme ils avaient épouvanté les Arabes, les Sarrasins, les Arméniens, (22) les Syriens et les Grecs.

En tout cas, ce qui ne se verra point désormais, et ne se présentera plus, s'il plaît à Dieu ; ce qui ne sera jamais véritablement compris, c'est leur immense multitude.

Ils prétendent avoir la même origine que nous, et disent qu'eux seuls avec les Francs ont, en naissant, la vocation chevaleresque.

Je répéterai aussi partout un fait que personne n'osera contester.

Assurément, si les Turcs avaient vécu dans la Foi du Christ, qu'ils fussent demeurés toujours fidèlement attachés au Christianisme, et qu'ils eussent accepté sans arrière-pensée et en toute sincérité la croyance en un Dieu unique dans la Trinité, né d'une Vierge, ayant souffert la mort et ressuscité, envoyant ensuite la par-

---

(20) « *Gauffredus de Monte Scabioso.* » — A. — « *Goffredus.* » — C.

« *Godifredus.* » — D. — Var. « *Goffridus de Monte Scabioso.* » « *Gosfredus de Monte Scajoso.*—*Humphredus de Monte Scabioso.* »

(21) « *Villelmus Marchisi filius, frater Tancredi.* » — C. D. Dans le Manuscrit A, il y a « *fratris Tancredi* », mais c'est une erreur.

(22) « *Hermenos* » — A. C. — « *Ermenios.* » — D.

faite consolation du Saint-Esprit et régnant également au Ciel et sur la Terre, personne n'eût trouvé un peuple qui pût les dépasser en habileté, en bravoure, ou qui possédât le génie de la guerre à un plus haut degré.

Cette bataille eut lieu le 1er jour de Juillet. (23) (24)

---

(23) Le Mercredi, 1er Juillet 1097. — V. Guill. de Tyr, L. III, c. XIII, p. 129 et s. — Les Chrétiens ont donné à cette bataille le nom d'une ville voisine, *Dorylée*, située près d'un fleuve, «le *Bathyn*,» qui coule dans la vallée dite de *Gorgon*. « *In valle cui nomen Gorgoni reportata.* » Note de l'Acad.

(24) « *Dieu soit béni dans les Siècles des Siècles. Ainsi soit-il !* » — C. D.

BULLETIN QUATRIÈME

BULLETIN IV.

Paragraphe I. — Les ennemis de Dieu et du Saint Christianisme avaient donc été complètement défaits. Ils fuyaient depuis IV jours et IV nuits (1), lorsque leur Général *Soliman* (1 bis), *fils de Soliman-l'Ancien* (1 ter), qui continuait, dans sa fuite, à s'éloigner de Nicée, rencontra dix mille Arabes.

Ceux-ci lui dirent : « *O le plus malheureux et le plus infortuné des Gentils, pourquoi fuis-tu, et trembles-tu encore à présent ?* »

Soliman, versant des larmes, leur répondit :

« *En vérité, le jour où je regardais tous les Francs*
« *comme vaincus, où je pensais déjà les tenir gar-*
rotés et captifs, où j'aurais voulu les lier un-à-un ,
« *je leur vis tout-à-coup une Armée innombrable,*
« *telle que si vous, ou tout autre, vous fussiez trouvés*
« *là, vous eussiez estimé que leur multitude couvrait*
« *tout, montagnes, collines et vallons. A cette*
« *vue, nous prîmes immédiatement la fuite ; crai-*
« *gnant, pour de trop bons motifs, de n'échapper*
« *qu'à grand-peine de leurs mains.*

« *De là, vient la terreur profonde dont nous som-*

---

(1) Dimanche, 5 Juillet 1097.

(1 bis) *Soliman*, ou *Kilidj-Arslan*, Sultan d'*Iconium*, fils de *Soliman-l'Ancien*.

(1 ter) *Soliman Ibn Cotulmisch*, Prince ou Sultan d'*Iconium*, dit *l'Ancien*.

Malek-Schah lui avait donné presque toute l'Asie-Mineure. — Soliman-l'Ancien, après avoir enlevé la *Romanie* entière à l'Empereur Alexis, fut tué en l'année 1084.

« *mes encore remplis. Et, si vous voulez m'en croire,*
« *ne restez pas en ce lieu ; que les Francs viennent*
« *seulement à vous savoir ici, tous, vous serez*
« *bientôt perdus.* »

Les Arabes, à peine eurent-ils entendu ces paroles, tournèrent le dos, et se dispersèrent dans toute la Romanie.

Or, nous étions toujours à la poursuite des très-exécrables Turcs ; ces derniers se retiraient constamment devant nous. Dans leur retraite, ils allaient à toutes les Forteresses ou sous les murs des villes, et disaient aux habitants, pour les tromper : « *Eh ! bien ! Nous avons*
« *vaincu tous les Chrétiens, et nous les avons battus*
« *à ce point que pas un d'eux n'osera jamais plus se*
« *présenter devant nous. Laissez-nous entrer.* »

Mais, une fois entrés, ces Turcs dépouillaient les Églises et les maisons, pillant partout, emmenant avec eux les chevaux, les ânes, les mulets, emportant l'or, l'argent et les autres objets précieux qu'ils pouvaient découvrir.

Ils enlevaient même les jeunes fils des Chrétiens, et brûlaient ou dévastaient tout ce qui restait d'agréable ou d'utile. Puis, ils s'enfuyaient, saisis de panique, sitôt que notre approche était signalée.

En les poursuivant, nous traversâmes une contrée déserte, privée d'eau, inhabitable, d'où nous eûmes grand-peine à sortir vivants.

La faim et la soif nous tourmentaient beaucoup ; nous ne trouvions absolument rien à manger, si ce n'est, parfois, des ronces qu'il fallait arracher et broyer avec les mains.

Nous vivions, bien misérablement, de cette détestable nourriture.

Là, périt la majeure partie de notre *Chevalerie*, au point qu'un grand nombre de nos Chevaliers se trouvèrent à pied.

Par suite de la rareté des chevaux, on voyait des bœufs servir de montures dans les rangs de la *Chevalerie*; on était réduit à se faire accompagner de béliers, de moutons et de chiens, en guise de bêtes de somme. (2)

PARAGRAPHE II. — Cependant nous finîmes par pénétrer dans une excellente contrée, où régnait l'abondance, pays délicieux et riche en biens de toutes sortes.

Puis, nous atteignîmes la ville d'*Hiconium*. (3)

Les habitants nous conseillèrent et nous persuadèrent d'emporter avec nous des outres remplies d'eau, la route devant se faire, à partir de là, pendant une journée de marche, à travers des lieux complètement arides. Nous suivîmes cet avis jusqu'à ce que nous fussions parvenus à un fleuve (4), près duquel nous demeurâmes deux jours. Toutefois, nos éclaireurs prirent les devants jusqu'à *Héraclée*. (5) Dans cette ville se trouvait un grand nombre de Turcs, qui attendaient, et guettaient l'occasion de nuire aux Chevaliers du Christ et de les harceler. (6)

---

(2) « . . . à se contenter de *chèvres, de brebis et de chiens pour le transport des bagages.* ». — C. D.

(3) « *Hiconium* ». A. — « *Iconium.* » — C. D.
V. Guill. de Tyr, L. III, C. XVIII, p. 138.

(4) V. Robert-le-Moine, L. III.

(5) « *Herchleiam.* »—A. — «*Erachliam.*» C.—«*Erachiam.*» D.
V. Guill. de Tyr, L. III, C. XVIII, p. 139. Var. « *Evaclea.— Erachia. — Herelia.* »

Cette ville qui s'appelait *Cybistra* dans les temps anciens, est nommée aujourd'hui *Eregli*.

Ne pas la confondre avec *Heraclea* ou *Maraclea*, ville de Syrie, actuellement *Marakia*.

(6) Om. « . . . *et de les harceler* » — C. D.

Les Chevaliers du Dieu Tout-Puissant rencontrèrent ces Turcs, et les assaillirent audacieusement.

Or, par une permission divine, nos ennemis furent vaincus, ce jour-là, tournèrent le dos, et s'enfuirent avec cette rapidité de la flèche au moment où, lancée par une main habile, elle quitte l'arc sous l'influence du choc de la corde. (7)

Après ce fait-d'armes, les nôtres entrèrent sans coup férir dans la ville ; nous y restâmes IV jours.

Là, l'honorable et très-bouillant Chevalier Tancrède, fils du Marquis, et l'excellent Comte Baudoin (8), frère du Duc Godefroy, se séparèrent des autres Pèlerins pour pénétrer ensemble dans la vallée de *Bothentrot* (9).

Tancrède se sépara encore de Baudoin, et vint à *Tarse* (10), accompagné de ses *Chevaliers* seulement.

Les Turcs sortirent de la ville, et marchèrent à sa rencontre, en une seule Colonne, prêts à livrer bataille.

Les Chrétiens s'étant approchés, acceptèrent le combat et tous nos ennemis, ayant pris la fuite, rentrèrent au pas de course. Tancrède, homme prudent et honorable Chevalier du Christ, arriva, bride abattue, et campa devant la porte de la ville.

Sur les entrefaites, le très-sage et illustre (11) Comte Baudoin, se présentant avec son Armée, pria et supplia

---

(7) Om. depuis « *et s'enfuirent avec cette rapidité...* » jusqu'à : « *l'influence de la corde* » dans les manuscrits C. et D.

(8) « *Baldoinus.* » D. Baudoin, Comte de Boulogne.

(9) « *Botenhtrot* » — A. C. — « *Botrenthot.* » — Botrenthrot. » D. Var. *Borentot. Botentroht*, aujourd'hui *Güleck-Borghas*.

(10) « *Tharso.* » — A. C. — « *Tarso* » — D. — Tarse, ville de Syrie. — Var. *Tarsus — Tharsus.*

V. Guill. de Tyr, L. III. C. XIX, p. 139.

(11) Om. « *illustre.* » — D.

le très-bouillant Chevalier Tancrède de l'agréer bien amicalement, à titre de compagnon, après la prise de Tarse. Le très-fier (12) Tancrède lui répondit : « *Je m'y refuse absolument.* »

La nuit venue, les Turcs épouvantés prirent la fuite tous ensemble. Alors, les habitants sortirent au milieu même des ténèbres; ils se mirent à pousser des clameurs et à crier à haute voix. : « *Courez, très-invincibles Francs, courez; les Turcs effrayés se sauvent tous à la fois.* »

Paragraphe III. — La nuit tombée, le jour commençant à grandir peu-à-peu, les principaux habitants vinrent rendre la ville, disant aux Pélerins qui se querellaient : «*Finissez donc, Messeigneurs, mais finissez, puisque nous désirons de tous nos vœux et demandons pour maître et souverain celui qui a si bravement combattu hier contre les Turcs.* »

Néanmoins, l'illustre Comte Baudoin continuait la discussion, et cherchait dispute au prudent Tancrède, lui disant: «*Entrons ensemble, livrons la ville au pillage, et que chacun ait la liberté de prendre le plus possible et de le garder pour soi.* »

Le très-courageux (13) Tancrède, s'y opposant, lui répondit : «*A Dieu ne plaise! Pour moi, je ne veux point dépouiller des Chrétiens. D'ailleurs, les gens de cette ville me choisissent pour leur Seigneur, et désirent m'avoir.* »

A la fin, toutefois, il ne put soutenir la querelle davantage contre le très-habile Comte Baudoin ; ce dernier étant à la tête d'une Armée fort considérable.

---

(12) Om. « très-fier » « *pulcherrimus.* » — D.
(13) Om. « Le très-courageux. » — C. D.

Bon-gré malgré, Tancrède (14) dut abandonner la ville, et se retira fort honorablement avec ses troupes. (15)

Or, *Adana* (16) et *Manistra* (17), deux fort bonnes cités, se rendirent à lui, ainsi que plusieurs autres Forteresses.

PARAGRAPHE IV. — Pendant ce temps, Raimond, Comte de Saint-Gilles, le très-habile (18) Bohémond, le Duc Godefroy et les autres Princes, qui formaient le gros de l'Armée, altérés du sang des Turcs et brûlant de le verser, pénétrèrent en *Arménie*. (19)

On parvint, un jour, devant une certaine Forteresse (20) si solidement établie que tous les efforts contre elle furent inutiles.

Or, il y avait là un homme appelé *Siméon*, natif de l'endroit, qui demanda cette contrée pour la défendre

---

(14) « *Tancredus.* » — A. — « *Tanchredus.* » — C. D.

(15) Sur cette violence exercée par Baudoin contre Tancrède qui l'avait accueilli très-amicalement et avec une parfaite cordialité, voir Guill. de Tyr, L. III, C. XX, p. 141 et s.

(16) « *Athena* » ou « *Adana* » ville de *Cilicie*.
Si l'on s'en rapportait à Guill. de Tyr, l. c. p. 141, cette ville aurait été accordée à un certain *Guelfe*, originaire de la Bourgogne, qui aurait chassé les Turcs de la Place, et l'aurait occupée de vive force.

(17) « *Manistra.* » — A. — « *Mamistra.* — C. D. ville de Cilicie, aujourd'hui : *Missis*.

(18) Om. « .... le très-habile. » — C. D.

(19) *Herminiorum intraverunt terram.* » — A. C.
« *Herminorum.* » — D.

(20) Robert-le-Moine, Baudri, et Orderic Vital nous apprennent que cette ville désignée par eux sous le nom d'*Alfi* « *quam Alfiam vocant,* » fut rendue aux Francs, et confiée à un Chevalier appelé *Siméon*, natif de ce pays-là, et chargé de sa défense.

Orderic ou *Ordric Vital*, célèbre Historien du XIIe Siècle, fut amené d'Angleterre à l'*Abbaye de Saint-Evroul*, à l'âge de 10 ans, 1085, et y fit ses principales études. (*Ordericus Vitalis.*)

contre les Turcs. Les Chrétiens la lui donnèrent volontiers, et il demeura céans avec sa troupe.

Pour nous, continuant notre marche sans encombre, nous atteignîmes *Césarée*, en *Cappadoce*.

Au sortir de cette Province nous vînmes sous les murs d'une ville (21) très-belle et opulente, que les Turcs avaient assiégée, pendant trois semaines, sans pouvoir la réduire, fort peu de temps avant notre arrivée ; elle nous ouvrit de suite ses Portes (22) avec allégresse, et un certain Chevalier appelé *Pierre d'Aliph*, l'ayant demandée à tous les Seigneurs pour la conserver fidèlement à Dieu, au Saint-Sépulcre, aux Seigneurs et à l'Empereur, on la lui accorda gratuitement de grand cœur.

A la tombée du jour, Bohémond, apprit que les ennemis tenus en échec dernièrement par la ville, étaient un peu plus loin, en nombre considérable. Il se prépara sur-le-champ à les attaquer avec des *Chevaliers* seulement, mais il ne put les rencontrer.

PARAGRAPHE V. — Plus tard nous arrivâmes à une ville nommée *Coxon* (22 bis), où régnait une très-grande abondance, amplement pourvue de tout ce dont nous avions besoin.

Les Chrétiens, c'est-à-dire les habitants, se rendirent donc aussitôt, et nous fûmes reçus admirablement pendant trois jours, ce qui nous fit le plus grand bien.

Sur les entrefaites, Raymond, Comte de Saint-Gilles,

---

(21) Cette ville est appelée *Plastentia* par Baudri et *Plastencia*, par Orderic Vital.

« *Petrus de Aliphi.* » — Var : « *Petrus de Aliph.* — *Petrus de Alpibus.* »

(22) «.... *le Gouverneur nous la remit sur le champ.*» — D.

(22 bis) — *Coxon* ou *Coxor*, ville d'Asie, aujourd'hui : *Gogsyn*.

apprit que les Turcs auraient abandonné Antioche et s'en seraient éloignés; il tint conseil avec les siens pour y envoyer promptement en garnison quelques-uns de ses Chevaliers.

Son choix, pour cette mission, finit par s'arrêter sur *Pierre, Vicomte de Châtillon* (23), *Pierre de Roes* et *Pierre-Raymond d'Hautpoul* avec cinquante Chevaliers. (24)

Ils allèrent dans la vallée d'*Antioche*, à une certaine Forteresse des *Publicains*; là, ils apprirent que les Turcs devaient être dans la ville, et préparaient une défense vigoureuse.

Pierre de Roes se sépara des autres, passa près d'Antioche, au crépuscule, et pénétra dans la vallée de *Ruiath*. (24 bis). Il y rencontra des Turcs et des Sar-

---

(23) « *Petrum de Castellione vicecomitem* — A.C. « *Castullone*. » D. Var : « *Petrus de Castelion ; de Castellon ; de Stillone*. » (V. Tudebœuf. Bul. VIII, par. 1er.)

(24) « *Willelmum de Monte Pislerio et Aralium vicecomitem et Petrum de Rocis et Petrum Raimundum Dalphor*. » — C. Om. « Guillaume de Montpellier et le Vicomte d'Alais. » — A. « *Willelmum de Monte Pislerio et Alarium vicecomitem, et Petrum de Roais*. » — D. — *Petrum de Roes* — A. — *Alarium vicecomitem*. » Il y a une variante; « *Aralium vicecomitem* » qui autorise à croire qu'il s'agit plutôt du Vicomte d'Arles.

(V. pour Guill. de Montp. Tudebœuf. Bulletin VIII, paragr. 1er.)

Pierre de Roës ou Pierre de Roy. Var. (*Petrus de Roas — de Roasa*.)

« *Pierre Raimond d'Hautpoul* » — Var. « *Petrus Raimundus de Alto-Pullo — de Pollo — d'Alboz — de Pul — de Pullo — Dalphul*» (V. Tudebœuf. Bul. VIII, par. 1er.)

(24 bis.) «*Ruiath* » ville de Syrie près d'Antioche — Var. « *Roia, — Roiia — Rubea — Rugea — Rugia — Rursia — Rossa — Rusia — Subrea — Lica — Rusa*. » (Ne pas la confondre avec *Rusa* ou *Rossa*, aujourd'hui *Ruskujan*, ville d'Europe, en Macédoine, autrefois : *Suze*.)

rasins, combattit, leur tua beaucoup de monde, et poursuivit le reste. (25)

Les *Arméniens*, c'est-à-dire les habitants de ce pays, voyant qu'il avait héroïquement vaincu les païens, lui firent aussitôt leur soumission.

PARAGRAPHE VI. — Il prit, immédiatement après, la ville de Ruiath (26) et plusieurs Forteresses.

Nous, qui étions demeurés en arrière, nous reprîmes notre marche en avant, et pénétrâmes dans une maudite montagne, cent fois trop haute et abrupte, au point que personne n'osait passer le premier par le sentier à suivre.

Les chevaux tombaient dans les précipices, et une bête de somme entrainait l'autre dans sa chûte.

Les Chevaliers étaient donc tout tristes; ils joignaient les mains, dans l'excès de leur chagrin et de leur affliction.

Embarrassés de leur propre personne et de leurs armes, ils vendaient les boucliers, les meilleures cuirasses et les casques pour quatre à cinq deniers seulement, ou guère plus.

Ceux qui ne parvenaient pas à vendre, abandonnaient le tout, gratuitement et sans indemnité, puis ils traversaient.

Au sortir de cette détestable montagne, nous parvinmes à une ville appelée *Marasis*. (27)

---

(25) « *Il envoya au Comte Raimond un javelot garni de langues et de nez enlevés aux Turcs.* » — C. D.

(26) « *Rusam* » — A. D. — « *Rursam* » C. — « *Ruiath*. »

(27) V. Guill. de Tyr, L. III, C. XVIII, p. 139 et L. IV, C. VII, p. 161.

« *Marasis* » ville de Syrie, aujourd'hui : *Marasch*. Ne pas la confondre avec *Marra*, ville de Syrie, aujourd'hui *Marrah*.

Les habitants, ravis, sortirent au-devant de nous avec de grandes provisions. Nous fûmes suffisamment pourvus de tout le nécessaire, en attendant l'arrivée du Seigneur Bohémond.

Alors, nos Chevaliers pénétrèrent dans la vallée où est située la royale ville d'*Antioche*, Capitale de la *Syrie*.

Cette ville fut confiée au Bienheureux *Pierre*, *Prince des Apôtres*, jusqu'à ce qu'il l'eût convertie à la Sainte Foi, par le Seigneur *Jésus-Christ*, qui vit et règne, seul Dieu en trois Personnes, dans tous les Siècles des Siècles. Ainsi soit-il !

BULLETIN CINQUIÈME

BULLETIN V.

PARAGRAPHE I. — Nous commencions à approcher du *Pont-de-Fer*, (1) lorsque nos éclaireurs, habitués à prendre l'avance sur le gros de l'Armée, trouvèrent une innombrable quantité de Turcs qui venaient vers eux, et se hâtaient de porter secours à *Antioche*.

Les nôtres fondirent habilement sur eux, comme un seul homme, et les Turcs furent vaincus.

Tous les Barbares, consternés, s'enfuirent au plus vite, mais beaucoup d'entre eux périrent dans cette bataille.

Après les avoir ainsi défaits, avec l'aide de Dieu, les nôtres prirent de nombreuses dépouilles, des chevaux, des chameaux, des mulets et des ânes chargés de froment et de vin.

Puis, on continua la marche jusqu'au fleuve, et l'on s'établit sur la rive.

Le sage (2) Bohémond, remontant de suite à cheval avec quatre mille *Chevaliers*, vint à une Porte de la ville pour voir si, par hasard, quelqu'un sortirait, ou s'introduirait secrètement à la faveur de la nuit.

PARAGRAPHE II. — Le lendemain, on parvint à Antioche, au milieu du jour de la quatrième Fête, c'est-à-

---

(1) *Le Pont-de-Fer*, qui tient ce nom du fleuve *Oronte* (en langue vulgaire : *fer*), était défendu aux deux extrémités par des tours très fortes. — V. Guill. de Tyr, L. IV, C. VIII, p. 164.

(2) Om. « Le sage. » — C. D.

dire le XII⁰ des Calendes de Novembre. (3)

Nous assiégeâmes rigoureusement trois Portes de la ville. Le reste de l'enceinte n'offrait pas d'endroit favoble aux opérations, une montagne élevée et trop escarpée ne nous permettant pas de nous développer.

Les Turcs, nos ennemis, qui étaient à l'intérieur de la ville, nous redoutaient au point que, pendant quinze jours, aucun d'eux + n'osa + (C. D.) nous insulter.

Établis de la sorte autour d'Antioche, + nous nous trouvâmes dans une assez grande abondance des biens que la rosée du ciel fait produire à la terre + (C. D.), à savoir : vignes, froment caché partout dans des *silos*, arbres chargés de fruits excellents, et beaucoup d'autres choses utiles à l'alimentation.

Les *Arméniens* et les *Syriens*, qui habitaient la ville, sortaient et feignaient de fuir les Turcs. Tous les jours, il en venait ainsi parmi nous, bien que leurs femmes fussent dans la Place.

Ils observaient habilement notre manière d'être, notre caractère, et faisaient la comparaison de nos forces avec celles des assiégés ; ils rapportaient ensuite à cette garnison d'excommuniés tout ce qu'ils avaient vu dehors. (4)

Paragraphe III. — Une fois bien instruits de nos faits et gestes et de nos habitudes, les ennemis commencèrent à faire des sorties et à presser partout nos Pèlerins, non pas uniquement sur un point, mais de

---

(3) Le mercredi, 21 octobre 1097.
Si l'on en croyait Guill. de Tyr, ce serait le Dimanche, 18 Octobre 1097.
M. Ph. Le Bas fait erreur en indiquant la date du 20 octobre (V. in-fol. Acad. p. 35, note *a*.)

(4) V. Guill. de Tyr, L. IV, C. XXIII, p. 189.

tous les côtés ; s'embusquant devant nous, tant sur le bord de la mer qu'auprès de la montagne.

Il y avait, à peu de distance, une Forteresse, nommée *Areg* (5), où se trouvaient un grand nombre de Turcs, des plus vaillants, qui inquiétaient souvent nos gens.

Paragraphe IV. — A la nouvelle que les Turcs blessaient et tuaient nos Pélerins de toutes les façons, nos Seigneurs, très affligés, envoyèrent des Chevaliers pour examiner promptement l'endroit occupé par les ennemis. Le lieu où ces derniers se tenaient cachés fut découvert ; les Chevaliers qui + tâtaient le terrain + (C. D.) avec prudence, s'avancèrent alors à leur rencontre.

Au commencement de l'action, les nôtres, rétrogradant peu-à-peu pour se rapprocher d'un point où ils savaient Bohémond caché avec son Armée, perdirent sur-le-champ beaucoup de Chevaliers.

Bohémond, l'ayant appris, se leva de suite, en vaillant champion du *Christ*.

Immédiatement rejoints, les Turcs, qui s'étaient jetés sur nos Pélerins à cause de leur petit nombre, acceptèrent néanmoins la bataille. Il en périt une foule, et les prisonniers furent conduits et décapités devant une Porte de la ville, afin de consterner davantage la garnison.

Paragraphe V. — Des Turcs, sortant parfois de la ville, montant sur une des Portes (6) pour nous deminer, envoyaient des flèches, qui tombaient dans le Quartier du Seigneur (7) Bohémond.

---

(5) « *Areg.* » — A. — « *Aregh.* » — C. D.
(6) « ... *et montant sur une éminence.* » — C. D.
(7) Om. « du Seigneur. » — C. D.

Un jour, même, une femme, fut tuée par une flèche rapidement lancée.

En conséquence, tous nos Chefs se réunirent et tinrent conseil : « *Établissons un camp au sommet de de la montagne* (8) *qui domine l'ennemi du côté de Bohémond,* » dirent-ils, « *afin de pouvoir vivre en sécurité, et d'être garantis contre l'audace des Turcs.* »

On fit un camp, on le fortifia, et tous nos Chefs y faisaient une garde vigilante à tour de rôle.

Déjà le froment et tous les aliments devenaient fort chers, avant la Nativité de *Notre-Seigneur Jésus-Christ.*

Nous n'osions plus du tout nous éloigner, et ne pouvions rien trouver à manger dans le pays Chrétien. On ne se hasardait pas à pénétrer sur le territoire des Sarrasins sans être en forces considérables.

PARAGRAPHE VI. — A la fin, nos Seigneurs réglèrent en Conseil la manière de bien employer l'Armée. On imagina + d'envoyer + (C. D.) sans retard une partie des troupes tenir la campagne tout en veillant à la sûreté générale, tandis que l'autre partie continuerait tranquillement les opérations du Siége.

Bohémond, le premier, dit alors : « *Seigneurs et très-sages Chevaliers,* (9) *si vous le voulez, si vous le jugez bon et convenable, je partirai avec le très-prudent Comte de Flandre.* »

PARAGRAPHE VII. — Après, donc, avoir célébré très-solennellement la *Nativité*, Bohémond, Baudoin et

---

(8) Baudri : « *au sommet de la montagne qu'on appelle Maregard* » ; en Français : « *Mauregard. Malregard..* »
Var. « *Maregart* » (mons) — « *Maregoth.* » — « *Margaret.* »

(9) « Très-sages Seigneurs. » — C. D.

bien d'autres, plus de vingt mille Chevaliers (10) et le triple de Fantassins, se mirent en route (11), le Lundi, (12), c'est-à-dire le second jour de la semaine, et pénétrèrent sans coup férir sur le territoire occupé par les Sarrasins.

Or, une multitude innombrable de *Turcs*, d'*Arabes* et de *Sarrasins*, rassemblés de *Jérusalem*, de *Damas*, d'*Aleph*, venaient prêter main forte à *Antioche*.

Cette Armée, à la nouvelle que les troupes des Chrétiens, faisaient une incursion, se prépara immédiatement à livrer bataille, et arriva au tout-petit point du jour sur les lieux où nos forces étaient concentrées. Les Barbares se séparèrent de suite en deux Colonnes, l'une devant, l'autre en arrière, dans le but de nous envelopper complètement.

Or le courageux Comte de Flandre, bien armé de la Foi et de la Croix, dont il se signe fidèlement chaque jour, courut à leur rencontre avec le très-prudent Bohémond.

Les nôtres fondirent, d'un élan unanime, sur les ennemis qui, aussitôt, tournèrent le dos, et prirent la fuite en grande hâte.

---

(10) « *Egressi sunt illi, et alii plus quam viginti millia militum et peditum terni sani et incolumpni.* » — A. — « ... *viginti millia militum et peditum. Isti, sani et incolumes, intraverunt Sarracenorum terram.* » — C. D.

« *Baudoin, Bohémond et bien d'autres, plus de vingt mille combattants (Chevaliers et Fantassins), partirent et pénétrèrent heureusement dans le territoire des Sarrasins.* » — C. D.

On le voit, il y a une très forte différence dans le nombre des Croisés qui prirent part à cette incursion. Quatre-vingt mille hommes, d'après le Manuscrit A, et seulement vingt mille hommes d'après les Manuscrits C. et D.

(11) V. Guill. de Tyr, L. IV, C. XIX, p. 185 et s.

(12) Le Lundi, 28 Décembre 1097.

On en tua un grand nombre, et nos pèlerins s'emparèrent de beaucoup de chevaux et d'autres dépouilles.

Les vaincus survivants couraient précipitamment çà-et-là, pleins de rage de leur défaite. (13)

Pour nous, transportés de joie, nous retournâmes sur nos pas, en louant et célébrant le *Dieu* unique en trois Personnes, qui vit et règne maintenant et toujours (14) dans l'Éternité. Ainsi-soit-il!

---

(13) Cette victoire fut remportée par les Chrétiens, le 31 Décembre 1097; (N. de M. Ph. Le Bas.) C'était un Jeudi.

(14) Om. « et toujours. » — C.

BULLETIN SIXIÈME

BULLETIN VI.

PARAGRAPHE I. — Les ennemis de Dieu et du Saint Christianisme, c'est-à-dire les Turcs de la garnison d'Antioche, ayant appris l'absence du Seigneur (1) Bohémond et du Comte de Flandre, sortirent de la ville.

Ils venaient audacieusement se mesurer avec nous, et, sachant que ces très-prudents Chevaliers étaient en campagne, ils cherchaient le point le plus faible du Siége.

Un jour, en Mars, ils pensèrent pouvoir nous attaquer et nous entamer.

Ces très-odieux Barbares approchèrent avec précaution, puis fondirent impétueusement (2) sur nous, dans un moment où nous ne nous y attendions pas, et n'en avions aucun soupçon ; aussi nous tuèrent-ils un grand nombre de *Chevaliers* et de *Fantassins*.

Dans cette triste journée, l'Évêque de Sainte-Marie du Puy (2 bis) perdit son Sénéchal, qui était chargé de sa *bannière*.

Sans le fleuve qui se trouvait entre eux et nous, ils nous eussent assaillis plus fréquemment, et auraient sou-

---

(1) Om. « Le Seigneur. » — C. D.

(2) Om. « impétueusement. » — C.

(2 bis) *Éracle (Heraclius), Vicomte du Puy,* (Sénéchal de l'Évêque *Adhémar de Monteil),* était frère de *Ponce (Pontius), Vicomte de Polignac.* (Voir in-fol. Acad. p. 261, note A.) — Messieurs Henri Wallon et A. Régnier, disent, néanmoins, (à la page 779 de l'in-fol. Acad., note E.), qu'Éracle était lui-même Vicomte de Polignac. Les Bénédictins de St. Maur disent : «*Éracle, Vicomte du Puy, et Porte-* « *étendard de l'Évêque, reçut au visage un coup de flèche dont il* « *mourut.*» (V. Hist. litt. de la France, T. VIII. p. 624.]

vent causé à notre Armée les pertes les plus sérieuses ; ils auraient même couru sur nos tentes, bride abattue.

PARAGRAPHE II. — Cependant, le sage Bohémond, en revenant avec son Armée de son incursion chez les Sarrasins, alla dans les montagnes de Tancrède, espérant y trouver des vivres à emporter.

On chercha partout. Les uns découvrirent quelque chose, les autres s'en retournèrent les mains vides.

Or, ceux qui n'avaient rien pu trouver se hâtaient de revenir. Alors Bohémond les réprimanda sévèrement : « *Malheureux,* » dit-il, « *misérables, les plus vils et les* « *plus pitoyables de tous les Chrétiens ! Pourquoi* « *voulez-vous vous en aller si vite ? Finissez donc,* « *arrêtez-vous, jusqu'à ce que nous soyons tous rassemblés, au lieu d'errer comme des brebis sans* « *pasteur.*

« *Et si nos ennemis vous rencontraient ? Eux qui* « *veillent jour et nuit, attendant l'occasion de vous* « *trouver dispersés, sans guide, ou même tout seuls ?* « *Eux qui s'efforcent constamment de nous tuer ou* « *de nous emmener en captivité ?* » (3)

Comme il finissait de parler, regardant tout autour de lui, il se vit déjà seul.

Cependant, il revint vers son Armée avec ceux qu'il put rencontrer, la plupart très-peu chargés de provisions.

PARAGRAPHE III. — Voyant les nôtres revenir les mains à peu près vides, et sans rien rapporter, les Arméniens, les *Syriens*, les *Grecs* s'en allaient en troupes par les montagnes et les autres lieux précités, se livrant à des recherches habiles, achetant du froment et d'au-

---

(3) « .... *Que ferez-vous, malheureux....?* » — D.

tres provisions de bouche qu'ils apportaient à l'Armée, où la disette était cruelle.

Ils vendaient + la charge + (C. D.) d'un seul âne huit *perpres*, qui valaient cent-vingt *deniers d'or*. (4)

Faute de pouvoir acheter à un prix si élevé, un grand nombre de nos Chevaliers moururent dans cette famine. (5)

Paragraphe IV. — *Guillaume le Charpentier* (6)

---

(4) Sur les *perpres* et les *hyperpres*, V. Ducangii diss. de inf. ævi numism. par. XC., p. 189-190, T. VII, ed. Heuschel. — Dans l'infol. de l'Acad. on renvoie, par erreur, au paragr. XV du même Tome.

(5) Sur cette famine, la détresse des Chrétiens et la cupidité des Syriens, V. Robert-le-Moine, Baudri, Raimond d'Aguilers, etc.

(6) « *Willelmus igitur Carpentarius et Petrus Eremita.* » — A. D. — Om. « *Carpentarius*, » — C. — Ce *Carpentarius* n'est pas, comme on pourrait le croire, de la famille *Carpentier, Le Carpentier, Charpentier* ou *Le Charpentier*, issue de *Renaud de Goy* ou *de Goüy* — dit — *Le—Carpentier* ou *Le—Charpentier*: — « *Rainaldus de Goüi dictus Faber* », qui prit part au *Tournoi d'Anchin*.

Renaud de Goy partit pour la première Croisade avec le Comte *Anselme de Ribemont*. Voici les renseignements que fournit l'Histoire de Cambray et du Cambrésis, (comprenant l'Histoire généalogique des Pays-Bas), publiée par *Jean Le Carpentier*, Historiographe, à Leyde; (2 vol. in-4°, 1664, pages 369, 370, 371) : « Si je « ne craignois d'offenser la Maison de *Carpentier*, je l'omettrois à « dessein, parce que j'en porte le surnom, mais le devoir que je dois « indifféremment à chaque Maison noble de cette Province, m'oblige « à dire qu'elle est connüe dans les Archives de l'Abbaye de Vau- « chelles dès l'an 1160, à laquelle *Barthélémy et Renaud Carpen-* « *tier*, issus de *Roger, sire de Goüy*, (comme on apprend du Tour- « nois d'Anchin, sous l'année 1096), firent du bien.

« *Siger Carpentier* et *Godéfroy*, descendus de ce *Renaud*, furent « en grande estime à Cambray et aux environs, au Siècle 1200. . . .

. . . .

« Aucuns des descendants du sus-nommé *Godefroy Carpentier*, et *Pierre l'Hermite*, dont l'un connaissait l'extrême infortune et la pauvreté de l'autre, s'entendirent, et se retirèrent secrètement.

« sire de *Daniel* et d'*Avesnes-les-Obert*, (bienfacteur de l'Abbaye
« de Vaucelles par titres de l'an 1280, et frère au sus-dit *Siger*, sire
« de *Vannes*), se sont retirez en Angleterre et en Hollande, où ils
« portent des différentes Armes, quoy que sortis de cette même Mai-
« son qui reconnoît pour sa source les anciens et illustres Seigneurs
« de *Goüy* ou *Goy*, si renommez dans les Archives des Abbayes de
« Saint-Waast d'Arras, du Mont-Saint-Éloy, de Honnecourt, du
« Mont-Saint-Martin, etc., dès l'an 1036, et mentionnez par le sieur
« *André du Chesne* dans ses Œuvres Généalogiques. Il y a diverses
« familles du nom de *Carpentier*, l'une porte de *Wallincourt* à une
« bordure engrêlée d'azur, et *Cry* : Goy; La 2e. . . . . . »

On trouvera plus loin, en note, au Bulletin XIII, paragraphe XII,
le texte curieux de la Charte du *Tournoi d'Anchin*. « *Rainaldus
de Goüi, dictus Faber* », y est cité, parmi les Seigneurs du *Cambrésis*.

A la fin de la Charte, on lit que tous les Seigneurs y nommés ont
pris la Croix, et se sont engagés à partir pour la Terre-Sainte. Or, le
Tournois fut donné bien peu de temps avant le départ des Croisés,
puisque ce dernier eut lieu dès les premiers jours du printemps de
cette même année : 1096.

Carpentarius, dont parle Tudebœuf, était ainsi désigné, comme
Renaud de Gouy, par surnom, sobriquet, ou *dicton*. Notre Historien
Poitevin s'est servi de l'épithète sous laquelle *Guillaume, Vicomte
de Melun*, était connu dans l'Armée Chrétienne. Issu de sang royal et
parent d'*Hugues de Vermandois-dit-le-Grand*, ce *Guillaume* avait
été *surnommé* : *Carpentarius*, (*le Charpentier*), à raison de ses
exploits.

« *Carpentarius cœpit cognominari quia in bello nullus volebat ei
« occursari*.

« *Nulla enim lorica erat, galea vel clypeus, qui duros lanceæ illius
« sive mucronis sustineret ictus.* » V. *Robert-le-Moine*, Chap. XII,
« p. 781.

« *Guilelmus, cognomine Carpentarius, filius Ursionis erat.* » —
(V. P. Anselme, Hist. généal. de la Maison de France, T. V, page
221.)

Tancrède les poursuivit, les arrêta, et les ramena fort humiliés. (7) Guillaume lui jura qu'ils seraient revenus d'eux-mêmes à l'Armée, et qu'ils se justifieraient devant les Chefs.

Or, pendant la nuit entière, il resta gisant sur le sol, comme un être abject, sous la tente de Bohémond.

Mais au point du jour, Guillaume, en rougissant, vint auprès de Bohémond qui l'apostropha ainsi : « *Malheu-* « *reux ! Ignominie de toute la France! Déshonneur* « *et infamie du pays des Gaulois!* (8) *Le plus lâche de* « *tous les hommes de la terre! Pourquoi as-tu fui* « *si honteusement ? Misérable, tu voulais peut-être* « *trahir ces Chevaliers et l'Armée du Christ, comme* « *tu en as déjà trahi d'autres en Espagne?* »

Le prisonnier ne répondit rien ; pas un mot ne sortit de ses lèvres. Tous les Pèlerins de race Franque se réunirent, et prièrent humblement le Chevalier du *Christ*, Bohémond, de leur promettre de ne lui rien faire de plus.

« *J'y consens volontiers,* » † dit Bohémond, †(C.D.) « *s'il veut jurer en son âme et conscience de ne ja-* « *mais abandonner le chemin du Saint-Sépulcre,* « *avec heur ou malheur, et que Tancrède s'engage*

« Omnis faber lignarius, *Carpentarius* dicitur. . . . . .

« . . . .

« *Carpentarius* cognominatus olim Willelmus Meledun. Vicecomes, qui priori nostrorum Hierosolymitanæ Expeditioni interfuit, non quia faber lignarius esset, (inquit *Guibertus*, lib. 4, Gestor. Dei. Cap. 7); sed quia in bellis cædendo more *Carpentarii* insisteret. » (V. Glossar. med. et inf. Latinitatis, Tomus II, p. 191.— Au mot « *Carpentarius* » — Paris, Firmin-Didot, 1842. Du Cange.)

(7) V. Guill. de Tyr, L. VI, C. V, page 243.

(8) « . . . du pays des Gaules. . . . » — C. D.

« à ne lui faire aucun mal, ni personnellement, ni
« par le fait de ses amis. »

Sitôt qu'il eut entendu ces paroles, Guillaume s'empressa d'accepter les conditions, et, de suite, il fut congédié.

Mais, après, pénétré de la plus grande honte, il (9) ne tarda pas à s'enfuir furtivement.

Dieu permit une telle pauvreté et une si profonde misère à cause de nos péchés. Dans toute l'Armée on ne pouvait trouver mille Chevaliers qui eussent de très-bons chevaux.

PARAGRAPHE V. — L'Empereur avait envoyé auprès des Francs afin de les traiter honorablement, et de recevoir hommage + en son nom + (C. D.) pour les pays délivrés du joug des Turcs, un certain noble et riche Chevalier de l'Armée Impériale, nommé *Titidus*. (10)

Ce dernier, ayant appris, sur les entrefaites, qu'une Armée Turque arrivait sur nous, se mit à se lamenter, estimant que nous étions tous morts ou pris.

Il inventa, et forgea tous les mensonges possibles, qu'il allait colporter partout.

« *Voyez*, » disait-il continuellement aux Seigneurs et aux Personnages les plus prudents, « *nous sommes*
« *ici serrés de près par la misère la plus profonde;*
« *aucun secours ne nous arrive. Eh! bien! Laissez-*
« *moi retourner dans la Romanie, ma patrie, et, n'en*
« *doutez point, je reviendrai près de vous. J'enver-*
« *rai ici, par mer, sur de nombreux navires, de*

---

(9) «*Guilelmus Carpenterius.*» — C. D.

(10) «*Titidus.*» — A. — «*Talinus.*» — C. — Var. «Teligus.
« Tatic. »

(11) « . . . . ce misérable. . . . » — C. D.

« *grandes provisions de froment, de vin, d'huile,* (12)
« *de viande, de farine et de fromages, en un mot,*
« *de tous les aliments précieux dont nous man-*
« *quons.*

« *Je ferai venir aussi, par le territoire de l'Em-*
« *pereur, des chevaux à vendre et des marchandises.*
« *Je vous jure, en parfaite loyauté, que vous pouvez*
« *compter sur tout cela.*

« *D'ailleurs, mes serviteurs et ma tente resteront*
« *dans le camp. N'ayez pas le plus léger doute, et*
« *soyez positivement certains que je reviendrai en*
« *fort peu de temps auprès de vous.* » Et cet homme odieux s'en alla, abandonnant tout ce qu'il avait au camp, de sorte qu'il est parjure, et pour toujours.

PARAGRAPHE VI. — Nous étions donc réduits à la dernière extrémité. Les Turcs nous pressaient de toutes parts; aucun des nôtres n'osait plus quitter les tentes. On avait si peur des ennemis! Ces derniers, en effet, nous serraient de près, et, d'un autre côté, + la famine +(C.D.) nous affligeait + cruellement. + (C. D.) Nous étions fort tristes et consternés; une aide quelconque nous faisait complètement défaut.

Décimés et réduits à la plus profonde misère, les Pèlerins s'enfuyaient en *Chypre*, en *Romanie* ou dans les montagnes.

En vérité, à la fin, nous n'osions plus aller jusqu'à la mer, dans la crainte des détestables Turcs. Aucune voie de salut ne s'ouvrait à nous.

PARAGRAPHE VII. — Or, à la nouvelle de l'arrivée d'une innombrable Armée Turque,(13) nos Chefs prirent

---

(12) « . . . de vin, d'orge, de viande, etc. » — C. D.
(13) V. Guill. de Tyr. L. V, C. I. p. 191.
V. aussi *Reinaud* (Extraits des Historiens Arabes) ex. 5.

une résolution, disant : « Voici qu'une innombrable
« Armée Turque vient sur nous. Que faire ? Nous
« ne sommes pas assez nombreux pour combattre
« des deux côtés à la fois. Séparons-nous donc en
« deux Corps de troupes.

« Qu'une partie des Chevaliers demeure ici pour
« garder nos tentes avec vigilance et tenir tête à la
« garnison; les autres monteront à cheval, et parti-
« ront à la rencontre de l'ennemi établi dans la For-
« teresse nommée Areg (14 et 15), au-delà du Pont-
« de-Fer.

PARAGRAPHE VIII. — Quand la soirée fut avancée, nos Chefs sortirent de leurs tentes, et tinrent Conseil de l'autre côté du fleuve. (16) « Allons tous, » dirent-ils, « contre nos ennemis, qui sont XXV mille. (17) « Seulement l'Évêque du Puy, Robert de Norman- « die et le Comte Eustache resteront pour garder « les tentes contre les assiégés. »

Au point du jour, (18) on envoya plusieurs Chevaliers voir où était l'Armée Turque et observer ses mouvements. Ils partirent, et commencèrent à s'informer habilement, et à s'enquérir du lieu où l'ennemi était caché.

PARAGRAPHE IX. — Ils aperçurent les Turcs qui venaient sur une des rives du fleuve, en deux Colonnes

---

(14) « Areg. » — A. — « Areght. » — C. — « Agreh. » — D.
(15) « Ultra Pontem Pharreum. » — A.
(16) Om. « Ultra flumen. » — C.
Si l'on en croyait Orderic Vital (L. IX,) et Baudri (L. II,) ce fleuve ne serait pas l'Oronte, mais le Daphné (Daphnes); aujourd'hui, le Doucir, affluent de l'Oronte.
(17) « . . . vingt-cinq mille, nous assure-t-on . . . » — C. D.
(18) Le Mardi, 9 Février 1098.

distinctes ; la moins rapprochée comprenait les forces les plus considérables.

Nos éclaireurs ne tardèrent pas à nous dire : « *Les voici ; ils vont arriver. Tenez-vous tous parfaitement prêts, car ils ne sont déjà plus loin de nous.* (19)

Alors, les Pélerins se séparèrent les uns des autres, afin que les Chefs pussent eux-mêmes organiser chacun sa Colonne, (20) et l'on en fit six. (21) Cinq d'entre elles marchèrent en ordre à la rencontre de l'Ennemi.

En première ligne était le *Comte de Flandre* ; *Bohémond* marchait un peu en arrière avec sa Colonne.

PARAGRAPHE X. — On joignit les Turcs, et le choc fut favorable ; chacun des nôtres faisait mordre la poussière à son adversaire. Les clameurs de l'ennemi s'élevaient vers le ciel ; les traits obscurcissaient l'air de leur ombre.

Mais, quand arrivèrent les troupes Turques les plus nombreuses, placées en arrière, elles attaquèrent avec tant de courage que les nôtres cédaient un peu.

A cette vue, Bohémond soupira.

Il donna des ordres au (22) *Connétable, Robert, fils de Girard,* (23) et lui dit à la hâte : « *Souviens-toi de*

---

(19) « . . . Car ils ne sont déjà plus loin de nous, comme vous pouvez le voir. . . . » — C. D.

(20) « . . . Alors il fut décidé que l'on se séparerait afin de . . . » — D.

(21) «Bientôt six Colonnes furent composées.» — C. D.

(22) « . . . à son Connétable . . .» — C. D. — «*Conestabuli.*»—C.

(23) V. Orderic Vital.. L. IX.

« *Girardi.* » — C. D

Le Connétable ne serait-il pas *Robert de Roussillon*, fils de ce *Girard de Roussillon* dont plusieurs veulent faire soit l'Évêque de

« l'habileté des ancêtres, de nos vaillants pères;
« rappelle-toi quels hommes ils étaient, et quels
« combats ils soutinrent! »

Le Connétable s'élança donc, bien muni du signe de la Croix, comme un brave champion, et fondit sur l'ennemi avec l'*Étendard* de Bohémond, en guerrier sage et habile. (24)

Paragraphe XI. — Or, les autres Colonnes ayant aperçu l'Étendard de Bohémond, si bien porté en avant, revinrent à la charge, et se précipitèrent ensemble (25) contre les Turcs.

Nos Pélerins étaient au nombre de soixante-dix mille. (26)

Tous les ennemis, frappés de stupeur, prirent la fuite et tournèrent immédiatement les talons. Ils furent poursuivis, défaits, taillés en pièces jusqu'au-delà du *Pont-de-Fer*. (27)

Ils (28) rentrèrent précipitamment dans leur camp, y prirent tout ce qu'ils purent trouver, firent un pillage complet, mirent le feu, et s'enfuirent.

Roscigno, soit l'Évêque d'*Ariano*? Sans doute, les paroles de Bohémond peuvent bien passer pour celles d'un *Chef Normand* à son compatriote et compagnon d'armes. Mais, pour rendre acceptable l'opinion de ceux qui traduisent « *Rossilione* » par *Roscigno*, il faudrait, nouvelle hypothèse, admettre que *Girard*, *Évêque d'Ariano*, et *frère du Comte de Roscigno*, aurait contracté mariage, avant d'être élevé à la dignité épiscopale. — (V. Tudebœuf, Bulletin Ier, paragr. X et notes.)

(24) « . . . très-brave et habile. . . » — D.

(25) Om. « . . . ensemble . . . » — C.

(26) Cette note à cause de sa longueur, a été reportée à la fin du bulletin.

(27) « ... usque ultra Pontem-Farreum. » A. — Om. « ... jusqu'au « delà du Pont-de-Fer. » — C. D.

(28) « ... Qui vivi remanserunt. » — C. D. « Les survivants... »

Puis, les Arméniens, les Syriens et les Grecs, informés de la défaite des Turcs, allèrent se cacher dans les lieux escarpés; ils en tuèrent ou prirent une quantité.

Nos ennemis furent donc défaits, ce jour-là, par une permission de *Dieu*.

Les Pèlerins furent assez bien remontés en chevaux et en une foule d'autres choses dont ils avaient grand besoin.

On emmena des prisonniers, et l'on alla jeter, à Antioche, cent têtes de morts devant la Porte où campaient les Ambassadeurs que l'*Émir* (29) *de Babylone* avait envoyés au Comte de Saint-Gilles et aux autres Seigneurs.

Ceux qui étaient restés près des tentes combattaient chaque jour devant les trois Portes de la ville avec la garnison.

Cette bataille eut lieu le Mardi, commencement du Carême, V^e jour des Ides de Février, (30) avec la protection de Notre Seigneur *Jésus-Christ*, qui vit et règne avec le Père et le Saint-Esprit dans l'Éternité des Siècles. (31) Ainsi soit-il !

---

(29) « *Ubi legati Ammirati Babylonis castrametati fuerant.* » A.
« ... *Ammiralii...* » — C. D.

(30) Le Mardi, 9 février 1098.
Guill. de Tyr dit : le 7 Février. L. V, C. III. p. 197.
V. Baudri, L. II, et Orderic Vital, L. IX.

(31) Om. « .... *dans l'Éternité des Siècles.* » — D.

(26) Note reportée de la page 126.

(26) « *Videntes autem aliæ acies quod Vexillum Boamunditam prudentissimè foret ante alios delatum, reverterunt retrorsum iter, et invaserunt unanimiter illos, fueruntque numero septingenti centum. Omnes stupefacti arripuerunt fugam, et verterunt statim scapulas retro.* » — A.

« Videntes autem aliæ acies quod vexillum Boamundi tam pru-
« dentissimè foret ante alios delatum, reverterunt retrorsum, et inva-
« serunt illos, fueruntque nostri septingenti; Turci namque XXV
« millia. Sed gratiâ Dei omnes stupefacti arripuerunt fugam et verte-
« runt statim scapulas retro. » — C.

« Videntes autem aliæ acies quod vexillum Boamundi tam pru-
« dentissimè foret ante alios delatum, reversi sunt retrorsum et inva-
« serunt unanimiter illos, fueruntque nostri numero septingenti;
« Turci vero XXV millia. Sed gratiâ Dei omnes stupefacti arripue-
« runt fugam, et verterunt statim scapulas retro. » — D.

Ce passage est très-important; mais, comme le Lecteur peut en juger, le Manuscrit A diffère essentiellement des Manuscrits C. et D, au sujet du nombre des Croisés.

Nous n'avons jamais pensé qu'il fût de l'intérêt de notre gloire nationale d'admettre, par préférence, la version la moins vraisemblable.

Dans le Texte corrigé et publié *in-extenso*, comme base principale de l'Édition, en haut des pages de l'*in-folio* de l'Académie, M. *Philippe Le Bas* donne l'avantage à la version des Manuscrits C. et D. Voici les objections que l'on pourrait lui présenter:

1º Avant la bataille, les Princes Chrétiens sont avertis de la présence d'une *innombrable Armée Turque*, établie au camp d'*Arq*, au-delà du *Pont-de-Fer*. (Voir Bulletin VI, paragraphe VII).

Telles sont les nouvelles à la suite desquelles se tient le premier Conseil.

2º Le soir, nouveau Conseil, où il est parlé de *XXV mille Turcs*, sans doute sur de nouveaux renseignements reçus dans le cours de la journée.

On décide que *toute l'Armée ira contre l'Ennemi, sauf les troupes nécessaires pour garder les tentes.*

L'Évêque du Puy, Robert de Normandie et le Comte Eustache sont désignés à cet effet.

« 3º Évidemment, les Princes Chrétiens ne considèrent pas le prochain combat comme une *escarmouche insignifiante*. *L'inquiétude la plus sérieuse* est manifeste. Ce n'est pas dans une semblable circonstance que les Croisés vont envoyer *sept cents hommes* se faire massacrer inutilement par une Armée qu'ils estiment déjà au chiffre de *XXV mille ennemis*, et qui, en réalité, est bien supérieure.

Il est décidé que *la plus grande partie de l'Armée Chrétienne va marcher à la rencontre des Turcs.*

On est si inquiet que l'on envoie encore, au point du jour, des Chevaliers pour mieux s'enquérir des faits et gestes de l'Ennemi. Les Éclaireurs ne tardent pas à revenir annonçant l'arrivée de *deux Corps de troupes* : « *le second est le plus considérable.* » (V. Bulletin VI, Paragr. VIII).

4° Or, les messagers, qui avaient donné l'alarme au début, pouvaient fort bien *ignorer l'existence du deuxième Corps. Le premier était peut-être déjà de XXV mille hommes, à lui seul.*

Le deuxième, qui était le plus considérable, pouvait être de XXX, de XXXV, de XL mille Turcs ou davantage, total : *LX, ou LV, ou LXV mille ennemis, ou plus.*

Il est donc fort probable qu'à cette bataille le chiffre de XXV mille Turcs est un *minimum.*

5° Le Manuscrit A, (que *M. Ph. Le Bas regarde comme le plus ancien*), n'indique pas le nombre des ennemis dans le Paragraphe XI, mais il donne un chiffre très-hasardé dans le Paragr. VII, c'est-à-dire *avant que l'on sût au juste combien étaient les assaillants.*

6° En présence d'une Armée Turque de XXV mille hommes, *au bas mot*, comment admettre que les Princes Chrétiens vont diviser en six Colonnes une poignée de sept cents combattants ?

Cela ne fait pas même *cent seize hommes par Colonne* !

7° L'Historien, dans le Manuscrit A, témoigne une grande joie, après la victoire, mais *il ne parle pas de prodige incroyable, ni de miracle*, ce qu'il n'eût pas manqué de faire, si la victoire eût été remportée par une poignée d'hommes.

Dans les Manuscrits C. et D, on lit : «*Sed gratiâ Dei omnes stupefacti arripuerunt fugam.* »

Dans le Manuscrit A, « *Sed gratiâ Dei* » n'est point écrit.

Nous avons donné la Traduction du M. A. Voici celle du M. C. :

« Or, les autres Colonnes, ayant aperçu l'étendard de Bohémond
« si bien porté en avant, revinrent à la charge, et assaillirent les
« Turcs. Nos Pèlerins étaient sept cents, et les ennemis XXV mille.
« Mais tous ces derniers, grâce à Dieu, frappés de stupeur, prirent la
« fuite, et tournèrent immédiatement les talons. »

8° *Robert-le-Moine*, en parlant de la même bataille, *n'indique aucun chiffre*; cependant, il dit que : *les ennemis étaient innombrables.*

Il ajoute qu'il *en périt la moitié*, tant dans le combat, que dans la poursuite. Supposons qu'il y eût seulement XXV mille Turcs. Les survivants formaient encore le chiffre important de *12,500 hommes*. Comment admettre qu'ils *n'ont pas osé défendre*, eux si habiles dans la défense des Places, leur Camp d'*Areg*, près du Pont-de-Fer, contre *700 hommes* ?

Raimond d'Aguilers ou *d'Agiles* fait mention de cette bataille, et, bien que le Texte Latin puisse se prêter à une amphibologie, (ou double sens), nous pensons que l'on serait en droit de conclure, non point à l'existence d'une Armée Chrétienne de *sept cents hommes*, ni de *soixante-dix mille*, mais à celle de *six Colonnes de sept cents hommes chacune*.

D'après ce système, qui nous paraît le plus acceptable, les Croisés avaient envoyé *quatre mille deux cents Chevaliers*.

Pour que le Lecteur puisse lui-même se former une opinion, nous mettons sous ses yeux le récit de Raimond d'Aguilers :

« Nuntiatum est nobis eo tempore quod dux de Caleph, conducto
« magno exercitu de Corozana, ad succurrendum civitati Antiochiæ
« veniret.
« Quapropter, habito consilio in domo episcopi, consultum est
« ut pedites castra servarent, et milites hostibus obviam extra castra
« pergerent ; dicebant enim quod multi de exercitu nostro, imbelles
« et pavidi, si viderent *Turcorum* multitudinem, timoris potius quam
« audaciæ exempla monstrarent. — Igitur sub noctem profecti, ne hi
« qui in civitate erant perciperent, atque his qui in auxilium eorum
« venerant nuntiarent, longe a nostris castris per duas leugas inter
« monticulos se occultavere. Mane autem facto, cum sole hostes
« apparuerunt. — Audiant igitur, audiant obsecro qui aliquando ex-
« ercitum lædere conati sunt, ut, quum magnificare Deum suam
« misericordiam in nobis cognoverint, per pœnitentiæ lamenta ipsi
« satisfacere contendant. — Dispositis itaque militibus in sex turmis,
« tantum eos Deus multiplicavit, ut qui vix septingenti ante ordina-
« tionem apparebant, habita partitione,» (Var. : *portione - portioni*)
« plus quam duo millia inesse unicuique ordini affirmarentur. — De
« audacia vero illorum qui loquar? Quum etiam cantus militares tam
« festive milites agerent, ut quasi pro ludo imminens bellum haberent.
« — Contigit autem in eo loco bellum fieri, quo palus et fluvius quæ
« per milliarium vicina sunt. Hoc autem hostibus evagandi licentiam
« vetuit, ne more suo accingere possent. Namque Deus, qui celer
« nobis dederat, sex valles continuas, prodientibus ad bellum præ-
« buit; atque una hora egressi, campoque occupato, sole etiam reful-

« gente, in armis et clypeis pugna committitur. Nostri autem primo
« paulatim procedere; Turci autem discurrere, sagittare; tamen recede-
« dere. At nostri tantum patiebantur, dûm priores de Turcis poste-
« rioribus infarcirentur. Etenim, ut a profugis didicimus, non minus
« quam viginti et octo millia equitum in hoc bello fuisse referuntur.
« Utque satis prior acies Turcorum subsequentibus inclusa est, in-
« vocato Deo, procurrunt Franci. Nec mora, adest Dominus, fortis
« et potens in praelio ; protexit filios, prostravit inimicos. Itaque per-
« secuti sunt eos Franci, usque ad castrum eorum munitissimum,
« quod loco pugnae quasi decem milliaribus aberat. — Castellani
« autem suorum fugam videntes, incenso castro fugam arripiunt. Hoc
« autem tantum gaudium et exsultatio nobis fuit, ut alteram victo-
« riam de incenso castro confiteremur. » (V. Recueil des Hist. des
Croisades, Hist. Occ. T. III. — Raimond d'Aguilers — Chap. VII, p.
246 et 247).

En voici la Traduction:

A cette époque, on nous apprit que le Prince d'Alep marchait au
secours d'Antioche, à la tête d'une grande Armée venue de Corosanum.

On tint conseil dans l'habitation de l'Évêque ; il fut décidé que les
Fantassins garderaient le camp, et que les Chevaliers sortiraient à la
rencontre de l'Ennemi. Le bruit courait que beaucoup de nos
gens, peu disposés à se battre et découragés, donneraient plutôt
« l'exemple de la peur que de la hardiesse, s'ils voyaient les Turcs en
« nombre considérable. Les Chevaliers se mirent en route pendant
« la nuit, de peur que la garnison s'aperçût de leur départ, et pré-
« vint l'Armée de secours ; ils se concentrèrent dans des plis de ter-
« rain, à deux lieues de notre camp. Le matin, l'ennemi parut, au
« lever du soleil.

« Écoutez bien, écoutez, je vous en prie, vous qui avez parfois
« cherché à déchirer la réputation de l'Armée Chrétienne, et, après
« avoir reconnu la protection éclatante de Dieu sur nous, sachez ré-
« parer votre faute par les marques d'un sincère repentir.

« Quand les Chevaliers se furent organisés en *six Colonnes*, Dieu
« les multiplia de telle sorte que, là où ils paraissaient être sept cents
« hommes avant d'être mis en ordre, on eût juré, après, qu'ils étaient
« plus de deux mille dans chaque Corps de troupes. Mais que dirai-
« je de leur audace ? Ils allaient jusqu'à entonner des chants guer-

« riers avec autant d'entrain que s'ils avaient pris la bataille immi-
« nente pour un Tournois.

« Le combat eut lieu en ce point où un marais avoisine le fleuve
« sur un parcours d'un mille. Cette circonstance empêchant l'ennemi
« de s'étendre, il ne pouvait nous envelopper suivant sa tactique ha-
« bituelle.

« Dieu, à qui nous devions déjà tout ceci, nous offrit encore six val-
« lons contigüs pour aller au champ de bataille. Nous mimes *une heure*
« à déboucher sur la plaine. Le soleil est resplendissant, les armes et
« les boucliers s'entrechoquent. La lutte commence. Nos Chevaliers
« s'avancent d'abord, peu à peu ; les Turcs galopent, envolent des
« flèches ; l'Armée Chrétienne recule, attendant que l'arrière-garde
« des ennemis vienne encombrer et embarasser leur avant-garde.

« Nous avons appris par les fuyards que, dans ce combat, les Turcs
« pouvaient avoir au moins vingt-huit mille hommes de Cavalerie.

« Sitôt que le premier Corps ennemi fut réuni à celui qui arrivait
« en seconde ligne, les Francs invoquèrent le secours de Dieu et se
« précipitèrent en avant. Aussitôt, le Seigneur, redoutable et puissant
« à la guerre, fit sentir l'effet de sa présence ; il protégea ses fils, écrasa
« les ennemis.

« Les Francs poursuivirent les vaincus jusque sous les murs d'une
« de leurs plus fortes Citadelles, située à près de dix milles du lieu où
« le combat fut livré.

« A la vue de leurs troupes en déroute, les gens de la Place mirent
« le feu, et s'enfuirent.

« Aussi notre joie et notre allégresse furent-elles d'autant plus
« grandes que nous pouvions regarder l'incendie de la Forteresse
« comme une seconde victoire. »

Raimond d'Aguilers dit qu'il y avait là au moins « *Vingt-huit mille*
« *Cavaliers Turcs.* » — N'eussent-ils été que vingt-cinq mille, la défaite
d'un si grand nombre d'ennemis par quatre mille deux cents Croisés est encore un fait prodigieux, qui laisse une large place au miracle et à l'intervention divine.

Enfin, dernier argument, comment admettre que les Croisés aient
pris une heure entière pour déboucher dans la plaine par six vallons,
s'ils n'étaient que sept cents hommes.

BULLETIN SEPTIÈME

BULLETIN VII.

Paragraphe I. — Les nôtres revinrent donc triomphants, grâce à *Dieu*, et pleins de joie de la victoire remportée ce jour-là sur les ennemis.

Ces derniers, complètement défaits, erraient çà-et-là dans leur fuite ; les uns allèrent à *Corosanum*, les autres sur le territoire des *Sarrasins*.

Mais, d'autre part, voyant que la garnison de la ville nous maltraitait et nous pressait, (car les assiégés veillaient constamment, jour et nuit, cherchant le point sur lequel ils auraient pu nous entamer et nous mettre dans l'embarras,) nos Chefs et Seigneurs se réunirent, et tinrent conseil.

« *Au lieu de perdre ainsi l'Armée de Dieu et la
« nôtre* », dirent-ils, « *faisons un camp retranché
« du côté de la Mosquée,* (1) *située devant la Porte
« de la ville, où il existe un pont; de la sorte, peut-
« être pourrons-nous enfermer nos ennemis.* » (2)

A l'unanimité, l'avis fut applaudi et adopté. Le *Comte de Saint-Gilles*, prenant alors la parole, dit :

« Aidez-moi à faire le camp, je me charge de le
« fortifier et de le garder. »

Bohémond répondit : « *Si vous y consentez, et que
« les autres Seigneurs l'approuvent, j'irai, avec vous,
« conduire, sans retard, les hommes que nous avons
« ici capables de bien exécuter cet ouvrage. Les au-
« tres, pendant ce temps-là, se tiendront sur leurs
« gardes, armés de pied-en-cap, tous prêts à com-*

---

(1) *Machomariam.* — A. C. — « *Mochomariam.* » — D.
(2) V. Guill. de Tyr. L. V, C. IV, p. 198.

« battre, si, par hasard, nos ennemis et ceux de
« Dieu faisaient une sortie. Que tout le monde se
« réunisse dans un endroit désigné. » Ainsi fut fait.

Le Comte et Bohémond se transportèrent au *port de Saint-Siméon*, et nous demeurâmes réunis en un seul groupe, comme si nous eussions dû commencer un camp.

Les Turcs, à cette vue, se préparèrent aussitôt et sortirent de la ville à notre rencontre pour livrer bataille. Ils fondirent sur nous, nous mirent en fuite, et tuèrent plusieurs de nos Chevaliers, ce dont nous fûmes bien attristés et déconcertés.

PARAGRAPHE II. — Le lendemain, ayant observé que nos Chefs n'étaient pas au Siège, et que, la veille, ils avaient combattu près du pont, les principaux guerriers de l'Armée Turque se préparèrent et allèrent au-devant des nôtres. Ces derniers revenaient du port.

Quand les Turcs reconnurent le Comte et Bohémond qui arrivaient, ramenant la Colonne, ils se mirent à siffler, à se moquer et à pousser des clameurs très-bruyantes ; ils entouraient les nôtres de toute part, leur lançaient des javelots, (3) leur envoyaient des flèches, et les décapitaient partout avec leurs impitoyables glaives.

Ils assaillirent les nôtres si rudement que ceux-ci s'enfuirent dans la plus proche montagne et dans toute direction offrant une voie de salut. Ceux qui purent courir avec agilité échappèrent au carnage.

Mais ceux qui n'eurent pas la possibilité de fuir, reçurent le coup mortel pour le nom du *Christ*.

Ce jour-là furent martyrisés plus de mille de nos *Chevaliers* et *Fantassins*.

---

(3) Om. « .... leur lançaient des javelots... » — C. D.

Ils montèrent au Ciel avec joie, purifiés, portant la palme du martyre, glorifiant et louant notre Seigneur, *Dieu* unique en trois Personnes. Dans le bonheur du divin triomphe, ils s'écriaient ensemble : « *Pourquoi, « notre Dieu, ne défends-tu pas notre sang versé « aujourd'hui pour ton nom ?* »

PARAGRAPHE III. — Bohémond ne prit pas le même chemin que les autres.

Il alla, d'une course précipitée, bride abattue, avec un petit nombre de Chevaliers jusqu'à nous qui étions rassemblés en un seul Corps d'Armée. (4)

Enflammés de colère devant le massacre (5) de nos Pélerins, après avoir invoqué le nom du *Christ*, et confiants dans le succès du Pélerinage au Saint-Sépulcre, nous nous réunîmes, nous parvîmes de la sorte sur le champ de bataille, et, tous inspirés de la même pensée, du même sentiment, nous assaillîmes les vainqueurs avec ensemble.

Or les Turcs, nos ennemis et ceux de *Dieu*, tous déjà stupéfaits et singulièrement émus, pensaient toutefois nous vaincre et nous exterminer comme ils avaient réussi à massacrer les troupes du Comte (6) et de Bohémond. Mais le *Dieu* Tout-Puissant ne le leur permit point.

Protégés de tous côtés par le signe de la Croix, les Chevaliers du vrai *Dieu* fondirent très-vivement sur eux et les attaquèrent avec bravoure.

Les ennemis prirent la fuite précipitamment, cher-

---

(4) « *... en un seul Corps d'Armée au-delà du fleuve Farfar...* » — C. D.

(5) « *... devant un tel massacre de nos Pélerins...* » — D.

(6) *du Comte Raimond et de Bohémond...* » — C. D.

chant à se sauver par le pont ; mais il était trop étroit pour eux.

Ceux qui ne purent le traverser, à raison du nombre excessif de l'antassins et de *Cavaliers* engagés dans le passage, reçurent la mort éternelle sur place, et rendirent leurs âmes malheureuses au Diable et aux ministres de Satan. (7)

Nous les poussions victorieusement dans le fleuve avec nos mortelles lances ; aussi l'onde rapide coulait-elle toute rougie du sang des Turcs. L'un d'eux voulait-il grimper sur les piles du pont, ou s'efforçait-il, blessé, de nager afin d'atteindre la terre, nous nous tenions sur la rive pour le tuer et le rejeter dans le courant.

Le bruit, les clameurs du combat s'élevaient jusqu'au ciel. Des nuées de traits et de flèches remplissaient l'air, et diminuaient la clarté du jour. Les voix s'élevaient dans l'intérieur de la ville et au dehors.

Les femmes d'Antioche venaient regarder aux ouvertures de la muraille.

Les Chrétiennes, à la vue du triste sort des Turcs battaient des mains en cachette, selon leur habitude.

Sur l'ordre des principaux tyrans ennemis, de bon gré ou par force, les Arméniens, les Syriens et les Grecs nous envoyaient des flèches rapides.

Dans cette bataille périrent, corps et âmes, douze *Émirs* de l'Armée Turque et mille cinq cents *Cavaliers* des plus habiles, fort braves, et qui servaient le plus à la Défense de la ville.

Les survivants n'osaient plus pousser de clameurs, ni babiller jour et nuit comme c'était leur coutume.

La nuit seule put séparer les combattants ; elle les

---

(7) « .... *Sathanæ ministris*... » — A. C. D.

surprit luttant toujours, lançant encore des javelots et des traits, envoyant des flèches.

Ainsi, grâce à *Dieu* et par la vertu du Saint-Sépulcre, furent vaincus nos ennemis, à telle enseigne que dorénavant ils ne purent montrer autant de bravoure en paroles ni en actions que par le passé.

Ce jour-là nous fûmes bien remontés en chevaux et en autres objets dont nous avions besoin. (8)

Paragraphe IV. — Le lendemain, au petit jour, les Turcs sortirent de la ville et recueillirent tous leurs morts infects, qu'ils trouvèrent sur la rive du fleuve, hormis ceux restés au fond de l'eau. (9)

Ils ensevelirent les cadavres près de la *Mosquée*, au-delà du pont, devant la Porte de la ville.

Avec les corps ils enterrèrent des manteaux, des besans d'or, des arcs, des flèches et beaucoup d'autres objets dont nous ne saurions dire les noms.

Or, à la nouvelle que les Turcs avaient inhumé leurs morts, nos Pélerins se préparèrent et vinrent en hâte au trou diabolique.

Aussitôt, ils firent détruire les tombeaux, (10) déterrer et sortir les cadavres de leurs sépultures ; puis, après avoir jeté les corps dans une fosse, ils emportèrent au camp, afin d'en savoir le nombre exact, toutes les têtes tranchées, sauf la charge de quatre chevaux que l'on

---

(8) Sur ce massacre des Chrétiens qui se tourna plus tard en victoire, V. Guill. de Tyr, L. V, C. IV à VI, p. 198 et s., et les autres Historiens.

(9) Om. « ... *hormis ceux restés au fond de l'eau...* » — D.

(10) V. Guill. de Tyr, L. V, c. VII, p. 205, et tous les autres Historiens.

envoya du côté de la mer aux Ambassadeurs de l'Émir (11) de Babylone.

Ce que voyant, les Turcs furent tout-à-fait consternés et tristes à mourir ; ils se lamentaient chaque jour, ne pouvant plus rien que gémir et hurler.

A l'arrivée du troisième jour, nous nous mîmes, enchantés et bondissants de joie, à construire de suite, tous réunis ensemble, la susdite Forteresse, avec les pierres mêmes enlevées de dessus les sépultures des Turcs.

Paragraphe V. — Une fois ce travail terminé, (12) nous ne tardâmes pas à étreindre habilement nos ennemis, dont l'orgueil insolent se trouvait réduit à rien. (13)

Chacun de nos Chefs fit une partie de la Forteresse; celle-ci fut formée d'un immense retranchement et d'un mur.

---

(11) « *Admiralii.* » — A. — « *Amiralii.* » — C. — *Ammiralii Babiloniæ.*» — D.

Afdhal Émir el Djujusch (Généralissime), régnait sur les Fatimites d'Égypte, au Caire : (*Kahira*).

Il fut surnommé : le Généreux : (*Clemens*). Son pouvoir s'étendait sur d'immenses régions. Il était Émir de Babylone : (*Admiraldus Babilonius — admiralius Babyloniæ — admiratus — admiravissus — admiraldus — amiraius — amiralius — amiravissus — ammirarius — ammiratus.*) — Var. « *Lavedalius — Lavendalius — Semelimilech — Semelmuc — Semelmuch — Semelmul.* »

(12) V. Guill. de Tyr, L. V, C. VII, p. 205. Le Camp retranché fut établi en face de la Porte par où les ennemis faisaient des sorties, sur la hauteur où était bâtie la Mosquée. — V. Robert-le-Moine, Chap. III.

(13) « . . *déjà réduit à rien . . .* » — C. D.

On construisit, à l'intérieur, deux tours, près de la *Mosquée*. (13 bis)

Nous nous promenions alors en sécurité, ici et là, du côté du pont ou du côté de la montagne, louant et glorifiant d'une voix unanime, avec joie et gaieté, le Seigneur notre *Dieu*, à qui appartiennent honneur et gloire dans tous les Siècles des Siècles. Ainsi-soit-il.

(13 bis) « *Machomaria — Machumaria — Mahumaria — Mahummaria — Mahumeria — Bafumaria — Moscholum.* »

L'Église de *Saint-Pierre* d'Antioche, presque toutes les Églises de *Palestine*, le TEMPLE même de JÉSUS à *Jérusalem*, avaient été transformés en *Mosquées* par les *Mahométans*.

BULLETIN HUITIÈME

BULLETIN VIII.

PARAGRAPHE I. — Tous nos Seigneurs et Princes confièrent le Fort à *Raimond de Saint-Gilles* qui avait dans ses troupes plus de *Chevaliers* que les autres, et + pouvait + (C. D.) dépenser davantage.

Il fit la garde avec son Armée, en compagnie de *Gaston de Béarn* (1) et de ses hommes, de *Pierre, Vicomte de Châtillon*, (2) de *Raimond, Vicomte de Turenne*, de *Guillaume de Montpellier*, (3) de *Geoffroy de Tours*, (4) de *Pierre-Raimond d'Hautpoul*, (5) et de *Guillaume de Sabran*. (6)

---

(1) « *Gasto de Biarz* » — A. — «*Gastos de Bearn*»—C. —«*Gastos de Beari.*»— D.— Var. « *Gasto de Bearno — Gaston de Bearn — Gasto de Beer — Guastom de Behert — Gastos de Bieriz — Gastos de Biart — Gastos de Bearzt — Gasto de Beardo.* —» Cette dernière orthographe est donnée par Raimond d'Aguilers ou d'*Agiles*, Chapelain de *Raimond IV, Comte de Saint Gilles et de Toulouse*.

(2) « *Petrus, vicecomes de Castellione* » —A.— « *de Castello.* » — C. — « *de Castellum.*» — D. — (Voir Tudeb. Bul. IV, par. V.)

« *Raimundus, Vicecomes de Torena — de Taurina — de Torina — de Tentoriis.* » V. Hist. gén. de Languedoc par deux Bénéd. de St Maur. Tome II, p. 291.

Ne pas confondre ce personnage avec «*Faraldus de Tornaiz seu de Thoart.*»(*Faraud de Thouars*). (V. Raym. d'Ag. in-fol. Acad. p. 257.)

(3) « *Willelmus de Monte Pislerio.* » — A. C.— « *Monspesterio.* » — *Monpesterio* » — D. — (V. Tudeb. Bul. IV. par. V.)

(4) « *Golferius de Turribus.* » — Var. « *Galferius Dasturs* » — *Galferius de Lasturs — Gulferius de Daturre — Gauffier de Las Tours*» — (V. Guill. de Tyr. L. VII, ch. IX, p. 290 et 291).

(5) « *Petrus Raimundus Delpoz* » — A. C. — « *Dalpoh*» — D.

(6) « *Willelmus de Sabra* » — A. — « *Guilelmus de Sabra.* » — C. D.

Tous ceux-là et plusieurs autres avec leurs hommes demeurèrent avec lui. Raimond, Comte de Saint-Gilles, retint, en vertu de conventions spéciales, pour garder le camp, les Chevaliers et clients qu'il put trouver moyennant une solde.

Un jour, les Turcs sortirent de la ville, vinrent du côté du Camp, et l'entourèrent de toutes parts. Ils y envoyaient des flèches, blessaient ou tuaient nos Pélerins.

Les tentes étaient criblées, et, n'eût été le secours qui vint de l'autre Armée, on aurait eu à déplorer les pertes les plus sérieuses.

Les nôtres le comprirent bien ; de suite, ils fabriquèrent et construisirent une très grande *taupe* capable de défoncer le pont.

Ils y réussirent. Un jour, en effet, ils livrèrent un combat sur le pont même, transportèrent la taupe, tuèrent beaucoup de Turcs, et firent une crevasse.

Mais, la nuit venue, les Turcs sortirent de la ville, pendant que les nôtres étaient endormis, brûlèrent la taupe, et restaurèrent le pont, ce dont l'Armée du *Christ* fut très-en-colère.

Paragraphe II. — Une autre fois, les Turcs amenèrent sur la muraille d'Antioche un de nos Chevaliers, Personnage distingué, nommé *Renaud Porchet*, (7) qu'ils avaient tenu longtemps enfermé dans un mauvais cachot.

Ils lui dirent de parler aux Pélerins (7 bis) Chrétiens, pour se faire racheter par eux, moyennant une très-forte rançon, au lieu d'avoir la tête tranchée.

---

(7) « *Rainaldus Porchetus.* — *Reynaldus Porchitus.* »
Renaud Porchet, Porche, Porcher ; mais plutôt : *Renaud de Porcelet, ou de Pourcelet.* V. Hist. gén. de Languedoc par 2 Bénéd. de St Maur. Paris, 1733.

(7 bis) Om. « . . . *Pélerin.* . . . » — C.

Quand il fut sur le mur, il adressa la parole à nos Seigneurs : « *Messeigneurs, dit-il, autant vaut me considérer comme mort ; je vous prie, comme des Frères, de n'offrir aucun présent pour moi. Soyez fermes dans la Foi du Christ et du Saint-Sépulcre, car Dieu est avec vous et le sera toujours. Vous avez tué tous les Chefs et les hommes les plus audacieux de la garnison, savoir : douze Émirs et mille cinq cents Nobles ; il ne reste plus personne en état de lutter avec vous, ni de force à défendre la ville.* »

Or les Turcs demandèrent ce que disait Rainald. Le Drogman répondit : (8)« *Il ne dit rien de bon sur votre compte.* »

Aussitôt l'Émir *Cassian* (8 bis) ordonna de faire descendre le Chevalier, et lui dit par l'intermédiaire du Drogman :

« *Rainald, veux-tu vivre honorablement et être heureux avec nous ?* » Puis, l'Émir ajouta : « *Renie le Dieu que tu honores, et en qui tu crois, et consens à accepter Mahomet* (9) *et nos autres Dieux. Si tu le fais, nous te donnerons tout ce que tu demanderas : de l'or et de l'argent, des chevaux et des mulets, et bien d'autres objets de luxe à ton choix. Tu auras des épouses et des domaines ;*

---

(8) « .... *Or les Turcs demandèrent au Drogman ce que disait Rainald. L'interprète répondit : ...* » — C. D.

(8 bis) L'Émir *Bagi-Scian* ou *Cassian*, Prince d'Antioche, père de *Chems-Eddaulah* ou *Senzedolas*, fut tué par un paysan après la prise d'Antioche. —Var. *Bagui-Sian — Aoxianus— Capsianus— Caspianus — Cassianus —Gracianus.* »

(9) « *Malphumet.* » — A. — «*Maphumet.*» — C. «*Maphumes.* » —D.

« enfin, nous le traiterons avec la plus grande con-
« sidération. »

Rainald répondit : « Donnez-moi le temps de ré-
« fléchir. » L'Émir le lui accorda très-volontiers.

Alors, le Chevalier se prosterna en prière, tourné du côté du Levant, les mains jointes, suppliant *Dieu* avec humilité de lui venir en aide et de placer honorablement son âme dans le sein d'*Abraham*.

A cette vue l'Émir appela le Drogman, et lui dit : « *Que dit Rainald ?* » Le Drogman répondit : « Il « ne reniera point son *Dieu*; il repousse les pré-
« sents et les divinités. »

A ces mots l'Émir fut très irrité. Sur le champ, il ordonna de décapiter le Chevalier, ce que firent les Turcs en grande jubilation.

Les Anges conduisant aussitôt l'âme de Rainald en la présence de *Dieu*, pour l'amour de qui son corps avait souffert le *Martyre*, l'emmenèrent avec joie en chantant des *Psaumes*. (10)

L'Émir fut extrêmement furieux de n'avoir pu convertir Rainald à ses Dieux.

Il ordonna immédiatement de lui amener, les mains liées derrière le dos, tous les Pélerins qui se trouvaient dans la Ville.

Lorsqu'ils furent arrivés en sa présence, il commanda de les dépouiller de tous leurs vêtements. Quand ils furent complètement nus, il les fit tous resserrer étroitement, en un seul groupe, et lier ensemble, en rond, avec une corde. Puis, il fit disposer autour d'eux du bois sec, de la paille et du foin, et donna l'ordre d'allumer.

---

(10) Om. « . . . *en chantant des psaumes*. . . » — D.

Les Chrétiens, c'est-à-dire les Chevaliers du *Christ*, grinçaient des dents, et criaient.

Leurs voix s'élevaient jusqu'au ciel vers *Dieu*, pour l'amour de qui brûlaient leurs chairs et leurs os. (11)

Tous ceux-là furent de la sorte martyrisés en un seul jour.

Ils portèrent au Ciel des robes blanches devant *Dieu*, pour qui ils avaient souffert ces tourments avec fidélité, le triomphe étant resté à notre Seigneur *Jésus-Christ*, à qui appartiennent honneur et gloire, maintenant et toujours (12) dans les Siècles des Siècles. Ainsi soit-il !

---

(11) « … *pour l'amour de qui leurs chairs et leurs os brû-*
« *laient dans le feu*… » — C. D.

(12) Om. « … *maintenant et toujours*… » — D.

BULLETIN NEUVIÈME

BULLETIN IX.

Paragraphe I. — Déjà tous les chemins étaient coupés et interdits aux Turcs, sauf du côté du fleuve, vers l'endroit où se trouvait une certaine Forteresse bâtie dans un Monastère. (1) Si ce point avait été pourvu de sérieux travaux de défense, personne n'eût plus osé dépasser la Porte de la ville.

Or, les nôtres tinrent Conseil, et dirent tous : « *Choi-* « *sissons l'un d'entre nous pour occuper solidement* « *cette Forteresse et empêcher absolument nos enne-* « *mis d'aller dans la montagne ou dans la plaine,* « *de sortir d'Antioche ou d'y rentrer.* »

Toutefois, plusieurs Chefs refusèrent de s'établir en ce lieu, à moins d'y réunir des troupes nombreuses.

Tancrède s'offrit, en réalité, le premier, en disant : « *Si pourtant je savais quel profit cela me rappor-* « *terait, je fortifierais volontiers cette position* « *avec mes hommes seuls, et j'interdirais, d'une ma-* « *nière absolue, à nos ennemis la voie par où ils* « *ont l'habitude d'attaquer le plus souvent.* »

On lui promit aussitôt quatre cents marcs d'argent. (2) Alors, il accepta, et, bien qu'il fût seul, il partit avec ses plus estimables Chevaliers et serviteurs.

Il enleva sur le champ aux Turcs tous les chemins et les sentiers, de sorte que pas un d'eux n'osait déjà

---

(1) Ce Monastère, placé sous la protection et le nom du *B. Georges*, était situé près de la Porte occidentale d'Antioche, de l'autre côté du fleuve *Oronte*, appelé aussi *Farfar, Pharfar, Feruus*. — V. Guill. de Tyr, L. IV, C. XIII, p. 173, et L. V, C. VIII, p. 207.

(2) V. Guill. de Tyr, L. V, C. VIII, p. 207.

plus, à cause de la terreur qu'il leur inspirait, dépasser la Porte de la ville pour aller chercher des fourrages, du bois ou toute autre chose d'égale nécessité. (3)

Paragraphe II. — Tancrède avec ses hommes resta là, et bientôt il pressa partout les assiégés avec vigueur.

Or, le même jour arrivaient, descendant des montagnes en très-grand nombre, des Arméniens et des Syriens qui apportaient des vivres pour aider Antioche et sa garnison.

Étant allé au-devant d'eux, Tancrède s'empara immédiatement de leurs personnes et de tout ce qu'ils avaient avec eux, (4) froment, vin, orge, huile et autres objets de même nature.

Se conduisant ainsi avec énergie et bonheur, il coupa, et interdit aux Turcs toutes les routes depuis lors jusqu'à la prise de la Ville.

Tout ce que nous avons accompli avant de prendre Antioche, je ne puis l'énumérer; (5) je veux seulement expliquer un peu les faits et la manière dont les évènements se sont produits par la suite. (6)

Je n'en dis que fort peu de chose, parce que, sur ce point, personne, *Clerc* ou *Laïc*, ne peut raconter, de vive-voix ou par écrit, avec exactitude comment cela s'est passé.

Paragraphe III. — Il y avait dans l'Armée Turque un Émir, nommé *Pyrus*, (7) qui s'était lié d'une fort-grande amitié avec Bohémond.

---

(3) V. Guill. de Tyr, l. cit., et Orderic Vital. L. IX.

(4) Om. « ... étant allé au devant d'eux... » jusqu'à « ... ce qu'ils avaient avec eux... » — D.

(5) « ... le raconter... » — C. D.

(6) « ... les faits principaux et les expliquer un peu... — C.

(7) « Amiratus Pyrus. » — A. — « Amiratus Pirus. » — C. — « Ammiralius Pyrus. » — D. — Var. « Emirus Feirus. »

Ce dernier, dans les relations échangées réciproquement par l'entremise de messagers, le pressait de le recevoir bien amicalement dans la ville. Il lui promettait amplement de le faire Chrétien, et lui mandait qu'il lui ferait avoir force richesses et de grands honneurs.

S'étant laissé persuader par ces discours et ces promesses, l'Émir répondit : « *Je garde soigneusement* « *trois tours ; je m'engage volontiers à les donner,* « *et je l'y recevrai de bon cœur à l'heure qu'il choi-* « *sira.* »

De la sorte, Bohémond était assuré (8) de pénétrer dans la ville.

Enchanté, il vint, d'un air calme et satisfait, trouver tous les Seigneurs et leur adressa des paroles engageantes dans les termes suivants : « *Hommes distingués, très-* « *sages Chevaliers, voyez dans quelle extrême pau-* « *vreté, dans quelle misère nous sommes tous plon-* « *gés, grands ou petits.*

« *Nous ne savons sur quoi nous fonder pour es-* « *pérer mieux.*

« *Que l'un de nous s'offre donc, avec votre assen-* « *timent, si cela vous semble bon et convenable ; et,* « *s'il réussit, par un moyen ou un stratagème quel-* « *conque, à s'emparer de la ville ou à la surprendre* « *soit personnellement, soit avec le concours des* « *autres, nous consentirons tous à lui céder An-* « *tioche.* »

Mais les Seigneurs s'y refusèrent absolument, disant : « *En vérité, cette ville ne sera jamais attribuée à* « *personne ; nous l'aurons tous au même titre. Nos*

---

(8) V. Guill. de Tyr, L. V, C. XII, XIII, p. 213 et s.

« *peines étant égales, nous aurons tous un égal*
« *honneur.* »

En conséquence, Bohémond, après avoir entendu cette déclaration, se retira aussitôt un peu moins souriant.

Cependant, peu de temps après, tous nos Chefs reçurent par messagers des renseignements sur une Armée de nos Ennemis, composée de Turcs, de Publicains, d'Agulans, d'Azimites et de beaucoup d'autres Peuples Gentils que je ne puis énumérer ni nommer.

Aussitôt, tous les Chefs se réunirent et tinrent conseil, disant : « *Si Bohémond peut s'emparer de la ville,*
« *soit personnellement, soit avec le concours des*
« *autres, nous la lui donnerons très-volontiers; mais,*
« *toutefois, sous la réserve suivante, à savoir que*
« *nous rendrions Antioche, de plein droit, à l'Em-*
« *pereur, dans le cas où ce dernier nous viendrait*
« *en aide, et voudrait nous prêter tout son concours,*
« *comme il l'a promis et juré. Sinon, que Bohémond*
« *garde la ville pour toujours.* (9)

PARAGRAPHE IV. — En conséquence Bohémond se mit bientôt à prier humblement son ami de céder à ses instances quotidiennes, s'adressant à lui dans les termes les plus respectueux et affectueux.

Il lui disait : « *Enfin, voici une occasion vérita-*
« *blement propice qui s'offre à nous d'accomplir les*
« *excellents projets que nous avons formés. Que*
« *mon ami Pyrus veuille donc bien m'aider seule-*
« *ment.* »

Celui-ci, fort content de la nouvelle, promit de fournir tout son concours, comme c'était convenu. La nuit

---

(9) V. Guill. de Tyr, L. V, C. XVI, p. 219.

suivante, il confia habilement son fils, en gage de sa parole, à Bohémond, afin de l'assurer davantage au sujet de l'entrée en ville.

Puis, il lui fit dire : « *Que demain, Bohémond fasse* « *préparer toute l'Armée des Francs, et lui donne* « *l'ordre d'aller, sur un point déterminé, feindre de* « *dévaster le territoire des Sarrasins; que les troupes* « *reviennent ensuite promptement par la gauche de* « *la montagne. Pour moi, je m'appliquerai à les* « *seconder, et je les recevrai en ami dans les tours* « *que j'ai sous ma garde.* »

Alors, Bohémond fit appeler immédiatement auprès de lui un de ses serviteurs nommé *Maucoron*,(10) et lui enjoignit l'ordre d'avertir l'Armée entière des Francs qu'elle eût à se tenir parfaitement prête à faire une incursion sur le territoire (11) des Sarrasins.

On obéit.

PARAGRAPHE V. — Bohémond confia donc le projet au Duc Godefroy, au Comte de Flandre, au Comte de Saint-Gilles et à l'Évêque du Puy. « *De la sorte, s'il* « *plaît à Dieu* (12), » dit-il, « *Antioche nous sera li-* « *vrée cette nuit.* »

Tout fut organisé; les Chevaliers occupèrent la plaine et les Fantassins la montagne.

Pendant toute la nuit on se forma en Colonnes, et l'on marcha presque jusqu'à l'aurore; puis, on commença à se rapprocher des tours gardées par l'Émir.

---

(10) « *M... a Coronam.* » — A. — « *Malam Coronam.* » — C. D. (V. Orderic Vital, L. IX. » — « *Massecoron* » — « *Malcoron* » ou « *Macron.* »

(11) V. Guill. de Tyr, L. V, C. XX, p. 226.

(12) Om. « . . . *s'il plaît à Dieu.* . . » — D.

Bohémond mit pied à terre, et donna ses ordres à tous, en ces termes : « *Allez, en toute confiance et d'un joyeux accord ; montez par l'échelle dans Antioche, qui sera de suite en notre pouvoir, s'il plaît à Dieu.* »

On vint au pied de l'échelle qui, déjà, était placée, et solidement attachée au mur (13) de la ville ; près de soixante des nôtres montèrent, et furent répartis dans les tours de Pyrus.(14) Mais ce dernier, voyant qu'il n'en était monté qu'un petit nombre, fut bientôt saisi de frayeur. Inquiet de tomber avec les nôtres entre les mains des Turcs, il dit : « *Micho Francos echome,* » (15) c'est-à-dire, « *Nous avons peu de Francs.* »

« *Où est Bohémond ? Où est cet invincible Chevalier ?* »

Aussitôt un serviteur *Longobard* (16) descendit, sans perdre un instant, courut, aussi promptement qu'il put, vers Bohémon, et lui dit : « *Pourquoi restes-tu ici, homme prudent ? Pourquoi es-tu venu là ? Voici que déjà nous avons trois tours.*

Cet homme illustre se laissa donc entraîner avec les

---

(13) « ... *ad civitatis mœnia.* » — C. D. — « *Merula* » — A. — Peut-être « ... *meneaux.* »

(14) V. Guill. de Tyr, L. V, C. XXI, p. 227.

(15) ... Il dit : « *Micro Francos echome.* » — C'est-à-dire en Langue Grecque : MIC'HROUS FRAGC'HOUS EC'HOMEN. »

(16) Il s'appelait : *Païen* ou *Pagan* ou *Le Page* « *Paganus.* » — « *Langobardus quidam, nomine Paganus.* » — (V. Orderic Vital. L. IX, C. IX, T. III, p. 538.) — Ordric Vital dit que le serviteur Lombard nommé *Paganus*, monta le premier. — D'après Guill. de Tyr (L. V, chap. XXI, p. 228), cet honneur appartiendrait à Bohémond. — Raimond d'Aguilers nomme *Foucher de Chartres.* — *Raoul de Caën* désigne *Boël de Chartres.*

autres, et tous, remplis de la même allégresse, vinrent à l'échelle.

Paragraphe VI. — A cette vue, ceux qui étaient déjà dans les tours commencèrent, d'une voix joyeuse, à s'écrier : « DIEU LE VEUT !!! » (17)

De notre côté, nous en fîmes autant; il en monta le triple (18) aussitôt avec un entrain admirable, et l'on courut en hâte à d'autres tours ; on mettait à mort sur-le-champ ceux qu'on y trouvait ; on tua même un frère de Pyrus. (19)

Pendant ce temps-là, l'échelle, par laquelle *notre propre frère* (19 bis) était monté, vint à rompre, ce qui occasionna pour nos combattants un immense embarras et une terrible inquiétude ; (20) au premier moment, nous fûmes tous stupéfaits et consternés.

L'échelle une fois brisée, il nous restait cependant la ressource d'une certaine poterne, (fermée, il est vrai),

---

(17) « *Deus lo vult.* » — A. D. « *Deus vult, Deus vult.* » — C.

(18) « ... *et l'on se mit aussitôt à monter contre une tour « avec un entrain admirable. De là, on courut en hâte à « d'autres tours.* » — C. D.

(19) Si l'on en croyait Guill. de Tyr, (L. V, C. XXI, p. 229), *Pyrus*, (qu'il appelle *l'Émir Feirus*) (L. V, C. XI , p. 212), aurait tué lui-même son propre frère.

Robert-le-Moine affirme que *Foucher de Chartres* monta le premier à l'échelle, et qu'il tua les deux frères de *Pyrus*.

« *Interea Fulcherius, qui cum LX juvenibus armatis as-« cenderat, exceptis turribus Pirri, tres alias bellica virtute oc-« cupaverat, et in eis duo fratres Pirri occideral.* » (V. Rob.-le-M., Chap. XIII.)

Cette version est plus vraisemblable.

(19 bis) *Hervé* ou *Arnaud Tudebœuf.*

(20) « ... *de l'embarras, de l'inquiétude...* » — D.

située près de là, sur la gauche, et qui restait ignorée de la plupart.

Il faisait nuit, en effet ; mais, toutefois, nous la trouvâmes à tâtons, en recherchant habilement où elle était cachée ; alors, nous y courûmes en masse, nous la mîmes en pièces, (21) et nous pénétrâmes par cette voie.

Déjà un bruit immense s'élevait dans la ville tout entière.

Bohémond ne se reposa pas. Il donna de suite l'ordre de porter son honorable *bannière* sur un *Château-Fort*, au sommet d'une certaine montagne.

C'était un bourdonnement général dans la cité.

Au petit point du jour, ceux qui étaient en dehors, auprès des tentes, entendant un très-grand bruit s'élever dans Antioche, sortirent du camp, à la hâte, et virent la bannière seule de Bohémond sur la montagne.

Ils allèrent tous au pas de course, chacun vers la Porte qui lui faisait vis-à-vis, pénétrèrent dans la ville, et tuèrent les Turcs et les Sarrasins qu'ils trouvèrent en entrant, sauf ceux qui se réfugièrent précipitamment dans la *Citadelle*.

Cependant un certain nombre de Chefs Sarrasins sortirent par des poternes et purent s'échapper sains et saufs.

PARAGRAPHE VII.—Le Prince des vaincus, *Cassian*, redoutant fort l'Armée des Francs, prit la fuite à toute vitesse en compagnie de beaucoup d'autres. Il arriva de la sorte sur le territoire occupé par Tancrède, à une assez faible distance de la ville.

Les chevaux étant fatigués, les fuyards se réfugièrent dans un certain village, et pénétrèrent dans une maison.

---

(21) V. Guill. de Tyr, L. V, C. XXII, p. 230.

Les habitants de cette montagne, Syriens et Arméniens, reconnurent Cassian.

Ils le saisirent aussitôt, et lui tranchèrent la tête qu'ils allèrent présenter à Bohémond, afin d'obtenir, en récompense, la liberté pleine et entière.

Le baudrier du Prince, avec le fourreau, fut estimé soixante *besans*.

Tout cela fut accompli le Jeudi, troisième jour du mois de Juin, aux Nones. (22)

Déjà, toutes les places de la ville étaient remplies de cadavres, au point que personne n'eût pu supporter d'y rester, à cause de l'extrême puanteur. On ne pouvait avancer dans une rue sans marcher sur les corps des Turcs. (23)

---

(22) Le Jeudi, 3 Juin 1098.

(23) « ... *Déjà, toutes les places de la Ville étaient remplies de*
« *cadavres, au point que personne n'eût pu supporter d'y rester,*
« *à cause de l'extrême puanteur. On ne pouvait avancer dans*
« *une rue sans marcher sur les corps des Turcs.*
« *Tout cela fut accompli le Jeudi, troisième jour du mois de*
« *Juin. Dieu en soit béni dans tous les Siècles des Siècles. Ainsi*
« *soit-il !* — C. D.

BULLETIN DIXIÈME

BULLETIN X.

PARAGRAPHE I. — L'Émir d'Antioche, *Cassian*, (1 et 2) avait envoyé à *Kerboga*, (tandis que ce dernier, Généralissime de l'Armée du Sultan de *Perse*, était encore à *Corosanum*), maintes députations pour le presser de lui porter secours en temps utile, vu qu'une Armée de Francs très-brave et très-considérable l'assiégeait dans sa Capitale, et le pressait d'une manière fort inquiétante. Il ajoutait qu'en retour d'un appui sérieux, il livrerait sans délai (3) la ville d'Antioche (4) entre les mains de son libérateur, ou l'enrichirait magnifiquement pour le récompenser de ses services.

Or, après avoir formé de longue main une Armée Turque très-considérable, et avoir reçu du Calife, (leur apôtre), la permission de verser le sang, *Kerboga* commença la longue marche qui le séparait d'Antioche ; il allait de concert avec l'*Émir de Jérusalem* qui, lui-même, conduisait une autre Armée.

Survint également le *Roi de Damas* avec des troupes fort nombreuses.

Kerboga (5) rassembla, de toutes les régions occupées

---

(1) *Curbaan.* » — A. D. — « *Curbalan.* » — C.
(2) « . . . dont il a déjà été parlé. . . » — C. D.
(3) Om. « . . . sans délai. . . » — C. D.
(4) « . . . *lirentiam Christianorum traderet.* . . » — D.
(5) « *Curbalam* » — D. — Généralissime du Sultan de Perse. Kerboga, Prince de Mossoul ou Moussoul (*Mauselæ princeps*). — Var. « *Corbaga — Corbagan — Corbagat. — Corbagath — Corbanam. — Corbanas. — Curbanas. — Corbaran. — Corbaras. — Corboran. — Curbaram. — Curbalan. — Corbalan.—Curbaan.* »

Le Personnage, à qui la lettre était adressée, s'appelait *Mosthadher*

par les païens, d'innombrables combattants, *Turcs, Arabes, Sarrasins, Publicains, Azimites, Curtes, Perses, Agulans*, et beaucoup d'autres Peuples dont personne ne pouvait dire les noms et le nombre.

Les *Agulans* étaient trois mille ; ceux-ci ne redoutaient ni lances, ni flèches, ni aucune arme, étant tout couverts de fer ainsi que leurs chevaux; ils ne voulaient jamais porter que le sabre. (6)

Ils vinrent donc tous en masse au Siège d'Antioche, pour disperser les Alliés Francs.

Lorsque nos Ennemis ne furent plus loin de la ville, *Sanzédolas*, (7) fils de Cassian, l'Émir d'Antioche, vint à leur rencontre, et, courant de suite vers Kerboga, (8) lui adressa des supplications mêlées de larmes.

« *O très-invincible Prince,* » dit-il, « *je t'en conjure,*
« *écoute ma prière.*

« *J'invoque humblement ton habileté ; secours-*
« *moi. Les Francs m'assiégent de tous côtés dans*
« *la forte ville d'Antioche; ils en sont maîtres et*
« *cherchent à retrancher ma Capitale de la Roma-*

Billah-Aboul-Ahmed, Calife Abbasside de Bagdad, Sultan de Perse. (Solidanus seu Soldanus).

Il s'appelait aussi *Rokn-Eddin-Aboul-Modhaffer Kasim-Borkiaruk* ou *Borkiaruk Seldschukida.*

L'Émir ou Roi Mahométan de Jérusalem était *Socman Ibn Ortok* ou *Sosman* ; il avait été chassé de Jérusalem par *Afdhal, Émir el Djujuch.*

Le Roi de Damas s'appelait *Deccacus Ibn-Toutousch.* — Var. « *Ducach — Ducath — Duchae — Docap — Docaph.* »

(6) « *... in bellum* » — « *dans les combats* » — C. D.

(7) « *Senzadolans* » — A. — « *Sanzadolas* » — C. D. — Fils de Cassian — Prince d'Antioche — « *Chems-Eddaulah* » — *Sanzidoles — Sanzadole — Sanzadones.*

(8) « *Corbaan* » — A. — « *Corbalan* » — « *Curbalan* » — D.

« nie et de la Syrie ; ils vont jusqu'à ambitionner
« *Corosanum.*

« Ils ont réussi dans tout ce qu'ils ont voulu. Un
« jour, ils ont tué mon père. Ils n'ont plus qu'à
« prendre le glaive et à nous exterminer, moi le
« premier, puis toi, les tiens et toute notre race.
« Depuis longtemps j'attendais, jour par jour, ton
« arrivée ; j'ignore (9) si tu voudras m'aider dans
« un si grand péril. »

Kerboga lui répondit : « *Si tu veux que je prenne*
« *sérieusement à cœur tes intérêts, et que je te porte*
« *un secours efficace dans un pareil danger, il faut*
« *me livrer de suite la citadelle.* (10) *Tu verras a-*
« *lors quels services je te rendrai. Je ferai garder*
« *la Place par mes troupes.* »

Sanzédolas (11) reprit : « *Si tu peux tuer les Francs,*
« *les décapiter et me livrer leurs têtes sans tarder,*
« *je te donnerai loyalement ce qui a déjà été promis.*
« *Je te serai dévoué en toute circonstance, et je*
« *garderai fidèlement pour toi cette citadelle.* »

Kerboga lui répondit : « *Il n'en sera point comme*
« *tu te l'imagines et te le proposes ; remets sur-le-*
« *champ cette Forteresse en mon pouvoir.* » Bon gré
malgré, il fallut bien la lui livrer.

Paragraphe II. — Nous avions pénétré dans la ville
depuis trois jours, quand les éclaireurs de l'Ennemi se
présentèrent sous les murs.

L'Armée Turque campa au Pont-de-Fer, (12) attaqua

---

(9) Om. « *incertus sum.* » — D.

(10) « . . . *commence par me livrer la citadelle.* » — C. D.

(11) « *Senzadolus.* » — A — « *Sanzedolas.* » — C. — « *Sanzadone.* » — D.

(12) « . . . *en avant du Pont-de-Fer.* »

la tour, et massacra tous ceux qui y furent trouvés. (13) Personne n'échappa la vie sauve, hormis le Seigneur Gouverneur que nous retrouvâmes, (14) chargé de chaînes, après un combat plus important. (15)

Or, le lendemain de la prise de la tour, les Païens, s'étant remis en marche, approchèrent de la ville, campèrent entre les deux fleuves, et demeurèrent là pendant deux jours.

Après avoir reçu la citadelle, Kerboga fit appeler aussitôt un de ses Émirs qu'il savait plein de franchise et de douceur, et lui dit amicalement : « *Je te charge de garder fidèlement pour moi cette citadelle, parce que je te tiens depuis longtemps pour le plus sûr de mes Généraux. Je te prie donc de me la conserver avec le soin le plus vigilant.* »

L'Émir lui répondit : « *Jamais je ne voudrais t'obéir dans de telles conditions ; mais, au lieu d'attendre les encouragements, j'accepte aux conditions suivantes, à savoir, que si les Francs remportent la victoire contre toi dans une bataille décisive, je leur livrerai immédiatement cette Forteresse.* »

Kerboga dit alors : « *Je te sais tellement loyal et si prudent que je t'accorde volontiers tout ce que tu veux de juste.* »

PARAGRAPHE III. — Ensuite, il s'empressa de retourner dans la vallée, où était campée son Armée. Or, les Turcs, pour tourner en ridicule les troupes des Francs, allèrent présenter à Kerboga une épée très-

---

(13) V. Guill. de Tyr. L. VI. C II et III, p. 237 et s.
(14) « . . . *plus tard.* » — C. D.
(15) « . . . *la veille de la Saint-Pierre.* . . » — D.
« . . . *dans l'Église de Saint-Pierre.* » — C.
Le nom de ce Chevalier n'est pas connu.

mauvaise, couverte de rouille et toute noircie, un arc en bois et une détestable lance, objets qu'ils avaient récemment enlevés à des Pèlerins pauvres. « Voici, » dirent-ils, « *les armes que les Francs ont apportées pour se battre avec nous.* »

A cette vue, le Prince se mit à rire devant tout le monde, disant à ceux qui se trouvaient là : « *Ce sont les armes de guerre mal fourbies qu'ont apporté* (16) *en Asie les Chrétiens sortis de l'Occident, c'est-à-dire de l'Europe, qui forme le tiers de la terre.*

« *C'est avec cela qu'ils pensent et espèrent nous chasser, nous repousser au-delà des confins de Corosanum, et détruire tout ce qui porte notre nom par-delà le fleuve des Amazônes. Ils ont refoulé tous nos parents de la Romanie et de la royale cité d'Antioche,* (17) *cette noble Capitale de la Syrie entière.* »

Paragraphe IV. — Sur-le-champ, il appela près de lui son fidèle Secrétaire, et dit : « *Envoie vite, pour qu'on les publie à Corosanum, plusieurs Proclamations dans les termes suivants :*

« *Au Calife, notre Évêque* (18) *et Roi, Seigneur et Sultan,* (19) *très-vaillant Capitaine, et à tous les autres très-habiles guerriers de Corosanum, salut et immense considération.*

« *Réjouissez-vous ; vivez dans une joyeuse concorde, et mangez d'un bon appétit.*

---

(16) « ... *contre nous.* ... » — C. D.
(17) « ... *et du territoire de la ville d'Antioche.* ... » — D.
(18) « ... *notre Apôtre* ... » — C. D.
(19) « *Solidano.* » — A. — « *Regi Soldano.* » — C. — « *Domino Soldano.* » — D.

« Soyez fiers, et parlez hardiment dans tout ce
« territoire. Adonnez-vous complètement au plaisir,
« et félicitez-vous d'avoir beaucoup de fils capables
« de guerroyer bravement contre les Chrétiens.
« Daignez accepter ces trois armes que nous avons
« enlevées, un jour, à une troupe de Francs, et
« faites-vous, par là, une idée de celles que l'Armée
« Franque a apportées pour nous combattre ; jugez
« de leur excellence et de leur perfection.

« Ah ! On prétend lutter contre nos armes d'or et
« d'argent parfaitement pur, éprouvées deux, trois,
« quatre fois, et d'un poli soigné !

« Sachez que je tiens les Francs enfermés dans
« Antioche, et la Citadelle est en mon pouvoir. Les
« ennemis, en effet, d'assiégeants sont devenus
« assiégés dans la Ville.

« Ils sont entre mes mains.

« Je leur ferai subir la peine de mort, ou je les
« conduirai à Corosanum dans la plus dure capti-
« vité, en punition des menaces qu'ils font de nous
« repousser avec leurs armes, de nous chasser (20)
« au-delà des confins de Corosanum, de détruire
« tout ce que nous avons, de nous relancer au-delà
« du fleuve des Amazônes, de l'autre côté des mon-
« tagnes de l'Inde, comme ils ont refoulé tous nos
« parents de la Romanie entière, au-delà de la Syrie.

« Eh bien ! je vous le jure par Mahomet, et par
« tous les noms des dieux, je ne reviendrai pas en
« votre présence que mon bras puissant n'ait fait la
« conquête de la royale cité d'Antioche, de toute la
« Syrie ou Romanie, et de la Bulgarie jusqu'en Apu-

---

(20) Om. « ... de nous chasser... » — C.

« lie, pour l'honneur des dieux, pour le vôtre, pour
« celui de tous les Turcs, nos compatriotes. » Puis
il se tut.

PARAGRAPHE V. — Alors sa mère, qui habitait la
ville d'*Alep*, vint aussitôt à lui, les yeux gonflés de
« larmes, et lui dit :

« *Mon fils, ce que j'apprends est-il vrai ?* »

— « *Quoi donc ?* », demanda Kerboga.

Elle reprit : « *J'ai entendu dire que tu voulais*
« *faire la guerre aux Francs.* »

« — Eh bien, » répondit-il, « sachez que rien n'est
« plus vrai. »

La mère ajouta : « *Je t'en supplie, mon fils, par*
« *les noms des dieux et ton incomparable bonté*(21),
« *ne fais point la guerre aux Francs.*

« *Tu n'as jamais été vaincu ; je n'ai jamais en-*
« *tendu dire qu'une Expédition ait été entreprise*
« *d'une manière imprudente par toi ni par ton*
« *Armée. On ne t'a jamais vu quitter le champ de*
« *bataille en fuyant devant un vainqueur.*

« *Tes exploits militaires sont connus de l'Orient*
« *à l'Occident, et tous les guerriers habiles, lorsqu'ils*
« *entendent seulement ton nom, se mettent à trem-*
« *bler. Car, je le sais bien, mon fils, tu es un*
« *puissant homme de guerre ; tu es brave et belli-*
« *queux.*

« *Aucune Armée, Chrétienne ou païenne, n'a pu*
« *conserver quelque courage à ton aspect. Tous*
« *fuyaient au seul bruit de ton nom, comme des*
« *brebis devant la colère du lion. Mais, je t'en con-*

---

(21) « .... *la grande valeur et ton incomparable bonté.* » — D.
— « *la valeur et la bonté.* » — C.

« *jure, très-cher et bien-aimé fils, suis mon conseil ;*
« *ne songe pas et ne cherche plus à commencer*
« *la guerre contre les Alliés Francs.* »

Paragraphe VI. — Après avoir écouté ces paroles, Kerboga répondit aussitôt avec brusquerie :

« *Ma mère, que me racontez-vous là ? Je crois*
« *vraiment que vous êtes folle ou surexcitée. Le*
« *nombre de mes Émirs est plus grand que celui*
« *même de tous ces Chrétiens, grands ou petits.* »

La mère objecta : « *Mon très-doux fils, sans doute*
« *les Chrétiens ne sont pas en état de lutter contre*
« *toi. Mais leur Dieu combat continuellement pour*
« *eux ; Il les garde nuit et jour sous sa protection,*
« *et veille sur eux comme un berger sur son trou-*
« *peau.*

« *Il ne permet à aucune Armée de les entamer ni*
« *de les exterminer.*

« *Tous ceux qui veulent leur résister sont de suite*
« *écrasés par lui, comme il l'a dit lui-même par la*
« *bouche du prophète David : Fais disparaître les*
« *Nations qui n'ont point invoqué ton nom.* (22)

« *Or, avant qu'ils soient prêts à entrer en cam-*
« *pagne, leur Dieu tout-puissant et terrible dans*
« *les combats, de concert avec les Saints, a déjà*
« *vaincu tous les ennemis. Que ne fera-t-il pas*
« *contre vous, ses adversaires déclarés, qui vous*
« *préparez à lui opposer toute votre valeur !* »

« *Sache-le bien, en effet, mon très-cher enfant,*
« *ces Chrétiens sont nommés : Fils du Christ.* (23)
« *Les Prophètes les appellent : Fils de l'Adoption et*

---

(22) Ps. LXVII.
(23) « *Christi filii Dei.* » — C. D.

« de la Promesse. (24) Ils sont, avec l'Apôtre, les
« héritiers du Christ, (25) et déjà Celui-ci leur
« donne l'héritage qu'il leur a promis lorsqu'il
« disait : Le Levant et l'Occident seront vos limites,
« et les audacieux ne pourront pas vous tenir tête.

« Qui pourrait contredire ces paroles et contester
« leur authenticité ?

« En vérité, si tu commences cette campagne contre
« les Chrétiens, il en résultera pour toi le plus fâ-
« cheux dommage et le plus grand déshonneur.
« Tu perdras beaucoup de tes fidèles compagnons
« d'armes et toutes les richesses qui t'entourent; tu
« reviendras en fuyant, pénétré d'épouvante.

« Non-seulement tu périras dans cette guerre,
« mais tu perdras encore dans la bataille tout ce
« que tu possèdes.

« Je te le déclare, ce n'est pas simplement la mort
« qui t'attends, car leur Dieu ne juge pas immédia-
« tement dans un moment de colère impatiente
« celui qui l'offense; mais il en tire, quand il le
« veut, une éclatante vengeance.

« Eh bien ! je crains qu'Il se venge de toi par un
« châtiment terrible, et je ne te dis que cela : cette
« année même, tu mourras. »

PARAGRAPHE VII. — Fort préoccupé, au fond du
cœur, après avoir écouté les paroles de sa mère, Kerboga répondit :

« Mère bien-aimée, dites-moi; qui vous a dit
« tout cela au sujet du Peuple Chrétien ? D'où te-
« nez-vous que son Dieu l'aime à ce point, et a tant

---

(24) Rom. IX, 8.
(25) Rom. VIII, 17.

« de puissance dans les batailles; que ces Chrétiens
« nous vaincront dans le prochain combat devant
« Antioche et y recueilleront nos dépouilles; qu'ils
« se mettront à notre poursuite après une victoire
« inouïe, et que je viendrai soudain à mourir dans
« le cours de cette année ? »

Alors sa mère lui répondit avec tristesse :

« Bien cher fils, voici plus de cent ans que l'on a
« remarqué dans notre Livre et dans tous les Livres
« des Gentils, qu'une Armée Chrétienne viendrait
« sur nous, nous vaincrait en tous lieux, domine-
« rait les païens, et subjuguerait partout notre race.
« Toutefois, j'ignore si c'est à-présent ou plus tard.
« Mais, affligée néanmoins, je n'ai pas cessé, dans
« la ville d'Alep, de te suivre par la pensée, en me
« livrant à des observations et à des calculs ingé-
« nieux. J'ai contemplé les astres dans le firma-
« ment. Or, en examinant et en interrogeant avec
« habileté les planètes des cieux, les douze signes des
« Pôles et d'innombrables sorts, j'y ai tout trouvé,
« et j'y ai découvert que le Peuple Chrétien nous
« vaincrait partout.

« C'est pourquoi je vis dans l'inquiétude, et suis
« extrêmement triste et peinée, craignant de rester
« privée de toi, pour mon malheur. »

Kerboga reprit : « Très douce mère, dites-moi la
« réalité sur bien des choses qui me paraissent
« vraiment impossible à croire. »

Elle répondit : « Mon chéri, je le ferai volontiers,
« si je sais de quoi il s'agit. »

« Bohémond et Tancrède, » demanda-t-il, « ne
« sont donc pas les dieux des Francs, et ne les
« garantissent pas contre toute poursuite de l'ennemi?

« Et serait-il vrai que ces deux Princes mangent
« à chaque repas deux mille vaches et quatre mille
« porcs ? » (26)

La mère de Kerboga répondit en ces termes :
« Très-cher fils, Bohémond et Tancrède sont des
« mortels comme les autres, à cela près que leur
« DIEU a une incomparable prédilection pour ces
« deux hommes et leur donne chaque jour une va-
« leur guerrière tout-à-fait supérieure. Car c'est le
« DIEU TOUT-PUISSANT ; IL est ainsi nommé
« parce qu'IL a fait le Ciel et la Terre, formé les
« mers, et créé tout ce qui s'y trouve en vie ; parce
« que son Trône est établi dans le Ciel pour tou-
« jours, et qu'il faut craindre partout sa puissance. »

Le fils dit alors : « S'il en est ainsi, je poursui-
« vrai la guerre contre eux. »

Quand la mère de Kerboga vit que celui-ci se refusait absolument à suivre ses conseils, elle s'en retourna, très-affligée, dans la ville d'Alep, emportant
toutes les richesses qu'elle put prendre avec elle.

PARAGRAPHE VIII. — Le troisième jour, (27) Kerboga s'arma, ainsi que la plupart des Turcs, et s'approcha d'Antioche avec eux, par le côté où est située
la citadelle.

Les nôtres, croyant pouvoir tenir tête, se préparèrent
à combattre ; mais la bravoure de l'ennemi fut telle que
nous ne pûmes résister, et, bon gré malgré, nous en-
trâmes dans la ville.

Plusieurs périrent étouffés par la foule, tant la presse
était grande à la Porte.

---

(26) Om. « .... et serait-il vrai... quatre mille porcs ? » — D.
(27) V. Guill. de Tyr. L. VI, C. III, p. 258.

Pendant ce temps-là, une partie de nos Troupes guerroyait au dehors, et l'autre à l'intérieur de la Place. La lutte dura toute la journée de la *cinquième Fête de la semaine* jusqu'au soir. (28) Le lendemain, on combattit de même, et nous perdimes beaucoup de monde.

Ce jour-là fut blessé un Chevalier très-estimable nommé *Hervé Tudebœuf*. (29) Ses compagnons l'enlevèrent du champ de bataille, et le transportèrent à l'intérieur de la ville.

Il y vécut jusqu'au Sabbat, entre la neuvième et la

---

(28) Om. « ..... jusqu'au soir. » — D.

(29) « *In illo die fuit sauciatus quidam probatissimus miles,*
« *videlicet nomine Arvedus Tudebovis quem detulerunt socii*
« *ejus usque deorsum in civitatem. Ibique fuit vivus in sabbato*
« *et inter nonam et sextam horam migravit a sæculo vivens in*
« *Christo. Corpus ejus sepelivit quidam sacerdos frater ejus,*
« *ante occidentalem portam beati Petri apostoli, habens maxi-*
« *mum timorem sicuti amittendi caput, et omnes alii qui in ci-*
« *vitate erant. Omnes legentes et audientes deprecamur ut dent*
« *elemosinas et orationes dicant pro animâ ejus et pro omnium*
« *defunctorum animabus in Ierosolimitania.* — A.

« *In illo die fuit sauciatus quidam probatissimus miles, vide-*
« *licet nomine Arvedus Tvdebovis, quem detulerunt socii ejus*
« *usque deorsum in civitatem. Ibique fuit vivus usque in sabba-*
« *to, et inter nonam et sextam horam migravit a sæculo vivens*
« *in Christo. Corpus ejus sepelivit Petrus quidam sacerdos, frater*
« *ejus, ante occidentalem portam beati Petri apostoli, habens*
« *maximum timorem sicuti amittendi caput, et omnes alii qui*
« *in civitate erant. Omnes legentes et audientes deprecamur ut*
« *dent elemosinas et orationes dicant pro anima ejus et pro*
« *omnium defunctorum animabus qui in Hierosolymitana via*
« *mortui fuerunt.* » — D.

Le texte du Manuscrit C. ne diffère ici du Manuscrit D. que par l'omission du prénom « *Arvedus*. »

sixième heure, terme où il passa du Siècle à la vie du *Christ.*

Le corps fut enseveli, devant la Porte du Bienheureux Apôtre *Pierre,* par *un frère du défunt, un Prêtre,* qui, dans le moment, craignait fort d'être décapité avec tous les autres Chrétiens assiégés.

Nous supplions tous ceux qui liront ou écouteront ce récit, de faire des aumônes et de dire des prières pour l'âme du Chevalier et pour celles de tous les autres défunts.

Le lendemain, (30) *Guillaume de Grandménil,* (31) son frère *Albéric, Yvon de Grandménil,* (32) *Guillaume de Beurnonville,* (33) *Guy Trosel,* (34) *Guillaume, fils de Richard,* (35) et *Lambert-le-Pauvre,* tous frappés de terreur par le combat de la veille qui

---

(30) Om. « .... alia die » : « un autre jour. » — C.

(31) « *Willelmus de Gentamasnil.* » — A. — « *Guilelmus de Grantamasnil.* » — C. — « *Guilelmus Granmasnil.* » — D. — Var. « *Guillelmus de Grentemaisnil. — Wilhelmus de Grante-Maisnil. — Willelmus de Grentemesnil. — Guillelmus de Guntamasnil. — Guilermus de Granmasnil. — Willelmus de Grandis-Mainil. — Guilielmus de Grandemasneda.*

(32) Om. « ...... *son frère Albéric, Yvon de Grantamasnil.* » — D.

(33) « *Willelmus de Bernella.* » — A. — « *Guillelmus de Bernavilla.* » — B. — « *Willelmus de Bernevilla.* » — C. D. — Var. « *de Bernonvilla. — de Bruilla.* »

Dans les notes de Besly, (Édition Duchesne), on lit « *Bernonvilla.* »

(34) « *Guido Trosellus.* — A. — « *Guido Trusellus.* » — D. — « *Wiso Trusellus. —* C. — Var. « *Trassellus. — Tursellus, Rubeus.* »

(35) « *Willelmus filius Richardi.* » — A. — « *filius Ricardi.* » — C. D. Guillaume, *fils de Richard-dit-le-Prince, petit-fils* du Comte Guillaume et *arrière-petit-fils d'Odon-le-Bon-dit-le-Marquis.*

« *Lambert le Pauvre.* » — « *Lambertus Pauper.* » — « *Iambertus Pauper.* »

avait duré jusqu'au soir, (36) passèrent furtivement, la nuit, par dessus les murs, et s'enfuirent à pied le long de la mer, si bien qu'il ne leur resta plus que les os, à nu, aux mains et aux pieds. Il en fut de même pour d'autres fuyards, partis secrètement (37) avec eux, et dont les noms me sont inconnus.

Ils se dirigèrent vers les Vaisseaux qui étaient à l'ancre au *Port Saint-Siméon*, et dirent aux matelots : « *Malheureux, pourquoi restez-vous ici ? Tous les « nôtres sont perdus ; nous avons évité la mort « à grand-peine, car l'Armée des Turcs assiège nos « Troupes de tous côtés dans la ville.* »

En entendant de pareilles nouvelles les marins demeurèrent d'abord stupéfaits, puis, saisis de peur, ils remontèrent précipitamment à bord, et reprirent la mer.

Sur les entrefaites les Turcs étant survenus, tuèrent ceux qu'ils purent encore trouver, brûlèrent des Vaisseaux abandonnés en rivière, et emportèrent les dépouilles.

Pour nous, qui étions restés, (38) il nous fut bientôt impossible de résister au choc et aux coups des ennemis ; (39) aussi dûmes-nous construire un mur de séparation que l'on gardait nuit et jour.

D'une part, nous étions tellement pressés par la famine, que nous mangions les chevaux et les ânes ; et, d'autre part, les Turcs nous pénétraient d'une terreur

---

(36) V. Guillaume de Tyr, L. VI. C. V, p. 212.

(37) « *Il en fut de même pour beaucoup d'autres fuyards partis avec eux.* » — C. D.

(38) « *Pour nous qui étions restés dans la ville....* » — C. D.

(39) « *.... aux coups des ennemis établis dans la citadelle.* » — C. D.

telle que beaucoup de nos Chefs étaient d'avis qu'il fallait fuir, comme d'autres l'avaient fait.

Paragraphe IX. — Un jour que nos Chefs, tristes, consternés, et ne sachant quel parti prendre, se trouvaient réunis sur les hauteurs vis-à-vis de la citadelle, un Prêtre, nommé *Étienne*, (39 bis) vint à eux, et leur dit : « *Messeigneurs, daignez écouter, s'il vous plaît,*
« *le récit de ce que j'ai vu. Cette nuit, tandis que*
« *j'étais prosterné en prière dans l'Église dédiée à*
« *Sainte Marie, Mère de* NOTRE-SEIGNEUR, *ap-*
« *parut à mes yeux le Sauveur du Monde accompa-*
« *gné de Marie, sa mère, et du Bienheureux Pierre,*
« *Prince des Apôtres.*

« *Le Seigneur se tint en face de moi, et me dit :*
« *Étienne, me reconnais-tu ? Je lui répondis : Non.*
« *Alors, une Croix bien formée apparut sur sa tête, et,*
« *m'interrogeant de nouveau, le Seigneur dit : Étienne*
« *me reconnais-tu maintenant ? Je lui répondis : Je*
« *ne vous reconnais pas, mais je vois sur votre tête*
« *une Croix, à l'exemple de Notre Sauveur.*

« Et le Seigneur dit : *C'est moi.*

« Je me précipitai aussitôt à ses pieds en versant
« des larmes et le priant humblement de nous venir
« en aide dans le péril pressant où nous sommes mis
« par l'exécrable race qui nous tient assiégés.

« Le Seigneur me répondit : *Je vous ai beaucoup*
« *aidés, je vous aiderai encore beaucoup. C'est moi*
« *qui vous ai permis de prendre Nicée et de gagner*
« *toutes les batailles. Je vous ai conduits jusqu'ici,*
« *et j'ai compâti aux maux que vous avez soufferts*

(39 bis.) *Nomine Stephano Valanti sive Valantino.* (V. Raim. d'Ag. Cap. XVII, p. 282 ; et cap. XVIII, p. 286.)

« pendant le Siège d'Antioche. C'est par un secours
« opportun et pour vous sauver que je vous ai fait
« entrer dans la ville. Mais beaucoup de Chrétiens
« se rendent très-coupables, en entretenant des re-
« lations avec les femmes païennes, et l'horrible
« corruption de ces péchés offense le Ciel.

« En ce moment-là, l'Immaculée Vierge Marie et le
« Bienheureux Apôtre Pierre tombèrent à ses pieds,
« le priant (40) d'aider son Peuple exposé à un si
« grand péril. Ils disaient : *Seigneur, la race des
« païens est restée longtemps en possession de nos
« Églises, où elle commettait une foule de crimes
« inouis. Les ennemis ont été chassés par les Chré-
« tiens,* (41) *et les Anges s'en réjouissent au Ciel.*

« Alors, le Seigneur reprit : *Va donc, Étienne, et
« dis à mon Peuple de revenir à moi; et moi je
« reviendrai à lui. Dans quinze jours je lui accor-
« derai le plus insigne secours.*

« *Que l'on chante le Psaume Congregati sunt* (42)
« *dans toute l'Armée, chaque jour ; que l'on s'impo-
« se des pénitences, que l'on fasse, pieds nus, des
« Processions aux Églises ; que l'on donne des au-
« mônes aux pauvres, que l'on fasse chanter des
« Messes par les Prêtres, et que tous les Pèlerins
« soient communiés par le Corps et le Sang du
« Christ.*

« *Les Chrétiens pourront ensuite commencer la
« bataille, et je leur donnerai pour auxiliaires les
« Bienheureux Georges, Théodore, Démétrius et*

---

(40) « .... *et le conjurant....* » — C. D.
(41) « *Les Chrétiens ont chassé leurs ennemis.* » — C. D.
(42) Ps. XLVII, 5.

« tous les Pélerins qui sont morts dans ce Pélerina-
« ge de Jérusalem. Voilà ce que le Seigneur m'a dit.
« Et si vous n'ajoutez pas foi à mes paroles, Mes-
« seigneurs, laissez-moi seulement monter sur cette
« Tour, la plus élevée, et je me précipiterai en bas.
« Si je sors sain et sauf de cette épreuve, croyez
« que j'ai dit vrai. Si, au contraire, je reçois la
« moindre contusion, décapitez-moi, ou jetez-moi
« dans les flammes. »

L'Évêque du Puy défendit de recourir à cette expérience, mais il fit apporter les Évangiles et une Croix, puis il fit jurer (43) au Prêtre que c'était bien la vérité.

Alors, tous nos Chefs se réunirent sur l'heure pour jurer de ne pas s'enfuir de la ville, dussent-ils y perdre la vie.

On dit que Bohémond prêta serment le premier, puis le Duc Godefroy, ensuite Robert, Comte de Flandre et les autres Seigneurs. (44)

Tancrède jura en ces termes, à savoir : Qu'il n'abandonnerait pas la ville et même ne renoncerait pas au *Pélerinage de Jérusalem*, tant qu'il aurait avec lui quarante Chevaliers.

A la nouvelle de ce serment, tout le monde fut ravi.

PARAGRAPHE X. — Or, il y avait dans notre Armée un Pélerin nommé *Pierre Barthélémy*. (44 bis) L'A-

---

(43) Om. « *Jurare.* » — C.

(44) « Bohémond prêta serment le premier, dit-on ; après lui
« ce furent Raimond, Comte de Saint-Gilles, Robert de Norman-
« die, le Duc Godefroy, Robert, Comte de Flandre, et d'autres
« Seigneurs. » — C. D.

(44 bis.) *Pierre Barthélémy*, Pélerin Provençal, fut enseveli sur l'emplacement où il passa au milieu d'un brasier avec la Sainte Lance. (V. Raim. d'Ag. In-fol. Acad. p. 288.)

pôtre *Saint André* lui était apparu, avant que nous eussions pénétré dans Antioche, et lui avait dit : « *Homme de bien, que fais-tu ?* » L'autre répondit : « *Et toi, qui es-tu ?* » L'Apôtre lui dit : « *Je suis
« l'Apôtre André. Souviens-toi, mon fils, lorsque
« vous serez entrés dans la ville, d'aller à l'Église
« du Bienheureux Pierre.* (15) *Tu y trouveras la
« Lance de notre Sauveur* JÉSUS-CHRIST, *celle
« dont Il fut percé lorsqu'Il était suspendu au gibet
« de la Croix.* »

Après ces mots l'Apôtre disparut.

Mais le Pèlerin craignit de commettre une imprudence en révélant l'avis donné par l'Apôtre, et il se garda d'en parler.

Une seconde fois, Saint André vint encore le trouver, et lui dit : « *Pourquoi n'as-tu pas fait connaître
« aux Pèlerins la recommandation que je t'ai faite ?* »

Pierre Barthélémy répondit : « *Monseigneur, qui
« voudra y ajouter foi ?* »

Saint André le saisit aussitôt, et le transporta dans la ville, au lieu où la Lance était enterrée. André (16) la retira du sol, en présence du Pèlerin, et la lui remit dans les mains, en disant : « *C'est la Lance de Notre-
« Seigneur* JÉSUS-CHRIST, (17) *que j'ai déposée
« ici, avec mon frère l'Apôtre Pierre.* »

Puis, il la remit à la même place, sous les yeux de Pierre, et dit à celui-ci : « *Retourne à l'Armée.* »
« *Seigneur,* » objecta le Pèlerin, « *comment pour-
« rais-je m'en aller ? Les Turcs sont sur les murs*

---

(15) « …. *du Bienheureux Apôtre Pierre.* » — C. D.
(16) « *L'Apôtre André.* » — C. D.
(17) Om. « *Jésus-Christ.* » — D.

« de la ville, et dès qu'ils m'auront aperçu ils me
« tueront. »

L'Apôtre reprit : « Va sans crainte. »

Pierre se mit donc en devoir de sortir d'Antioche, sous les yeux des Turcs qui ne lui dirent rien.

PARAGRAPHE XI. — Les Turcs de la Citadelle nous pressaient (48) à tel point qu'un jour ils cernèrent trois de nos Chevaliers dans une tour située en face du camp. (49)

Les Gentils sortirent, et attaquèrent si vigoureusement, que leur tenir tête devenait impossible.

Néanmoins, deux des Chevaliers s'échappèrent de la tour, mais non pas sans blessures.

Le troisième se défendit pendant un jour entier contre les assaillants.

Il se conduisit avec tant d'habileté qu'il abattit deux Turcs sur le parapet de la muraille, (50) avec une hache brisée ; (car dans cette journée-là, on lui démancha trois haches entre les mains.) Il se nommait *Hugues-le-Forcené*, (51) et faisait partie des troupes de *Godefroy d'Aspremont*.

---

(48) « .... tam mirabiliter coangustabant nos. » — A.
« Tam mirabiliter coangustabant nostros. » — C. D.

(49) « ... du camp ennemi. » — « eorum castrum. » — D.

(50) Om. « sur le parapet de la muraille. » « Super aditum muri. » — D.

(51) « *Hugo lo Forsenet de exercitu Godefredi de Monte Caioso.* »
— A.

« *Hugo lo Forsenes de exercitu Godefredi de Monte Scabioso.* »
— C.

« *Hugo li Forsenet de exercitu Godefredi de Monte Cabioso* » —
D. — *Godefroy d'Aspremont* avait péri depuis longtemps ; il était tombé sur le champ de bataille de *Dorylée*. (V. Bull. III. § IV.)

Var. « *Hugues-le-Fou.* » (insanus) — « *Hugo Forsonea.* »

Cependant Bohémond voyait bien, comme Tancrède, qu'il était impossible de conduire l'Armée au combat jusqu'au sommet de la montagne, sous les murs de la citadelle, et que les Chrétiens demeuraient lâchement enfermés dans les maisons, soit à cause de la faim, soit par crainte des Turcs ; il en fut très-indigné.

Il ordonna donc de mettre le feu au quartier où se trouvait situé le ☩ palais ☩ (52) (C. D.) de l'Émir Cassian.

Ceux qui s'étaient installés dans la Ville, voyant la flamme grandir et le vent s'élever, déguerpirent des habitations.

Ils fuyaient tous à la fois, emportant leurs parts de dépouilles, les uns sur la montagne devant la citadelle, d'autres vers la Porte du Comte de Saint-Gilles, d'autres vers celle du Duc Godefroy, chacun, en un mot, du côté de ses compagnons d'armes.

Bohémond fut singulièrement contristé à l'idée de voir incendiées les Églises de Saint-Pierre et de Sainte-Marie ; car le feu dura depuis la troisième heure jusqu'au milieu de la nuit.

Deux mille édifices, (Églises ou maisons), furent réduits en cendres. Alors le vent cessa, et les flammes s'arrêtèrent.

Les Turcs de la Citadelle venaient combattre, de jour et de nuit, dans l'intérieur de la Ville ; c'était une lutte à découvert, où l'on n'était séparé que par les armes.

Parfois, quatre Émirs tout couverts d'or, montés sur des Chevaux pareillement caparaçonnés jusqu'aux genoux, sortaient aussi pour diriger les attaques.

Nos Pèlerins n'auraient pas pu tenir longtemps de la

---

(52) Om. « *palatium.* » — A.

sorte ; celui qui avait du pain ne trouvait pas le loisir de le manger, et celui qui avait de l'eau le temps de la boire. On fit donc un mur sur la montagne entre les ennemis et nous ; (53) puis, on construisit une sorte de Château-fort et une machine afin d'être en sûreté.

PARAGRAPHE XII. — Les autres Troupes Turques s'établirent autour de la ville dans la vallée.

Aux approches de la nuit, on vit le feu du Ciel venir de l'Occident et tomber sur l'Ennemi, ce dont il fut très-frappé, ainsi que nous. Sur le matin, les Turcs épouvantés fuyaient tous, ici et là, dans la crainte du feu.

Cependant, ils nous assiégèrent de telle manière, autour de la cité, que pas un des nôtres ne s'aventurait à sortir (54) dans les environs, où à rentrer dans la ville, si ce n'est de nuit, à la dérobée.

Nous étions donc cernés et serrés de près (55) par ces autres païens-là, ennemis de Dieu et du saint Christianisme. Ils étaient trois-cent soixante-cinq mille, sans compter l'Émir de Jérusalem qui les accompagnait à la tête de son Armée, le *Roi de Damas* qui survint aussi avec ses Troupes, et le *Roi d'Alep* (55 bis) pareillement.

Ces profanes ennemis de DIEU nous tenaient si bien enfermés dans Antioche, qu'un grand nombre des nôtres mourut de faim.

---

(53) « *Tunc nostri fecerunt murum inter illos in montanea.* — A. C.

« *Tunc nostri fecerunt murum inter nos et illos in montanea.* » — D.

(54) Om. « .... que pas un des nôtres ne s'aventurait à sortir. » — D.

(55) « *Nous étions donc serrés de près et terrifiés....* » — D.

(55 bis.) Le Roi d'Alep s'appelait *Rodoan : (regulus Alapiæ)*.

On achetait un petit pain pour un *byzantin d'or*. Je ne parlerai pas du vin, (*Un quen grasin*) : (56) ce n'en était pas.

Une poule se vendait quinze *sols* ; un œuf deux *sols* ; une noix, un *denier* ; trois ou quatre fèves, un *denier* ; un petit chevreau, soixante *sols* ; les entrailles d'un seul chevreau, deux *sols* ; (57) la queue d'un bélier, trois *sols* neuf *deniers* ; la langue d'un chameau, (elle n'est pas grande), quatre *sols*.

On vendait, pour la manger, la chair des chevaux et des ânes.

On faisait cuire dans l'eau, et l'on avalait, des feuilles de figuier, de vigne et de certains autres arbres.

Il se trouvait des personnes qui mettaient à détremper dans l'eau, pendant deux nuits et un jour, les cuirs des chevaux et des ânes, des chameaux et des bœufs, les faisaient bouillir ensuite, et les dévoraient.

Nous supportâmes ces angoisses, et bien d'autres cruelles épreuves que je ne puis énumérer, pour le nom du *Christ* et la délivrance du Saint-Sépulcre. Nous dûmes souffrir toutes ces tribulations, la famine et la terreur, pendant vingt-six jours. (58)

---

(56) « *Uquem grasin.* » — D. — en Grec : OUK HÉN KRHASINN (c'est-à-dire KRHASIONN) : *non erat vinum* : ce n'était pas du vin.

(57) « *Cinq sols.* » — C.

(58) « *Les serviteurs de Dieu eurent à souffrir de toutes ces* « *tribulations, de la famine et de la terreur, pendant vingt-six* « *jours ; le Seigneur en soit béni dans tous les Siècles des Siècles.* « *Ainsi soit-il !* » — C.

BULLETIN ONZIÈME

BULLETIN XI.

PARAGRAPHE I. — Le maladroit *Étienne*, (1) *Comte de Chartres*, (2) qui était à notre tête, et que tous nos Chefs avaient choisi pour nous diriger, avait fait semblant d'être très-sérieusement indisposé, et s'était honteusement retiré, avant la prise d'Antioche, dans une autre Place-forte nommée *Alexandrette*. (3)

Chaque jour nous le conjurions de venir à notre aide, parce que nous étions enfermés dans la ville et privés de tout secours ou moyen de salut.

Quand il sut que l'Armée des Turcs nous cernait et nous assiégeait, il alla sur le sommet de la montagne la plus voisine. (4)

A la vue d'innombrables tentes, saisi d'une grande frayeur, il battit en retraite. (5)

Trop ému par la peur, il prit donc lâchement la fuite, en toute hâte, avec son Armée, retourna dans sa Forteresse, la dégarnit de tout ce qu'il y possédait, et reprit la route de l'Europe.

Il vint à la rencontre de l'Empereur, à *Philoména*,

---

(1) V. Guill. de Tyr, L. VI, C. X, p. 250 et s.

(2) « *Charnotensis Comes.* » — A. — « *Carnotensis Comes.* » — C. D. — Étienne, Comte de Blois et de Chartres.

(3) « *Aux environs de la ville de Finimine.* » Guill. de Tyr. loco citato. — Var. « *Alexandriola.* » Aujourd'hui : Iskenderum.

(4) ..*Quand il sut que l'Armée des Turcs nous cernait et nous assiégeait, il alla sur le sommet de la montagne la plus élevée d'alentour, et en même temps la plus voisine d'Antioche.* » — C. D.

(5) Om. « A la vue .... en retraite. » — C.

(6) se rendit près de lui mystérieusement, lui demanda un entretien particulier, et lui dit : « *Tenez pour certaine l'occupation d'Antioche ; mais la citadelle est loin d'être prise, et tous les nôtres sont assiégés de la manière la plus pressante. Je pense même qu'à présent ils doivent avoir déjà péri de la main des Turcs.*

« *Rebroussez donc chemin, au plus vite, de crainte que l'Ennemi vous atteigne, vous et votre Armée.* »

Singulièrement épouvanté, l'Empereur fit appeler secrètement *Guy*, (7) frère (8) du Seigneur (9) Bohémond, et tous les autres Princes ; il leur dit : « *Messeigneurs, que devons-nous faire ? Tous les nôtres sont assiégés de la manière la plus rigoureuse, et peut-être sont-ils maintenant massacrés ou emmenés en captivité, comme nous l'apprend ce pauvre Comte, qui a pris la fuite sans plus de réflexion.*

« *Revenons, à marche forcée, sur nos pas, si vous le voulez, de peur que, nous aussi, nous trouvions bientôt la mort que les premiers ont déjà subie.* »

---

(6) Ville de *Pisidie*. Aujourd'hui *Akscher*.
Philomena. — A. D. — *Philomia.* — D.
Lisez : *Philomelium*.
Var. « *Filomonena.* — *Philemia.* »
(7) « *Guido.* » — A. — « *Wido* » — C. D.
Guy, d'après Tudebœuf et plusieurs autres Historiens, était frère de Bohémond. Néanmoins, ce Chevalier, oublieux des liens du sang, aurait trahi Bohémond pendant le Siège de *Dyrachium*. (V. Ordric Vital, T. IV, L. XI, p. 210.) Quoi qu'il en soit, Guy mourut de maladie en 1108, avant la reddition de cette ville.
(8) V. Guill. de Tyr, L. VI, C. XI, p. 253.
(9) Om. « *du Seigneur.* » — C. D.

PARAGRAPHE II. — Après avoir entendu ces paroles fallacieuses, Guy, Chevalier très-estimable, se mit à pleurer ainsi que tous les autres, et à se lamenter avec toutes les marques d'un profond chagrin. Ils disaient ensemble : « O vrai Dieu, unique en trois Personnes, « pourquoi as-tu permis qu'une pareille catastrophe « arrivât ? Comment as-tu si vite abandonné celui « qui rouvrait la Voie, et rendait libre l'accès de ton « Sépulcre ? (10)

« En vérité, si la nouvelle, que nous venons « d'apprendre de la bouche de cet affreux lâche, est « exacte, nous et les autres Chrétiens, nous l'aban- « donnerons, nous ne l'honorerons plus, et pas un « d'entre nous n'osera désormais invoquer ton « nom. »

Ces imprécations, bien déplorables assurément, furent répétées par toute l'Armée, au point que personne, Archevêque, Évêque, Abbé, Prêtre, Clerc ou Laïc, n'invoqua plus le nom du Christ pendant plusieurs jours.

PARAGRAPHE III. — On ne parvenait pas à consoler Guy ; il pleurait, joignait les mains, en serrant les doigts à se les briser, et s'écriait : « Malheur à moi ! Bohé- « mond, la gloire et l'ornement du Monde entier, « que toute la Terre craignait et honorait ! Quelle « désolation ! Je n'étais donc pas digne de revoir « ton très-noble visage, moi qui tenais à le contem-

---

(10) « Pourquoi as-tu laissé tomber entre les mains des « Turcs, les ennemis, le Peuple qui marche sur tes pas ? Com- « ment l'as-tu si vite laissé périr, lui qui rouvrait la voie et ren- « dait libre l'accès de ton Saint-Sépulcre. » — C. et D. (sauf pour le Manuscrit D. le mot « Turcorum » qui a été omis.)

« pler avant toute autre chose ! Qui me donnera de
« mourir à la place, très doux seigneur et ami ?
« Pourquoi ne suis-je pas plutôt mort en naissant ?
« Pourquoi ai-je vécu jusqu'à ce funeste jour ? Que
« n'ai-je péri dans la mer ? Que ne suis-je tombé
« de cheval, et n'ai-je trouvé une prompte mort en
« me rompant le cou ! Plût à Dieu que j'eusse obte-
« nu avec toi le bonheur du martyre, et l'eusse
« vu si glorieusement finir ! »

Or, comme tous les Princes, accourus près de lui, s'efforçaient de le consoler, pour qu'il cessât de pareilles lamentations, Guy réfléchit, et dit : « Auriez-vous, par
« hasard, beaucoup de confiance dans ce vieux
« chien (11) de Chevalier sans cervelle ? Jamais je
« n'ai entendu parler sérieusement de quelque
« exploit dont il fût le héros. (12)

« Il a lâchement rétrogradé comme le plus vilain
« et le plus triste sire. Tout ce que ce misérable
« nous annonce doit être complètement faux. »

Cependant l'Empereur donna des ordres, et dit à ses Troupes : « Allez, conduisez tous les habitants de ce
« pays en Bulgarie, (13) et pillez, dévastez toute la
« contrée, afin que les Turcs, lorsqu'ils y viendront,
« ne puissent rien trouver ici. » (14)

Bon gré malgré, les nôtres revinrent en arrière, profondément affligés et tristes à mourir. Un grand nombre de Pélerins tomba malade de chagrin, et rendit

---

(11) « Semicano. » — C. D.
(12) Om. « dont il fût le héros. » — D.
(13) « in Bulgariam. » — A. C. — « Burgariam » — D.
(14) « ravagez, afin que les Turcs ne puissent rien trouver
« ici. » — D.

l'âme. Ceux qui n'avaient pas assez de forces pour suivre la marche de l'Armée, restaient mourants sur le chemin ; tous les autres retournèrent à Constantinople.

Paragraphe IV. — Pour nous, qui étions à Antioche, (15) ayant appris par le récit de *Pierre Barthélémy*, comment le bienheureux Apôtre André était venu le trouver et lui avait montré la Lance de Jésus-Christ et l'endroit (16) où elle était, ✝ nous en fûmes ravis. ✝ (C. D.)

---

(15) « dans la ville d'Antioche. » — C. D.

(16) Raimond d'Aguilers fournit une narration beaucoup plus détaillée, dont nous extrayons le passage suivant : « *Die autem illa præparatis necessariis, duodecim viri, cum homine illo qui de lancea dixerat, ejectis de ecclesia Beati Petri omnibus aliis, fodere cœpimus. Fuit autem in illis duodecim viris episcopus Aurasicensis, et Raimundi Comitis capellanus, qui hæc scripsit, et ipse Comes, et Pontius de Baladuno, et Faraldus de Tornaiz. Quumque a mane usque ad vesperum fodissemus, in vespere desperare quidam de inventione lanceæ cœperunt. Discesserat enim Comes propter castelli custodiam; sed loco illius et aliorum qui fodiendo fatigabantur, alios recentes inducebamus, qui viriliter operi insisterent. Videns autem juvenis qui de lancea dixerat nos defatigari, discinctus, et discalciatis pedibus in camisia in foveam descendit, atque obtestatus est nos ut Deum deprecaremur, quatinus nobis lanceam suam redderet, in confortationem et victoriam suæ plebis. Tandem per gratiam pietatis suæ commonitus est Dominus ut lanceam suam nobis ostendat. Et ego qui scripsi hæc, quum solus mucro adhuc appareret super terram, osculatus sum eam.* » — V. Recueil des Hist. des Croisades. (Hist. occ. T. III. In fol. Acad. p. 257. Raimond d'Ag. chap. XI.)

Traduction : « *Ce jour-là, quand les outils nécessaires furent prêts, nous commençâmes à creuser. Nous étions douze hommes, plus celui qui avait fait la révélation. Toutes les autres personnes avaient été renvoyées de l'Église du Bienheureux Pierre.*

Pierre alla trouver le Comte de Saint-Gilles et lui dit de venir à l'Église de Saint-Pierre où était la Lance.

Enchanté de ce qu'il apprenait, le comte vint à l'Église ; le susdit Pierre lui montra la place devant les portes du Chœur, à droite.

Douze (17) hommes y fouillèrent depuis le matin jusqu'au soir. Le trou était déjà fort profond lorsque Pierre lui-même trouva la Lance de Jésus-Christ, comme le bienheureux André le lui avait annoncé. On était au XIVe jour de Juin.

On recueillit la Lance avec une grande joie ; on chanta, le psaume *Te Deum laudamus*, et, tout en chantant, on transporta la relique sur l'autel.

« Au nombre de ces douze hommes se trouvaient l'Évêque d'Orange, le Comte Raimond, son Chapelain, (Auteur du présent récit), Ponce de Balazun et Faraud de Thouars.

« Nous creusâmes le sol depuis le matin jusqu'au soir. Le soir
« venu, plusieurs commencèrent à désespérer de découvrir la
« lance.

« Le Comte s'était retiré pour veiller à la garde du Château ;
« mais nous remplaçâmes le Comte et ceux qui étaient las de
« creuser, en prenant d'autres travailleurs tout frais et capables
« de pousser le travail énergiquement. Alors, un jeune homme
« nous dit que nous devions être fatigués de chercher la lance ;
« il se déshabilla, et, après s'être déchaussé, descendit en che-
« mise dans la fosse, en nous invitant à prier DIEU de nous
« rendre sa Lance pour encourager son Peuple et lui faire rem-
« porter la victoire.

» Enfin, on conjura le Seigneur de nous montrer sa Lance au
« nom même de son propre amour pour les choses saintes. Et
« moi-même, qui viens d'écrire tous ces faits, j'ai embrassé le fer
« lorsqu'il n'en paraissait encore que la pointe hors de terre. »
(V. aussi l'Abbé Guibert, Liv. V.)

(17) « .. Treize ». — D.

Toute la ville s'en réjouit. Quand la nouvelle fut connue dans l'Armée des Francs, les Pèlerins, très-heureux, accoururent pour voir la Lance à l'Église de Saint-Pierre. Grecs, Arméniens, Syriens firent de même; ils chantaient à haute voix le *Kyrie eleïson*, et disaient : « *Kalo Francia fundari Christo exi.* » (18 et 19).

Tout le monde fut d'avis de livrer bataille aux Turcs. Cependant, on convint, à l'unanimité, qu'il fallait d'abord envoyer quelqu'un près de Kerboga et des autres Ennemis de Dieu, afin de leur poser cette question : « *Pourquoi avez-vous bien osé pénétrer sur le ter-« ritoire des Francs ?* »

Pierre l'Hermite fut chargé (20) de cette mission, avec *Arluin* (20 bis) pour interprète.

« *Allez,* » leur dit-on, « *jusqu'à l'Armée des exé-« crables Turcs; parlez-leur d'une manière habile, « et demandez-leur dans quel but ils se sont per-« mis de venir si hardiment en pays Chré-« tien.* (21)

« *Sachez que les nôtres s'étonnent fort de vous « voir ici. Mais, pensons-nous, peut-être êtes vous « venus avec le désir d'être faits Chrétiens, et*

---

(18) « *Kalo Frangia confari Christo exi.* » — C. D. — En Grec : KALO PHRIAGKIA ENZEI KONTARIII CHRISTOU.

(19) « *C'est-à-dire : Ce sont les bons Francs qui ont la Lance « du Christ.* » — C. D. — Ou plutôt : qui auront, qui posséderont.

(20) V. Guill. de Tyr, L. VI, C. XV, p. 258.

(20) bis) « *Arluinus. — Herluinus. — Orluinus.* »

(21) *Les deux messagers se rendirent auprès des Ennemis et leur dirent :* « *Sachez que les nôtres s'étonnent fort de vous voir « ici. Mais vous êtes venus avec le désir..., etc.* » — D.

« parce que vous croyez, comme nous, en un seul
« DIEU né de la Vierge Marie.

« Si tel n'est point le motif qui vous amène, tous
« les nôtres, grands et petits, vous prient poliment
« de vous en aller bien vite de ce territoire de Dieu
« et des Chrétiens, que jadis le Bienheureux Apôtre
« Pierre évangélisa et convertit au culte du Christ,
« et dont il devint ensuite le premier Évêque. Si
« vous vous retirez, on vous permettra d'emmener
« avec vous tous vos chevaux, vos mulets, vos ânes,
« vos chameaux, vos moutons, même vos bœufs, et
« d'emporter encore vos autres richesses où bon
« vous semblera. » (22)

PARAGRAPHE V. — *Kerboga*, Généralissime des Troupes du Sultan de Perse, entouré de tous ses orgueilleux Émirs, répondit alors brutalement : (23)
« Nous n'admettons ni votre DIEU, ni votre Chris-
« tianisme ; nous n'en voulons point, et nous vous
« repoussons en leur compagnie de la manière la
« plus énergique.

« Oui, nous sommes venus jusqu'ici, et il nous
« paraît très-singulier que les Seigneurs, grands et
« petits, dont vous parlez, osent appeler : leur, cette
« terre que nous avons conquise en peu de temps,
« par des prodiges de vaillance, sur des Peuples
« efféminés.

« Voulez-vous notre dernier mot ?

« Retournez, au plus tôt, dire à vos Seigneurs que

---

(22) Om. « *Où bon vous semblera.* » — C. D.

(23) « *Kerboga, Généralissime des troupes du Sultan de Perse*
« *et tous ses Émirs, pleins d'orgueil, répondirent brutalement :*»
— D.

« s'ils désirent devenir Turcs et renier votre
« DIEU, (celui que vous avez coutume d'honorer,)
« nous leur donnerons ce pays et davantage enco-
« re, des villes, des châteaux, des épouses, de très-
« vastes propriétés. Aucun des vôtres ne restera
« à pied; tous auront, comme nous, une monture,
« et nous les tiendrons toujours dans l'amitié la
« plus cordiale. Sinon, qu'ils s'attendent bien à
« mourir ou à être conduits, chargés de chaînes, à
« Corosanum, pour y subir un perpétuel esclavage.
« Pendant leur vie entière, ils seront nos servi-
« teurs et ceux de nos enfants. »

Nos messagers revinrent en grande hâte auprès des Francs (24), leur rapportèrent tout cela, et racontèrent comment cette détestable engeance avait répondu.

PARAGRAPHE VI. — Notre Armée, profondément troublée, ne savait quel parti prendre. Une cruelle famine la pressait d'une part, et d'autre part elle était paralysée par la crainte des Turcs.

On obéit, néanmoins, aux injonctions du Seigneur Jésus-Christ, transmises par le Prêtre *Étienne*.

On fit trois jours de jeûne, puis, après s'être confessé de ses péchés, on fit des processions d'une Église à l'autre.

On fut ensuite absout, et saintement communié par le Corps et le Sang du Christ.

On donna des aumônes aux pauvres et l'on fit chanter des messes.

Alors, on forma six Colonnes (25) dans la ville. La

---

(24) « ... *des Chréti...s Francs.* » — C. D.
(25) V. Guill. de Tyr, L. VI, C. XVII, p. 262 et s.
Il dit que : « *l'Armée des Francs fut divisée en douze co-*
« *lonnes.* »

première était composée des Francs proprement dits, commandés par Hugues-le-Grand (26) et le Comte de Flandre. (27) Dans la seconde était le Duc Godefroy (28) avec son Armée ; dans la troisième, Robert de Normandie et ses hommes ; dans la quatrième, Adhémard, Évêque du Puy, porteur de la Lance de Notre-Seigneur Jésus-Christ, et ses compatriotes. Avec lui se trouvait Raimond, Comte de Saint-Gilles, qui demeura, en haut, à surveiller la montagne (29), de crainte que les Turcs vinssent fondre sur la ville.

Dans la cinquième étaient Tancrède, fils du Marquis, et ses Troupes, ainsi que *Gaston de Béarn* à la tête de ses sujets et des forces du Comte de Poitou ; (29 *bis*) dans la sixième, Bohémond avec son Armée.

Pour accompagner les combattants, nos Évêques, nos Prêtres, nos Clercs et nos Moines (30) sortirent de la ville, tenant des Croix dans leurs mains, priant Dieu et le suppliant de sauver les Chrétiens, de les protéger contre tout péril, de les préserver de tous les maux.

Plusieurs Prêtres se tenaient debout sur le mur, au-dessus de la Porte d'Antioche, élevant dans leurs mains

---

(26) « *Hugo Mannus.* » — A. — « *Ugo Magnus.* » — C. D.

(27) « *Le Comte de Flandre.* » — A. C. — « *Le Comte Robert. Rotberto.* » — D.

(28) Guill. de Tyr, l. c, p. 263 : « *On mit à la tête de la seconde colonne le Seigneur Robert surnommé le Frison, Comte des Flamands.* »

(29) « *Le Comte Raimond de Saint-Gilles qui demeura près de la Citadelle à surveiller la montagne.* » — C. D.

(29 bis) « *Guillaume, Comte de Poitou.* »

(30) « *Pour accompagner les combattants, les Évêques aussi, les Prêtres, les Clercs et les Moines sortirent de la ville...* » — D

des Crucifix consacrés, formant le signe de la Croix et bénissant les Pèlerins.

Lorsque ceux-ci furent de la sorte organisés et garantis par le signe de la Croix, ils commencèrent à sortir ainsi de la ville par la Porte située en face de la Mosquée.

PARAGRAPHE VII. — A la vue des Colonnes des Francs qui paraissaient l'une après l'autre en si bel ordre, Kerboga dit : « *Laissons-les tous franchir l'en-* « *ceinte, afin d'être plus sûrs d'avoir leurs têtes.* »

Les fantassins d'Hugues-le-Grand et du Comte de Flandre (31) venaient les premiers, et derrière eux chaque Colonne à son tour.

Quand tout le monde fut dehors et que la grande Armée des Francs fut sous les yeux de Kerboga, ce dernier devint très-inquiet.

Bientôt il fit savoir à son Émir, (32) chargé de tout garder et surveiller, que si celui-ci apercevait des flammes devant le front de l'Ennemi, ce serait un avertissement immédiat ; qu'il faudrait, en ce cas, battre en retraite, le champ de bataille devant alors être considéré par les Turcs comme absolument perdu.

Peu-à-peu Kerboga recula jusqu'au pied de la montagne. Les nôtres marchaient lentement sur ses pas.

Enfin les Turcs se divisèrent ; une partie d'entre eux alla le long de la mer, l'autre demeura. Ils pensaient nous envelopper.

Nos Chefs, à la vue de ce mouvement, tirèrent de l'Armée du Duc Godefroy et de celle du Comte de

---

(31) « *Robert de Flandre.* » — C. D.

(32) « *Son Émir qui avait tout à garder au camp... Custodia* « *ad tentoria.* » — D.

Normandie, (33) une septième Colonne, dont le Comte *Rainard* (34) eut le commandement.

Elle fut envoyée au-devant des Turcs qui venaient du bord de la mer.

Ceux-ci livrèrent bataille et nous tuèrent, avec leurs flèches, un grand nombre de combattants.

Toutefois, nos principales forces s'échelonnèrent depuis le fleuve jusqu'à la montagne, sur une longueur de deux *milles*.

Alors, les Troupes Turques commencèrent à filer de droite et de gauche et à entourer nos Pélerins de tous les côtés, à leur lancer des javelots, leur envoyer des flèches, et leur faire des blessures.

PARAGRAPHE VIII. — Sur les entrefaites, débouchèrent par les montagnes d'innombrables Troupes montées sur des chevaux blancs ; tous leurs étendards étaient blancs.

A la vue de cette Armée, les nôtres se demandaient de quels guerriers elle était composée ; mais bientôt on apprit que c'était le secours du Christ, comme il le fit savoir par le Prêtre *Etienne*.

Les nouveaux-venus marchaient sous la conduite de *Saint Georges*, du bienheureux *Démétrius* et du bienheureux *Théodore*. (35) Ce récit est digne de foi, car un certain nombre des nôtres a vu le fait. Les Turcs engagés du côté de la mer, s'apercevant qu'ils ne pouvaient tenir davantage, mirent le feu aux herbes pour

---

(33) « *Comitis de Normannia.* » — A. — « *Comitis de Normandia.* » — C. D.

(34) « *Rainardus.* » — A. D. — « *Raimundus.* » — C. V. Guill. de Tyr, l. c. — « *Ruinard, Comte de Tulle.* — *Comes Tullensis.* »

(35) « *Et beatus Theodorus et Dimetrius.* » — D.

donner le signal de la fuite à ceux qui se battaient aux environs de leurs tentes. Ces derniers comprirent l'avertissement, prirent tous les ornements de valeur, s'emparèrent de dépouilles, et se sauvèrent.

Les nôtres avançaient peu-à-peu sur le point où se trouvaient les plus importantes forces de l'Ennemi, près de ses campements.

Le Duc Godefroy, le Comte de Flandre, (36) et Hugues-le-Grand allaient à cheval le long du bord de l'eau contre les masses les plus profondes.

Fortifiés d'abord par le signe de la Croix, les Princes Chrétiens fondirent simultanément sur l'Ennemi. A cette vue, les autres Colonnes assaillirent les Turcs et tous les païens qui poussèrent une grande clameur. (37)

Nos Pèlerins invoquèrent le seul vrai Dieu et chargèrent les Ennemis.

La bataille fut ainsi livrée au nom de Jésus-Christ et du Saint-Sépulcre, et, Dieu aidant, on remporta la victoire.

Les Turcs épouvantés tournèrent le dos, et les nôtres les poursuivirent jusqu'au milieu des tentes. Les Chévaliers du Christ aimèrent mieux pourchasser les fuyards que de recueillir le moindre butin.

---

(36) « *Le Comte Robert.* » — D.

(37) « *Fortifiés d'abord par le signe de la Croix, les Princes* « *Chrétiens fondirent simultanément sur l'Ennemi. A cette vue* « *les autres Colonnes assaillirent les Turcs et tous les païens qui* « *s'enfuirent en poussant des clameurs diaboliques dans une* « *langue étrangère.* » — C. — « *Fortifiés d'abord par le signe* « *de la Croix, les Princes Chrétiens fondirent simultanément* « *sur les Turcs et sur les autres païens qui s'enfuirent en poussant des clameurs diaboliques dans une langue étrangère.* » — D.

On relança les vaincus jusqu'au *Pont-de-Fer*, et même jusqu'à la Forteresse de Tancrède.

Arrivés là, les Ennemis abandonnèrent leur *banderolles*, l'or et l'argent, une quantité d'ornements, les moutons, les bœufs, les chevaux, les mulets, (38) les chameaux, le froment, le vin, la farine et une foule d'autres choses dont la nécessité se faisait sentir.

PARAGRAPHE IX. — Au bruit de la défaite des Turcs, les Arméniens et les Syriens, établis dans ces parages, prirent un détour, du côté de la montagne, pour leur barrer le passage, et ne leur firent aucun quartier.

Nos Pèlerins retournèrent à la ville avec une grande allégresse, en louant et bénissant Dieu qui avait donné la victoire à son Peuple.

A la vue de Kerboga et des autres païens se sauvant du champ de bataille devant l'Armée des Francs, l'Émir chargé de garder la citadelle fut très-en-colère ; une peur affreuse s'empara de son esprit.

Il s'empressa de demander les *bannières* des Francs ; le Comte de Saint-Gilles, qui était sur la montagne, devant la citadelle, lui fit porter la sienne.

Le Chef Turc la reçut ... joyeusement, puis, il s'entendit avec Bohémond pour que les païens disposés à devenir Chrétiens demeurassent en compagnie de leur Émir, et qu'il fût permis de se retirer sains et saufs à ceux qui voudraient s'en aller à *Corosanum*.

Bohémond accorda tout et fit immédiatement occuper la Citadelle par ses Troupes.

Peu de jours après, l'Émir et ceux qui préférèrent reconnaître le Christ furent baptisés. Bohémond fit

---

(38) « *les mulets, les ânes, les chameaux.* » — C. D.

conduire jusqu'en pays sarrazin ceux qui ne voulurent point abandonner leur lois.

Cette bataille eut lieu le iv⁰ jour des Calendes de Juillet, (39) la veille des Apôtres Pierre et Paul, le triomphe étant resté à Notre-Seigneur Jésus-Christ à qui appartiennent honneur et gloire dans les Siècles des Siècles. Ainsi soit-il.

---

(39) Le Lundi, 28 Juin 1098.
V. Guill. de Tyr. L. VI, C. XXII, p. 273.
V. aussi Kemal Eddin. (Extraits des Historiens Arabes, p. 7 et 8.)

BULLETIN DOUZIÈME

BULLETIN XII.

Paragraphe 1ᵉʳ. — Nos adversaires défaits, nous rendîmes de justes actions de grâces au vrai Dieu Tout-Puissant et au Saint-Sépulcre.

Les vaincus, à demi-morts ou blessés, fuyaient ici et là.

Ils tombaient dans les vallées, dans les bois, dans les champs, ou sur les chemins ; car les Syriens et les Arméniens, sachant leur déroute, les guettaient au passage pour les blesser et les tuer.

Quant à nos Pèlerins, ils revinrent en ville transportés d'allégresse, tout joyeux de ce grand triomphe (1), enchantés d'avoir écrasé les Ennemis de Dieu et du Saint-Sépulcre.

Tous nos Seigneurs se réunirent bientôt et tinrent Conseil dans l'Église de Saint-Pierre, afin d'examiner le moyen de bien gouverner et de diriger sagement les Chrétiens jusqu'au jour où l'on pourrait commencer à marcher dans la Voie du Saint-Sépulcre, pour laquelle on avait fidèlement supporté (2) tant d'inévitables souffrances. Il fut jugé par l'assemblée qu'à cette époque de l'année il ne serait pas possible de pénétrer sur le territoire des Sarrasins, à raison de l'aridité et de la sécheresse de leur pays durant l'été.

Nos Seigneurs n'osaient s'y engager, ni conduire ou entraîner par là le Peuple du Christ.

A la fin, toutefois, on convint d'un terme, fixé aux

---

(1) « ... *magnifique triomphe.* » — C. D.

(2) « ... *pour laquelle on avait supporté avec bonheur tant d'inévitables souffrances.* » — D.

14

Calendes de Novembre, c'est-à-dire à la Fête de Tous-les-Saints, où tout le monde devrait rallier à Antioche, et s'y trouver au jour dit ; on prendrait alors avec la plus grande allégresse la Voie du Saint-Sépulcre.

PARAGRAPHE II. — Ce projet fut approuvé à l'unanimité, comme excellent et digne d'être adopté.

Puis, nos Seigneurs allèrent chacun dans son territoire, c'est-à-dire dans les villes et les Forteresses, jusqu'aux approches du temps désigné.

Tous les (3) Chefs firent annoncer partout, à Antioche, que si, par hasard, il se trouvait un Pèlerin dans l'embarras, sans or ni argent, et disposé à s'engager moyennant une somme, il devait s'empresser de se lier à la bonne fortune de l'un d'eux, et que le prix stipulé lui serait remis de grand cœur.

Or, il y avait là, parmi les Troupes du Comte de Saint-Gilles, un Chevalier nommé *Raymond Pilet*, (4) qui retint auprès de lui beaucoup de *Chevaliers* et de *Soldats*.

Il quitta la ville avec eux et pénétra sur le territoire des Sarrasins par de-là deux villes païennes ; il parvint devant une Forteresse appelée *Thélémanit* ; (5) les habitants, qui étaient Syriens, la lui remirent aussitôt de leur plein gré.

Les Pèlerins demeuraient en cet endroit depuis huit

---

(3) « *Nos Chefs.* » (*Nostri seniores.*) — D.

(4) « *Raimundi Piletus.* » — A. — « *Raimundus Piletus.* » — C. D. — Var. « *Raimond Pelet.* »

(5) « *Thelemenit.* » — A. C. — « *Thalemanit.* » — D. — Aujourd'hui : *Tel-Amania.* — Var. « *Talamania.* » — Voyez Orderic Vital. L. IX., et Baudry, L. IV. — « *Talamaniz.* — *Talema- nite.* »

jours, lorsque des messagers vinrent leur dire : (6)
« Près d'ici, se trouve un lieu fortifié au pouvoir
« des Sarrasins et rempli de païens. »

Les Chevaliers du Christ y allèrent sur-le-champ, donnèrent l'assaut sur tous les points à la fois, et s'emparèrent de la Place, grâce à l'aide de Dieu et du Saint-Sépulcre.

On prit donc tous ces païens ; la vie fut laissée à ceux qui reconnaissaient le Christ et désiraient le baptême ; ceux qui ne voulaient absolument pas embrasser le Christianisme, étaient aussitôt condamnés à mort.

Les nôtres, enchantés, retournèrent alors dans leur Forteresse. (7)

PARAGRAPHE III. — Trois jours après, ils en sortirent, et vinrent devant une ville voisine appelée *Marra* (8), où des *Turcs*, des *Arabes*, des *Sarrasins* et d'autres païens partis de la cité d'*Alep*, de *Damas* et d'autres Forteresses des environs, s'étaient rassemblés en grand nombre.

Les Barbares sortirent, offrant la bataille, et les nôtres s'attendaient à les combattre, lorsque l'Ennemi prit tout aussitôt la fuite. Mais il revint à la charge, et se battit contre nos Pélerins durant la journée entière jusqu'au soir.

Les nôtres (9) ne pouvaient plus supporter, tant la chaleur était excessive, l'ardeur de leur soif, et comme

---

(6) « ... vinrent lui dire. » — C. D.

(7) « ... à la première Forteresse. » — D.

(8) Aujourd'hui : *Marrah*. Ne pas la confondre avec *Marasis* (aujourd'hui : *Marasch*).

(9) Om. « ... se battit contre nos Pélerins jusqu'au soir. Les « nôtres... » — D.

ils ne trouvaient aucune source pour se rafraîchir, ils voulurent s'en retourner tranquillement. (10)

Cependant, en expiation de leurs torts ou péchés, les Syriens et l'Armée même des Chrétiens, d'un côté affaiblis par la soif la plus affreuse, et de l'autre trop émus par une extrême frayeur, se mirent, tout d'un coup, à fuir pour rentrer chez eux.

Les Turcs, les voyant céder, commencèrent de suite à les assaillir avec une très-grande violence, et ce n'est point surprenant, la victoire donnant des forces.

Or, en compagnie de bien d'autres venus là pour l'amour de Dieu et qui Lui rendirent heureusement leurs âmes, fut tué en ce lieu un très-estimable Chevalier, *Arnauld Tudebœuf*. (11)

La bataille terminée, ceux des nôtres qui avaient survécu revinrent dans leur Forteresses et y séjournèrent pendant plusieurs jours.

PARAGRAPHE IV. — Les autres Chrétiens restés dans la cité d'Antioche, étaient extrêmement contents et joyeux, car ils ne pensaient pas que ce malheur dût arriver à leurs frères. Le guide et pasteur, *Adhémar, Évêque du Puy*, mourut. Il fut atteint d'une grave maladie, par la volonté de Dieu, et, par la volonté de Dieu, il émigra de ce Siècle. Reposant en paix, il s'endormit dans le Seigneur, c'est-à-dire dans le sein d'*Abraham*, d'*Isaac* et de *Jacob*, le jour de la Fête de Saint-Pierre-ès-Liens : (12) son âme très-sainte,

---

(10) « ... *mais ce ne fut pas possible.* » — C. D.

(11) « *Optimus miles Arnaldus scilicet Tudabovis.* » — A. — « *Tudebovis.* » — C. D.

(12) L'Évêque du Puy mourut à Antioche le jour des Calendes d'Août, (Dimanche, 1er Août), de l'an de grâce 1098, et fut enseveli dans la principale Église, dédiée sous le vocable de Saint Pierre.
V. Guill. de Tyr, L. VII, C. I, p. 278.

pleine d'allégresse, (13) célèbre son bonheur dans la société des Anges.

Ce fut une très-grande épreuve, un malheur, la cause d'un profond chagrin dans toute l'Armée du Christ, (14) parce que l'Évêque était le nourricier des pauvres et le conseiller des puissants.

Il ordonnait les Clercs ; il prêchait ; il donnait des avertissements (15) aux Chevaliers et aux autres gens riches, leur disant : « *Aucun d'entre vous ne peut être sauvé, s'il n'honore et s'il ne secourt les membres du Clergé qui sont dans la misère. Vous ne pouvez être sauvés sans recourir à eux, et ils ne peuvent vivre si vous ne les aidez point. Il faut, en effet, qu'ils prient eux-mêmes chaque jour, à cause de vos fautes, DIEU offensé par vous de bien des manières (ce qui ne devrait jamais avoir lieu), et il vous faut les entretenir et les nourrir, parce qu'ils ne savent point faire, comme vous, des perquisitions, ni des trouvailles.*

« *Je vous prie donc de leur porter de l'affection pour l'amour de DIEU et de les soutenir de votre mieux.* »

PARAGRAPHE V. — Peu de temps après, le vénérable Raimond, Comte de Saint-Gilles, pénétra sur le territoire des Sarrazins, et s'avança jusqu'à une ville appelée *Albara*. (15 bis)

Il fit monter ses Troupes à l'assaut, s'empara immé-

---

(13) Om. « *pleine d'allégresse.* » — C. D.

(14) Om. « *du Christ.* » — D.

(15) « *Il attendrissait le cœur des Chevaliers et des autres gens riches, leur disant :* » — C.

(15 bis) « *Albara* », ville de Syrie. — Var. « *Albaria-Barra-Hara.* »

diatement de la Place, par la volonté de Dieu, et tua tous les *Sarrasins*, hommes ou femmes, grands ou petits, qu'il put y trouver. Devenu maitre, il ramena les habitants à la Foi du Christ.

Aussitôt, il s'occupa, en compagnie de ses plus sages compagnons, du choix d'un Évêque capable de convertir sérieusement cette ville au culte de Dieu, et de transformer ce repaire du Démon, par la pureté de son cœur, en une terre des Saints et en un lieu (16) voué au Dieu vivant et véritable.

Il donna la préférence à un Clerc (16 bis) qu'il amena dans + la cité + d'Antioche, pour le faire sacrer; ce fut lui qui, plus tard, présida les assemblées à la place d'Adhémar, Évêque du Puy.

Paragraphe VI. — Le terme, c'est-à-dire la Fête de la Toussaint, approchant, nos Seigneurs revinrent dans la cité d'Antioche, excepté Bohémond qui était alors atteint d'une maladie grave, en Romanie. Pour ce motif, il lui fut impossible de venir à la même époque. Le jour fixé passa; puis, dès que Bohémond fut en état de se remettre en campagne, il arriva promptement dans la ville où les autres étaient réunis.

Tous les Seigneurs assemblés se mirent à étudier le moyen d'aller au Saint-Sépulcre. « *Le temps est favorable et excellent,* » disaient-ils, « *pourquoi tarder davantage ?* »

Mais Bohémond réclamait chaque jour l'exécution de la convention que tous les autres Seigneurs avaient passée avec lui, au sujet de la reddition de la ville, et

---

(16) « ... *en un temple.* » — C. D.

(16 bis) — *Bernard, Évêque d'Artase* « *Artasiensis episcopus* ». V. Guill. de Tyr, L. VI, C. XXIII, p. 274.

se plaignait vivement de Raimond, Comte de Saint-Gilles, qui ne voulait tenir aucun engagement vis-à-vis de lui, de crainte de se parjurer envers l'Empereur.

A plusieurs reprises, on se réunit à l'Église de Saint-Pierre. (17) D'une part, Bohémond redisait sa convention à l'assistance qui l'écoutait attentivement ; puis, le Comte de Saint-Gilles racontait, à son tour, ses promesses, rappelant en propres termes, le serment qu'il avait prêté à l'Empereur sur le conseil de Bohémond.

Ensuite les Évêques, le Duc Godefroy, Robert, Comte de Flandre, Robert de Normandie, le Comte Eustache (18) et les autres Seigneurs se retirèrent à part dans l'Église du Siége de Saint-Pierre, afin de vider le différend par un jugement. Mais les juges, craignant que le pélerinage du Saint-Sépulcre en restât là, ne voulurent point prononcer une décision positive.

PARAGRAPHE VII. — Quand Raimond, Comte de Saint-Gilles, (19) vit cela, il dit : « *Plutôt que de voir la* « *Voie du Saint-Sépulcre abandonnée, si Bohémond* « *consent à venir avec nous, je me soumettrai vo-* « *lontiers à l'avis des Évêques, du Duc Godefroy,* « *de Robert de Normandie, (20) et des autres*

---

(17) « *A plusieurs reprises, Bohémond et Raimond de Saint-Gilles, le Duc Godefroy, Robert Le Normand et les autres Seigneurs même d'un rang moins élevé se réunirent à l'Église de Saint-Pierre dans l'unique but d'obtenir un accord.* » — C. D.

(18) « *Ensuite les Évêques, le Duc Godefroy, le Flamand, et les autres Seigneurs se retirèrent à part dans l'Église de la Chaire de Saint-Pierre afin de vider le différend par un jugement.* — D. — Ecclesiam ubi cathedra est sancti Petri. »

(19) « *Raimond de Saint-Gilles.* » — D.

(20) » *Rotbertus Normannus.* » — A. D. — « *Rotbertus Normandus.* » — C.

« *Seigneurs, pourvu que la fidélité à l'Empereur soit sauvegardée.* » Bohémond applaudit à cet arrangement et l'accepta.

Tous deux, ils promirent entre les mains des Évêques, en présence des Pèlerins, de ne point entraver le Pèlerinage du Saint-Sépulcre. (21) Bohémond s'entendit avec les siens pour fortifier la citadelle de la haute montagne, et pour l'approvisionner de bonnes armes et de grandes ressources en vivres.

Raymond, Comte de Saint-Gilles, (22) fortifia également le quartier de l'Émir Cassian (23) et la tour bâtie au-dessus de la Porte du pont, vers le Port Saint Siméon.

---

(21) « *Tous deux ils engagèrent leur parole entre les mains des Évêques, et en présence des Pèlerins du Saint-Sépulcre.* » — C. D.

(22) « *Raimond de Saint-Gilles.* » — C. D.

(23) « *Le palais de l'Émir Cassian.* » — A.

BULLETIN TREIZIÈME

BULLETIN XIII.

PARAGRAPHE Ier. — Antioche (1) est une cité (2) remarquable, vaste et belle. Dans ses murs sont renfermées quatre montagnes fort étendues et très-hautes.

Sur la plus élevée est bâtie une puissante citadelle.

Par ailleurs, la ville est, en outre, magnifique et pourvue de tous les avantages.

A l'intérieur existent des eaux excellentes, qui jaillissent en fontaines du flanc des rochers.

Douze cents Églises ont été bâties; il y eut jusqu'à trois cents Monastères. Le Patriarche a la juridiction sur cent quarante-trois Évêques.

La cité est enveloppée de deux murailles dont la plus longue, très-élevée, est (3) construite en énormes blocs de pierre et flanquée, à intervalles égaux, de quatre cent-cinquante tours.

Antioche est superbe à tous les points de vue.

A l'Orient, elle est limitée par quatre montagnes; à l'Occident, le mur est baigné par les eaux courantes d'un grand fleuve nommé *Pharphar*.

Les Francs ne voulurent pas abandonner maladroitement (4) la royale cité d'Antioche, si forte, si belle, et d'une importance telle qu'il fallut, pour la rendre ce qu'elle est, toute la sollicitude de plus de soixante-quinze

---

(1) Dans le manuscrit D, une main plus récente a écrit en marge: « *Des merveilles d'Antioche* »...

(2) V. Guill. de Tyr, L. IV, C. IX, p. 165; et Orderic Vital, L. IX.

(3) « Admirablement ». — C. D.

(4) Om. « *maladroitement.* » — D.

rois, dont voici les noms : *Mirguland* (5), *Ebramdon,
Lamurafre, Rademon, Hélias, Calarſines, Brumand,
Margories, Faraon, Brumand, Prelion, Laid, Ru-
dand, Judas Machabée, Nubles, Samson, David
l'hérétique, Salomon, Pilate, Hérodes, Hélidius,
Gafern, Rudand, Galder, Morſir,* le vaillant *Eustras,
Maraon, Argolas, Ordotius, Lamustéoc*-le-Brave,
l'Émir *Alapres, Morabil, Orgidand, Morlion,
Organn,* l'impie *Gorband* de Samarzana, *Bracerand,*

---

(5) 1 « *Mirgulandus, (Murgulandus.* D.), 2 *Ebramdons, (Eban-*
« *dons.* D), 3 *Lamurafres,* 4 *Rademons,* 5 *Helias,* 6 *Calarſines,*
« *(Clarſines.* D.), 7 *Brumandus,* 8 *Margories,* 9 *Faraon,* 10 *Bru-*
« *mandus,* 11 *Prelion,* 12 *Laidus,* 13 *Rudandus,* 14 *Judas-Ma-*
« *chabœus,* 15 *Nubles,* 16 *Samson,* 17 *David* hereticus, 18 *Salomon,* 19
« *Pilatus,* 20 *Herodes,* 21 *Helidius,* 22 *Gafernus,* 23 *Rudandus,*
« 24 *Galderius,* 25 *Morſirius, (Morphirius.* D.), 26 fortis *Eustras,*
« (fortis *Castras.* D.), 27 *Maraon,* 28 *Argolas, (Algolas.* C.), 29 *Or-*
« *dotius,* 30 fortis *Lamustcoc,* 31 *Alapres* Amiralius, 32 *Morabilis,*
« 33 *Orgidandus, (Organdus.* C.), 34 *Morlionus,* 35 *Organnus,*
« *(Organdus.* C. D.), 36 *Gorbandus* impius de Samarzana, *(Semar-*
« *zana,* C., *Samarzona.* D.), 37 *Bracerandus,* 38 *Morus* rex, 39
« *Pulcher,* 40 *Clarandus,* 41 *Ariandon,* 42 rex *Thanas,* 43 *Es-*
« *comus, (Escanius.* C.), 44 *Duras,* 45 *Dormandus,* 46 rex *Vision,*
« *(Vission.* C.), 47 *Satanus, (Sathanus.* D.), 48 *Tobus (Iobus,* C.),
« 49 *Lintion,* 50 *Malardus,* 51 *Dairamornus,* 52 *Mordandus,*
« 53 *Drahonus, (Dralionus* D., *Iralionus.* C.), 54 *Brumories, (Bru-*
« *moriens* D.), 55 *Apparandus,* 56 *Effremion,* 57 *Noirandus,*
« 58 *Fortis Bruas,* 59 *Gorgandus, (Gornandus.* D. *Jornandus.*
« C.), 60 *Udonus* impius, *(Utlonus,* impius *Thelandus.* D.), *Utlo-*
« *nius,* impius *Thelandus.* C.), 61 *Telandus,* 62 *Peluſres,* 63
« *Troandus, (Troanandus.* D.), 64 *Candelos* rex, 65 *Rambulan-*
« *dus, (Rabalandus.* C.), 66 *Gazani, (Galani.* D.), 67 *Mirmon,*
« *(Mirmion.* C. D.), 68 *Oringes,* 69 *Brulion,* 70 *Mardrolienus,*
« 71 *Droliandus, (Dorianus.* D. *Doriandus.* C.), 72 *Daribonus,*
« *(Daribion.* D. *Barthon.* C.), 73 *Gazianus,* 74 *Bromirius,*
« *(Bromirus.* D.), 75 *Antiochus.* »

le roi *Morus*, *Pulcher*, *Clarand*, *Ariandon*, le roi *Thanas*, *Escomus*, *Duras*, *Dormand*, le roi *Vision*, *Satan*, *Tobie*, *Lintion*, *Malard*, *Dairamorn*, *Mordand*, *Drahon*, *Brumories*, *Apparand*, *Effremion*, *Noirand*, le vaillant *Bruas*, *Gorgand*, *Udon* l'impie, *Téland*, *Pélufres*, *Troand*, le roi *Candelos*, *Rambuland*, *Gazani*, *Mirmon*, *Oringes*, *Brulion*, *Mardrolien*, *Droliand*, *Daribon*, *Gazian*, *Bromiri*, *Antiochus* qui fut le premier d'une autre lignée de Princes, et de qui Antioche tire son nom.

PARAGRAPHE II. — Les Pélerins du Saint-Sépulcre tinrent cette ville assiégée, *comme vous l'avez précédemment appris* (6), durant huit mois et un jour. Ils y furent ensuite enfermés par les Turcs et les autres païens pendant vingt-six jours. (7)

Après que les Ennemis eurent été vaincus, grâce au secours de Dieu et du Saint-Sépulcre, les Pélerins se reposèrent avec bonheur et allégresse, à Antioche, pendant cinq mois et demi.

Le mois de Novembre *était commencé depuis huit jours* (8), lorsque Raimond de Saint-Gilles quitta

---

(6) « *Sicuti superius audistis.* » — Cette ligne vient à l'appui de l'opinion d'après laquelle les Bulletins de Tudebœuf seraient des lettres ou des correspondances, destinées à servir de lecture édifiante aux prônes du temps.

(7) » *Vingt-trois jours.* » — D.

(8) « *Postea, octavo die exeunte, Novembrio mense, discessit.* » — Dans l'in-folio de l'Académie, la virgule est placée après le mot *exeunte*, pour les quatre Manuscrits A. B. C. D.

Nous avons donc pensé qu'il fallait traduire : « *Le huitième jour finissant ou étant achevé du mois de Novembre.* » C'est-à-dire le 8 Novembre au soir, ou le 9 Novembre au matin (1098).

M. Ph. Le Bas n'est pas du même avis. Sans se préoccuper de la ponctuation, il dit en note : « *Id est XXIII die mensis Novembris A. D. 1098.* » C'est-à-dire le 23ᵉ jour du mois de Novembre de l'an de grâce 1098, comme si le texte des Manuscrits portait : « *Postea, octavo die, exeunte Novembris mense, discessit...* »

la Place à la tête de son Armée. Il passa par *Ruiath* (9), puis par *Albara*. Quatre jours avant la fin de Décembre (10), il atteignit *Marra* (11), où étaient rassemblés en foule des Sarrasins, des Turcs, des Arabes et bien d'autres païens.

Raimond (12) donna l'assaut le lendemain avec ses Troupes, mais sans succès, Dieu ne le voulant pas encore.

Peu de temps après, Bohémond, à la tête de son Armée, rejoignit Raimond et pris position autour de l'enceinte, dans la journée du Dimanche. (13)

Le second *jour de Fête,* (14) on pressa la ville si énergiquement de tous les côtés, que les échelles furent dressées contre la muraille (15) et que l'on se battait à coups de lance et d'épée.

Mais la bravoure des païens fut telle, ce jour là, qu'il fut impossible de leur causer le moindre dommage.

---

(9) « *Civitatem quæ vocatur Rubea, et per aliam quæ vocatur* « *Albaria.* » — *Rubea* est la même ville que *Rugea, Ruiath*, désignée plus haut. — D'après Guillaume de Tyr (L. VII, C. XI, p. 293), la ville de *Ruiath* fut prise, après *Albara* et *Marra*, par le *Comte de Toulouse*.

(10) « *Quarto die, exeunte Novembrio, pervenit ad civitatem* « *quæ dicitur Marra.* » C'est-à-dire le XXVII jour du mois de Novembre de la même année.

(11) « *Quinto die.* » — D. — 26 Novembre 1098.
Sur le Siége de cette ville, voyez Guill. de Tyr, L. VII, C. IX, p. 289; Raimond d'Aguilers, etc., et Kemal Eddin, (ouvrage cité,) p. 20.

(12) « *Le Comte donna l'assaut.* » — C.

(13) Le 28 Novembre 1098.

(14) Le Lundi, 29 Novembre 1098. [Le second jour de la semaine.

(15) « *Quod in nostra potestate esset civitas.* » — C. D. *Et que nous tenions presque la ville.* »

Les Pèlerins étaient fort éprouvés par le défaut de vivres ; on n'osait pas aller à la recherche des provisions, à raison de la quantité de païens qui fourmillait aux environs.

PARAGRAPHE III. — Cette situation ne fut point ignorée du Bienheureux André qui ne s'endort pas et qui a toujours les yeux sur les sujets de préoccupation des Chrétiens. Il avertit *Pierre Barthélémy* que si les *Chrétiens* + *se repentaient* + (C. D.) *de leurs méfaits, étaient de bonne foi les uns envers les autres selon les prescriptions du Seigneur :* « *Aimez vos* « *frères comme vous-même,* » (17) *et payaient la part que DIEU s'était réservée pour lui, lors de la création du monde et de toutes ses créatures terrestres, à savoir la dîme dans tous leurs biens,* (18) *le Tout-Puissant leur donnerait bientôt la ville et comblerait leurs vœux.*

Enfin, le Seigneur ordonna que cette dîme fût divisée par quarts dont le premier devait être remis à l'Évêque, le second aux Prêtres, le troisième aux Églises, et le quatrième aux pauvres.

---

(16) « *Cominus* » — C. « *de toutes ses forces.* »
(17) Saint-Mathieu, V, 43. — Saint Marc, XII, 31.
(18) Dans le Manuscrit D, une main plus récente a ajouté la remarque suivante : « *Nota: quod decimæ reddantur ecclesiis, et sa-* « *cerdotibus, non autem laicis.* »
Cette remarque a été faite probablement dans un sentiment injuste de blâme et de critique. L'Église, qui avait la confiance et l'estime des Laïcs riches, était leur mandataire naturel pour la distribution des aumônes ; le Clergé d'ailleurs était plus à même que tout simple particulier Laïc de connaître les misères temporelles, aussi bien que spirituelles, et par conséquent de distribuer judicieusement le produit de la charité. Et les pauvres? Ne sont-ils pas Laïcs ?

Quand ceci fut rapporté dans une assemblée, tout le monde acquiesça.

Peu de temps après, Raimond de Saint-Gilles fit faire une citadelle de bois, très solide et très élevée, (19) montée sur quatre roues.

Tout au haut de l'édifice se tenait un certain nombre de Chevaliers avec *Ébrard le Chasseur* qui sonnait bravement du cor ; devant lui d'honorables bannières flottaient au vent, ce qui était fort beau à voir.

Sous la citadelle étaient plus de cent Chevaliers armés qui trainèrent la Citadelle jusqu'auprès des murs de la ville contre une tour.

Paragraphe IV. — Les païens, voyant cela, firent immédiatement un grand nombre de machines au moyen desquelles il lançait sur la Citadelle d'énormes pierres de taille, de sorte que nos Chevaliers étaient presque assommés.

Des ennemis trouaient aussi à coups de flèches et de pierres les bannières qui étaient placées dans le haut de la construction. D'autres jetaient des feux grecs sur la citadelle, espérant la brûler.

Dieu, dans sa bonté miséricordieuse, ne le permit point. La Forteresse de bois dominait tous les murs de la ville.

Nos Chevaliers établis en haut, sur la plateforme supérieure, à savoir *Guillaume de Montpellier* (20) et plusieurs autres, lançaient des blocs de pierre sur les Sarrazins postés au haut du rempart, et produisaient des chocs si terribles sur les boucliers que le bouclier

---

(19) Om. « très-solide et très-élevée. »
(20) *Willelmus de Montepeslerio,* »

et le Sarrazin mort étaient précipités dans l'intérieur de la Place.

Il y avait des Pélerins qui présentaient des drapeaux attachés à des piques pour entraîner ensuite les païens avec des lances et des instruments en fer.

Chevaliers et hommes d'armes combattaient ainsi.

Les Prêtres et les Clercs, revêtus des habits sacrés, se tenaient en arrière de la Citadelle ; ils priaient et suppliaient Notre-Seigneur Jésus de défendre son Peuple, d'accorder la victoire aux Chevaliers du Christ, d'exalter son saint Christianisme et de détruire le paganisme.

Le combat dura jusqu'au soir.

PARAGRAPHE V. — Un certain *Golfer*, (21) Chevalier très estimable, monta le premier sur la muraille à l'aide d'une échelle qui se brisa tout aussitôt, sous le nombre des assaillants.

Arrivé sur le rempart, *Golfer* se mit en devoir de combattre les Ennemis, et de les tuer avec sa lance.

Les autres Pélerins prirent une seconde échelle et la dressèrent promptement ; beaucoup de Chevaliers et de Fantassins purent monter. Ils se trouvèrent là en grande foule, au point que le mur les contenait à peine.

Or, les Sarrasins les attaquèrent si vigoureusement, (22) sur le parapet même et de la rue, à coups de lances et de flèches, que bon nombre des nôtres, sous l'empire de la frayeur, se précipitait sur le sol.

---

(21) « *Golferius.* » — A. — « *Golferius de Turribus.* » — C. D. — Ce Chevalier est appelé plus haut « *Gauffier de Las Tours,* » *Gedefroy de La Tour* ou « *de Tours.* » V. aussi Guill. de Tyr. L. VII. C. IX, p. 290-291.

(22) Om. « ..... *les contenait à peine. Or, les Sarrasins les atta-* « *quèrent.* » — D.

Les hommes pleins de bravoure qui restèrent sur le mur tenaient tête à l'Ennemi, tandis que les autres abrités sous la Citadelle, minaient la muraille.

Or, les Sarrasins, (23) s'étant aperçus que cette dernière était minée, (24) furent aussitôt saisis d'épouvante, et s'enfuirent dans la Ville.

Tout ceci fut terminé le jour du Sabbat, au coucher du soleil, le onze du mois de Décembre.

Bohémond fit dire, par interprète, aux Chefs Sarrasins, de se réfugier avec leurs femmes, leurs enfants et leurs biens dans un palais bâti au-dessus d'une Porte, et qu'il les protégerait lui-même contre tout massacre.

Les nôtres pénétrèrent dans la cité ; chacun gardait pour soi ce qu'il pouvait trouver à sa convenance dans les maisons et dans les caves.

Le matin venu, on tuait sur-le-champ les Sarrasins, hommes ou femmes, que l'on rencontrait. Leurs corps gisaient à tous les carrefours ; l'on ne pouvait avancer sur les voies publiques sans marcher sur ces cadavres.

Bohémond s'empara de ceux à qui il avait ordonné d'entrer dans le palais, leur enleva tout ce qu'ils avaient d'or, d'argent ou d'autres objets précieux ; puis, parmi les prisonniers, il fit tuer les uns, et conduire les autres à Antioche pour y être vendus.

Un bon nombre de nos Pélerins découvrirent dans la ville ce qui leur était nécessaire ; beaucoup aussi ne trouvèrent rien à prendre.

On s'attarda si longtemps en cet endroit, qu'une foule d'entre eux fut pressée par la faim ; car ils n'osaient guère s'aventurer loin dans le pays des Sarrasins.

---

(23) « ..... *qui se tenaient sur le mur.* » — C.
(24) Om. « *Videntes... fodissent murum civitatis.* » — D.

Aux environs de *Marra*, on ne faisait point de trouvailles, et les Chrétiens de la contrée n'apportaient rien à vendre.

Nos *pauvres* commencèrent à ouvrir les corps des païens, parce qu'ils trouvaient des bysantins dans les entrailles, et même il y avait des gens qui, pressés par la faim, découpaient la chair par morceaux, la cuisaient et la mangeaient.

Alors nos Chefs firent traîner les païens morts à l'extérieur de la ville, près des Portes, mettre en tas et brûler. (25)

Paragraphe VI. — Bohémond, ne pouvant s'entendre avec Raimond de Saint-Gilles, revint à Antioche.

Raimond (26), à son tour, fit inviter, peu de jours après (27), par députation, le duc Godefroy, le comte de Flandre, Robert le Normand (28) et Bohémond, à se réunir à lui (29) dans le but d'avoir ensemble et en personnes un entretien dans la cité de *Ruiath*. (29 bis).

Tous ces Princes s'y rendirent et tinrent conseil, afin d'étudier le moyen de continuer la Voie du Saint-Sépulcre pour laquelle ils s'étaient mis en marche et et s'étaient avancés jusque là.

Mais il fut impossible d'amener Bohémond à composition ; il ne consentait à s'accorder avec le comte Raimond que sous la condition d'avoir Antioche.

---

(25) V. Guill. de Tyr, L. VII, C. XI, p. 293-294.

(26) « *Raimond de Saint-Gilles.* » — C. D.

(27) « ..... *à Antioche.* » — C. D.

(28) « *Rotberto Normanno.* » — A. D. — « *Rotberto Normando.* » — C.

(29) V. Guill. de Tyr, L. VII, C. XI, p. 293.

(29 bis) « *Rusa* » seu « *Ruiath.* »

Raimond n'y consentit point à cause de la promesse qu'il avait faite à l'Empereur Alexis.

Le duc Godefroy et les autres Comtes retournèrent donc à Antioche.

Raimond, l'*athlète du Christ*, revint aussi à Marra, où étaient les Pèlerins du Saint-Sépulcre ; puis, il envoya ses hommes fortifier et garder le palais de l'Émir Cassian, qu'il tenait en son pouvoir, et la tour bâtie au-dessus de la porte du pont, en face de la Mosquée.

Le savant Évêque d'*Orange* (30) mourut à Antioche, et les Pèlerins (31) s'attardèrent dans cette ville pendant un mois et trois jours. (32)

Désirant avoir la Place en son pouvoir, Bohémond en chassa tous les gens de Raimond de Saint-Gilles. (33)

PARAGRAPHE VII. — L'athlète du Christ, Raimond, ayant appris cela, n'hésita point ; il commença la Voie du Saint-Sépulcre avec l'humilité d'un esclave, au nom de Notre Seigneur Jésus-Christ, et sortit pieds nus de Marra.

Le treize Janvier, il atteignit la Forteresse de *Capharda* (34) située à huit milles de distance ; il y resta trois jours.

---

(30) « *Sapiens Oriensis episcopus.* » — A. B. C. D. — « Guillaume de bonne mémoire, Évêque d'Orange. » — « *Aurasicensis episcopus.* » — V. Guill. de Tyr, L. VII, C. IX, p. 291. — V. aussi Gallia Christiana, I, col. 770-772.

(31) « *Peregrini Sancti Sepulchri.* » — D.

(32) Pendant trente-trois jours, d'après Kemal-Eddin. — V. D. Defrémery, Miscell. Hist. Orient., p. 45.

(33) V. Guill. de Tyr, l. c., p. 292.

(34) Raimond d'Aguilers appelle cette ville *Capharia*. Kemal-Eddin écrit : *Kerferthale*. — V. Defrémery, Miscell. Hist. Orient., p. 50.

Robert de Normandie (35) vint l'y rejoindre. (36)

Le Roi de *Césarée* (37) avait très-fréquemment envoyé à *Marra* et à *Capharda*, (37 bis) des messagers dire à Raimond de Saint-Gilles qu'il désirait s'entendre avec lui, être son ami, et lui donner telle somme qui lui plairait sur ses revenus, ajoutant qu'il tenait à vivre en bons termes avec les Chrétiens, jurant enfin que les Pèlerins seraient en parfaite sécurité dans toute l'étendue de son royaume, et promettant de vendre des chevaux et des provisions de bouche.

Les Pèlerins se mirent en route et allèrent s'établir devant le fleuve appelé *Pharphar*, près de *Césarée*.

Mais quand le Roi vit l'Armée des Francs camper à si peu de distance de sa Capitale, il eût au fond du cœur des regrets très-vifs, et défendit de livrer des marchandises si les troupes ne s'éloignaient.

PARAGRAPHE VIII. — Le lendemain, il envoya deux Turcs montrer le gué du fleuve, et conduire les Chrétiens dans un lieu où ils pussent s'approvisionner.

On parvint dans une vallée, au pied d'une Forteresse; là, on trouva plus de cinq mille animaux, une assez grande quantité de froment, et d'autres vivres dont toute l'Armée du Christ fut très bien réconfortée.

Le Gouverneur de l'endroit s'entendit avec Raimond

---

(35) « *Rotbertus Normanniæ.* » — A. — « *Rotbertus Normandiæ.* » — C. D.

(36) V. Guill. de Tyr, l. c., p. 295.

(37) « ..... passant par Césarée, sur l'Oronte. » — V. Guill. de Tyr, L. VII, C. XII, p. 295. — Ce Prince s'appelait : *Aboussalama-Horschad*. Le fleuve *Pharphar* n'est autre que l'*Oronte*. *Césarée* sur l'*Oronte* (SYRIE), aujourd'hui (SCHAYSAR), ne doit pas être confondue avec *Césarée de Palestine*, aujourd'hui : *Kaisarieh*.

(37 bis) *Capharda* (en Syrie), aujourd'hui *Cafartab* ou *Keferthabe*.

et lui donna des chevaux, etc ; il jura même par sa loi qu'à l'avenir il ne ferait rien au détriment des Pélerins. Raimond et son Armée campèrent en ce lieu pendant cinq jours.

On partit ; les Pélerins du Christ arrivèrent devant une autre Forteresse des Arabes, dont le Gouverneur s'entendit également avec Raimond.

PARAGRAPHE IX. — De là, on pénétra dans une vallée et dans une ville nommée *Caphalia*, (38) tout-à-fait belle et ornée de tous les agréments.

Les habitants, à la nouvelle de l'approche des Pélerins Chrétiens, abandonnèrent les habitations et laissèrent les jardins pleins de légumes, les maisons abondamment garnies de provisions de bouche.

Le troisième jour, on sortit. Après avoir franchi une haute et longue montagne, on entra dans la *vallée de Jessé*, pays extrêmement riche en froment et en troupeaux ; on y vécut durant quinze jours.

Une Forteresse fut abandonnée par sa garnison qui y mit le feu et se sauva.

A une très faible distance existait encore une autre Forteresse où était rassemblée une multitude considérable de païens.

Nos Pélerins l'attaquèrent avec une telle bravoure qu'ils s'en fussent rendus maîtres si les Sarrasins n'avaient lancé au galop, hors des murs, d'immenses troupeaux de bêtes.

Nos guerriers, du moins, s'en retournèrent en conduisant au camp beaucoup d'animaux.

Dès le petit point du jour, on enleva les tentes, puis on vint assiéger la susdite Forteresse, et l'on voulut

---

(38) « *Céphalie*. » V. Orderic Vital, l. c.

établir les tentes ; mais les Troupes païennes s'étaient enfuies vers le milieu de la nuit, et avaient abandonné la position aux Pèlerins du Saint-Sépulcre. Ces derniers entrèrent, et trouvèrent en abondance les trésors produits par la rosée du ciel, froment, vin, farine, huile, poules et tout ce dont ils avaient besoin.

PARAGRAPHE X. — On célébra très-dévotement la Fête de la *Purification* de Sainte Marie, fixée au second jour de Février. (39)

Des Ambassadeurs de la cité d'*Emesse* (40) se présentèrent. Ils conduisaient des chevaux et apportaient de l'or à Raimond de Saint-Gilles de la part de leur Prince, (41) qui, désireux de vivre en bonne intelligence avec lui, promettait d'être bon envers tous les Chrétiens et de les respecter partout.

Le Roi de *Tripoli*, (42) voulant obtenir la paix, si cela se pouvait, envoya aussi des Ambassadeurs à Raimond de Saint-Gilles, et lui fit un présent de dix chevaux, de quatre mules et de *bysantins*. (43)

Le Comte dit qu'il n'y aurait point de paix si le Prin-

---

(39) Le Mercredi, 2 Février 1099. (Le Calendrier de 1876 porte également la Fête de la Purification au Mercredi, 2 Février). L'année 1876 commence aussi par un Samedi; mais elle est bissextile, tandis que l'année 1099 est moyenne.

(40) « *Camelia.* » — A. C. — « *Camela.* » D. — « *Emessa.* » — V. Guill. de Tyr, L. VII, C. XII, p. 295. « *Ils passèrent par Césarée, Hama et Emissa.* » Lisez :(*Emessa*), vulgairement appelée «*Camela.*»

(41) Ce Prince était *Genah Eddaule*, ou *Djenah el Daula*. — V. Extraits des Hist. Arabes, p. 10. — V. aussi : Ibn-Khalduni : Narrat. de Exped. Franc., p. 51-52.

(42) Le Souverain de Tripoli, à cette époque, était *Abu-Ali-Ibn-Ammar*.

(43) « ...... *beaucoup de bysantins.* » — C. D.

ce ne se faisait Chrétien ; le Roi en donna la promesse. (44)

En sortant de cette délicieuse vallée, les nôtres arrivèrent devant une Forteresse appelée *Archas*, (45) le Lundi, c'est-à-dire le jour de la *seconde Fête* qui se trouve au milieu de Février. (46)

On établit les tentes autour de la Place qui était remplie d'une foule de païens, savoir : de Turcs, de Sarrasins, d'Arabes, de Publicains, etc. Les Ennemis firent des travaux admirables de fortification ; ils se défendaient vaillamment.

La Citadelle était excellente, élevée, placée sur une montagne, et pourvue de deux murs d'enceinte.

Un jour, quatorze de nos Chevaliers quittèrent le camp et galopèrent du côté de la Ville de *Tripoli*, située à huit mille de distance. Ces Chevaliers étaient *Raimond, Vicomte de Châtillon, Aimeric de Lobènes, Sichard, Bégon de la Rivière, Guillaume Botin* (47) et d'autres dont j'ignore les noms.

---

(44) « *Le Roi accepta et promit.* » — C. D.

(45) V. Guill. de Tyr, L. VII, C. XIII, p. 297.

« *Archas*, » (Forteresse, en Syrie); aujourd'hui : *Archis*.

(46) Le Lundi, 14 Février 1099.

(47. « *Raimudus, de Torena viccomes, et Petrus, viccomes de « Castelion, et Aimericus de Lobenes et Sichardus, et Bego de la « Ribeira, et Willelmus Botinus.* » — A.

« *Raimudus, de Torena Viccomes, et Petrus viccomes de « Castelion, et Amarerius de Lobene, et Sicardus, et Bego de la « Ribeire, et Willelmus Botinus.* » — C.

« *Raimundus, de Torena viccomes, et Petrus, viccomes de « Castelion, et Amarerius de Lobene, et Sicardus, et Bego de la « Ribeira, et Guillelmus Botinus.* » — D.

Peut-être faut-il lire : *Sichard et Bégon de la Ribeira, ou de la Rivière, ou de Rivière.*

Ces quatorze Chevaliers du *Christ* rencontrèrent soixante hommes (48) Turcs, Sarrasins, Arabes et Curtes, qui venaient vers eux avec plus de mille cinq cents animaux.

Nos Pélerins, munis du signe de la Croix, assaillirent les Ennemis, les défirent, avec l'aide de *Dieu*, en tuèrent six, et s'emparèrent de six chevaux.

Une autre fois *Raimond Pilet* et *Raimond, Vicomte de Tournai*, quittèrent l'Armée du *Christ*, et vinrent avec leurs Chevaliers devant *Tortosa*. (49)

Ils attaquèrent avec une très-grande bravoure cette ville défendue par une nombreuse garnison de païens.

Le soir venu, les nôtres se retirèrent au coin d'un bois ; puis, après avoir établi les campements, ils allumèrent une quantité de feux, comme si toute l'Armée Chrétienne était là.

Paragraphe XI. — A cette vue, les païens, tout-à-fait terrifiés, s'enfuirent furtivement pendant la nuit, et abandonnèrent la ville remplie d'une foule de ressources ; c'était, en outre, un excellent port de mer.

Le lendemain, nos Chevaliers revinrent pensant donner l'assaut ; ils trouvèrent la Place dépourvue de garnison ; ils entrèrent et habitèrent là tant que dura le Siège de la Forteresse d'*Archas*.

« *Aimeric de Lobènes*, » ou « *Aman de Lubens*. »

« *Sichardus seu Sicardus*. »

« *Bego de la Rebeira*. » — Var. « *Bego de la Ribeire*. — *De la Riberie*. — *Della Rivera*. »

« *Willelmus Botinus*. — Var. « *Guillelmus Botins*. » — « *Guilielmus Buti*. » — Peut-être ce nom signifie-t-il « *du Bois*. »

(48) Om. « *...soixante*. » — D.

(49) V. Guill. de Tyr, L. VII, C. XV, p. 299. — « *Tortosa*, » ville de *Syrie*. — Var. « *Tortuosa*. »

Dans les environs est située une ville appelée Marecléa (50). L'Émir qui la gouvernait capitula et reçut nos gens avec leurs bannières.

Les autres Seigneurs qui étaient à Antioche, savoir le Duc Godefroy, le Comte Robert de Flandre, et Bohémond vinrent jusqu'à la cité de *Laodicée* (51) sur les traces de Raimond de Saint-Gilles.

Alors, Bohémond se sépara de ses compagnons de route et retourna à Antioche.

Le Duc Godefroy et le Comte de Flandre, marchant à la suite de Raimond de Saint-Gilles, atteignirent la ville (52) de *Gibel* (53), qu'ils assiégèrent et attaquèrent vaillamment. Raimond était encore occupé au Siége de de la Forteresse d'*Archas*. Les éclaireurs vinrent lui annoncer que les païens approchaient avec l'intention de lui livrer bataille.

Il envoya aussitôt l'Évêque d'*Albara* (54) au Duc Godefroy et à Robert, Comte de Flandre, leur dire de venir au Fort d'*Archas* parce que les païens, rassemblés de toute part, arrivaient sur lui et sur ses Troupes.

A cette nouvelle le Duc Godefroy et le Comte de Flandre firent la paix avec l'Émir qui leur donna des

---

(50) « *Mereclea.* » — A. — « *Maraclea.* » — C. — « *Marechea.* » D. — Aujourd'hui « *Marakia,* » (Syrie). — Var. « *Marecla.* — « *Marachea.* — *Araclea.* — *Eraclea.* — *Heraclea.* — *Eraelia.* »

(51) « *Licea.* » — A. — « *Lichia.* » — C. D. (en Syrie). — Var. « *Landocia.* — *Lichea.* — *Licia.* »

(52) Om. « *... atteignirent la ville de Gibel, qu'ils assiégèrent et attaquèrent.* » — D.

(53) « *Gibellum.* » — A. B. C. D. — Autrefois *Gabala*, vulgairement appelée *Gibel*, aujourd'hui *Djebali*.

« *Gibellum,* » d'après Guill. de Tyr., V. L. VII, C. XVII, p. 302.

(54) L'Évêque d'*Albaria* était alors *Pierre*, élu après la prise de la ville. V. in-fol. Acad., p. 86-87.

chevaux, des bysantins, et leur promit de ne plus causer aucun tort aux Pèlerins du Saint-Sépulcre.

Le Duc Godefroy et le Comte de Flandre (55) se dirigèrent à la hâte du côté de Raimond de Saint-Gilles pour lui porter secours, et campèrent (56) sur l'autre bord du fleuve. On fit donc le Siège de la Forteresse, mais les païens en question ne se présentèrent point pour combattre.

PARAGRAPHE XII. — Quelques jours plus tard, les nôtres marchèrent sur *Tripoli* et rencontrèrent, hors de la ville, des Arabes, des Turcs et des Sarrasins qu'ils attaquèrent sur-le-champ, et mirent + en fuite. On tua + (C. D.) la plus grande partie des nobles de la cité. Il y eut un tel massacre de païens et une si grande effusion de sang qu'en ville l'eau coulait rouge dans les citernes.

Les survivants, réfugiés dans la Place, en étaient fort consternés et déconcertés.

Ils éprouvaient déjà une telle crainte qu'ils n'osaient plus franchir le seuil d'une Porte.

Un autre jour, s'étant avancés au-delà même de la vallée de *Dessem*, les nôtres trouvèrent des bœufs, des ânes, des moutons, enfin une multitude de bestiaux.

Soixante de nos Pèlerins se séparèrent de la Colonne, et aperçurent trois mille chameaux. Tous ces animaux furent conduits au camp de l'Armée du Christ et celle-ci en fut bien enchantée.

Nos vaisseaux entrèrent dans le port voisin, pendant les opérations du Siège ; ils nous apportèrent un grand

---

(55) « *Le Comte Robert.* » — C. D.
(56) « ..... *près de la Forteresse.* » — C. D.

approvisionnement de froment, de vin, de viande, (57) d'huile et d'orge, de sorte que toutes les Troupes vivaient dans la plus large abondance.

Un certain nombre de nos Pélerins reçurent là un heureux martyre, savoir : *Ponce de Balazun, Anselme de Ribemont, Guillaume Le Picard,* (58) et d'autres que je ne saurais nommer.

On tint la Forteresse assiégée pendant trois mois moins un jour.

On célébra en cet endroit la *Pâque* du Seigneur, le IVe jour des Ides d'Avril. (59)

Le Roi de *Tripoli* envoyait souvent des Ambassadeurs à Raimond de Saint-Gilles pour le décider à lever le Siège, lui offrant de faire un Traité, s'il y consentait.

Nos Seigneurs Raimond de Saint-Gilles, le Duc Godefroy, Robert (60), Comte de Flandre, Robert le Normand, et les autres Pélerins furent informés de ces propositions.

Or, voyant, d'ailleurs, les fruits nouveaux mûrir de bonne heure, (on mangeait des fèves de l'année au milieu de Mars et même du blé nouveau au milieu d'Avril,) tous les nôtres, grands et petits, formèrent une assemblée où l'on dit qu'il serait convenable de commencer la marche sur Jérusalem au moment des premiers fruits.

Aussi tous approuvèrent-ils de faire la paix avec le Roi.

PARAGRAPHE XIII. — On s'éloigna donc de la For-

---

(57) « ..... de la viande et des fromages. » — D.

(58) **Vu la longueur de cette note, on l'a reportée à la fin du bulletin, page 240.**

(59) Le Dimanche, 10 Avril 1099.

(60) Om. « *Robert.* » C.

teresse et l'on arriva devant *Tripoli* (61), dans la *sixième Fête*, le treizième jour depuis le commencement de Mai (62) ; on resta là trois jours.

Le Roi de Tripoli fit un accommodement avec Raimond de Saint-Gilles et les autres Seigneurs.

Il leur rendit aussitôt trois cents Pélerins (63) qui avaient été faits prisonniers depuis le combat précédent.

Il donna quinze mille (64) *bysantins*, et quinze coursiers d'un grand prix à Raimond ; puis, il fournit aux Troupes des chevaux, des ânes, des pains, (65) et toutes sortes de provisions ; ce qui mit fort à l'aise toute l'Armée du *Christ*.

Enfin, il promit de se faire Chrétien et de recevoir la puissance territoriale de la main des Princes Chrétiens, s'ils gagnaient la bataille que l'Émir leur préparait et s'ils parvenaient à s'emparer de Jérusalem. La trève fut ainsi discutée, convenue et conclue.

Les Pélerins s'éloignèrent de la ville dans la *seconde Fête* qui forme le milieu du mois de Mai. (66) Après avoir marché pendant un jour et une nuit par une route difficile et abrupte, ils arrivèrent devant une Forteresse nommée *Béthoron*. (67) Ensuite, ils entrèrent dans une cité appelée *Gibelon*, (68) située près de la mer, et où ils souffrirent cruellement de la soif ; accablés de

---

(61) V. Guill. de Tyr, L. VII, C. XXI, p. 309.
(62) Le Vendredi, 13 Mai 1099.
(63) V. Guill. de Tyr L. VII, C. XXI, p. 309.
(64) « *Cinq mille.* » D. — Om. « *bysantins.* » D.
(65) « .... *des pains, des fromages, des étoffes.* » C. D.
(66) Le Lundi, 16 Mai 1099.
(67) « *Bethoron.* » A. « *Bethelon.* » C. D. aujourd'hui : *Batroum*.
(68) « *Gibelon.* » Autrefois : *Byblos*, vulgairement appelée : *Gibelet* ; aujourd'hui : *Djebaïl*.

fatigues, ils parvinrent dans un lieu appelé *Braim*. (69)

On mit tout le jour et la nuit de l'*Ascension* (70) du Seigneur à franchir une montagne par un chemin étroit et raide, où l'on craignait de rencontrer les Ennemis. *Dieu* nous fut favorable, car il n'y avait personne pour barrer le passage à nos Troupes. On atteignit une ville nommée *Beyrout*. (71) De là, on parvint à *Sidon*, de *Sidon* (71 bis) à *Tyr*, (71 ter) de *Tyr* à la cité d'*Acre*, (72) d'*Acre*, (73) [en passant près d'une Forteresse appelée *Caïphas*, on arriva devant la ville de *Césarée* ; (73 bis) on célébra la *Pentecôte* en cet endroit, trois jours avant la fin de Mai. (74)

Puis, on vint à la ville de *Rama*, (74 bis) que les Sarrasins avaient désertée par crainte des Francs.

Près de là, s'élevait une Église remarquable où reposa le très précieux corps de *Saint Georges* qui souffrit le martyre avec fidélité pour le nom du *Christ* de la main des perfides païens.

Immédiatement nos Seigneurs se réunirent en conseil pour choisir très-dévotement un Évêque (74 ter) chargé

---

(69) C'est le nom d'un fleuve que l'on appelle en Arabe : *Nahr Ibrahim*.

(70) Le Jeudi, 19 Mai 1099.

(71) « *Baruth*, » aujourd'hui : *Beyrout*.

(71 bis) Om. « *De Sagitta* » D., aujourd'hui : *Saïda*.

(71 ter) « *Sur*. » A. — Var. « *Tyr*. — *Tirus*. — *Saor*. »

(72) « *Ad Acram*. » A. D. « *Ad Archam*. » C.

(73) « *De Acra*. » A. « *De Achra*. » — C. D. *Ptolémaïs*

(73 bis) *Césarée, en Palestine*, aujourd'hui : *Kaisarieh*.

(74) Le Dimanche, 29 Mai 1099.

(74 bis) *Rama* ; ville de Syrie. Autrefois : *Arimathie*, aujourd'hui : *Ramla*.

(74 ter) *Robert*, Évêque de *Rama*, *Ramia* ou *Arimathie*. — Son successeur immédiat s'appelait *Roger*.

de la garde et du gouvernement de cette Église.

Ils lui donnèrent leurs dîmes d'or et d'argent, de bestiaux et de chevaux, afin qu'ils pût vivre très honorablement avec ceux qui lui tenaient compagnie. Aussi ne demanda-t-il pas mieux que de demeurer là.

(88) Note renvoyée de la page 236.

(58) « *Pontius de Balan, et Anselmus de Riboamundi, et Wil-*
« *lelmus Pichardus.* » — A.

« *Pontius de Baulan, et Anselmus de Ribesmundus, et Willel-*
« *mus Picardus.* » — C. D.

Ponce de Balazun, du Diocèse de *Viviers*, l'un des Chevaliers de l'Armée du Comte de Saint-Gilles, travailla avec Raimond d'Aguilers depuis l'an 1097, au plus tard, jusqu'à la mi-Mai de l'année 1099, et fut tué entre la mi-Février et la mi-Mai, au Siège d'*Archos*. Une pierre lancée par une machine l'atteignit à la tempe. (V. Robert Le Moine, C. XVIII, in-fol. Acad., p. 857). Raimond d'Aguilers continua son ouvrage jusqu'à la prise de Jérusalem inclusivement). (V. Hist. litt. de la France, par les Bénéd. de Saint-Maur, T. VIII, p. 623 et 624). — Var. « *Pontius de Baladuno. — De Balan. — De Baulan. — de Balau. — Pontius Balonensis.*

Raimond d'Aguilers quitta Jérusalem immédiatement après le sacre de Godefroy de Bouillon. (V. ibid., p. 625).

« Anselme, Comte de Ribemont *et Seigneur de plusieurs autres*
« *terres, déjà connu par ses pieuses libéralités envers les Églises,*
« *et par sa valeur extraordinaire à la Guerre Sainte, mérite*
« *encore de l'être entre les Écrivains de son temps. Il descendait*
« *des anciens* Comtes de Valenciène, *et apporta au monde d'excel-*
« *lentes qualités pour soutenir sa naissance.* » (V. Hist. litt. de la France, par les Bénéd. de Saint-Maur, T. VIII, p. 496).

« ... *Dès 1070, se trouvant maître de ses biens, apparemment*
« *par la mort de son père, il en céda, du consentement d'*Agnès,
« *sa mère, une portion à l'Abbaïe de* Saint-Amand. *Lorsqu'en*
« 1079, *il s'agit de bâtir celle d'*Anchin, *à deux lieues de* Mons,
« *il donna généreusement l'Isle où elle est située. Il fit encore*
« *plus, quatre ans après, en fondant et dotant de ses terres le*
« *Monastère de* Notre-Dame de Ribemont. *Fondation qu'il eut soin*
« *de faire confirmer l'année suivante 1084, par le Roi* Philippe,
« *et que ratifia dans la suite* Godefroi, *fils du fondateur.*

(V. ibid., p. 497). (Voyez aussi Robert Le Moine, chap. XVIII, in-fol. Acad., p. 857).

« Anchin. — *Abaye du Pays-Bas, dans le Hainaut-François,*
« *en une Isle de la rivière de Scarpe, sur les limites de la Flan-*

« dre, à deux lieuës plus bas que Douay, au Levant en tirant vers
« Condé, d'où elle n'est qu'à sept lieuës, et à six de Valenciennes,
« au Couchant. (Aub. Miræi Orig. Cœnob. Belg. c. 41.) Deux
« hommes de distinction, Sicher et Walter, commencèrent le
« Monastère de Saint-Sauveur, l'an 1079, dans l'Isle d'Anchin,
« en Latin (Aquiscinctus;) ce lieu fut choisi, parce qu'un saint
« Hermite, nommé Gordanius, y avait vécu. Ils obtinrent le
« consentement d'Anselme de « Ribodimont ». Seigneur et pro-
« priétaire de cette Isle, et celui de Gérard II, Évêque de Cam-
« brai, qui, très-satisfait des heureux commencemens de cette
« nouvelle Maison, lui fit beaucoup de bien........ » (V. le Grand
Dict. géograph. hist. et crit. de M. Bruzen de La Martinière, géographe de Philippe V. — Dijon et Paris. — M.DCC.XXXIX. T. I,
p. 231).

« La fameuse expédition pour la délivrance de la Terre-Sainte,
« sous le nom de Croisade, ayant été résolue au Concile de Cler-
« mont en 1095, Anselme voulut en être, comme tant d'autres
« Seigneurs Chrétiens. Le Chroniqueur d'Andres, faisant l'énu-
« mération de ceux de la Seconde Belgique qui furent du voïage,
« le nomme avant tous les autres, immédiatement après Godefroi
« de Bouillon, qui en fut le Chef. Tous les Historiens de cette
« guerre rendent témoignage à la valeur héroïque qu'y fit
« paroître Anselme. Mais après avoir échappé aux périls des
« sièges de Nicée et d'Antioche, il vint échouër devant le Château
« d'Archos ou Arcas, à deux lieuës de Tripoli. Les Croisés,
« n'ayant pu l'emporter d'emblée, résolurent sans nécessité d'en
« faire le siège, qui dura trois mois moins un jour, depuis le
« quatorzième ou quinzième de Février 1099, jusqu'au treizième
« de Mai suivant. Anselme, un des plus zélés capitaines pour
« l'avancer, y fit de nouveaux prodiges de valeur, et y perdit la
« vie d'un coup de pierre qu'il reçut à la tête. Sa mort, qui fut
« regardée comme une espèce de Martyre suivant l'idée qu'on
« s'étoit formée de ce genre de guerre, arriva en Février ou en
« Mars, puisqu'il est nommé entre les premiers qui y furent
« tués. »

« Outre Godefroi de Ribemont, qui paroit avoir été le fils aîné
« d'Anselme, il eut au moins encore une fille, nommée Agnès
« (comme son aïeule), qui épousa Gossouin, Seigneur d'Avesnes »

« et fut grand-mère de Nicolas, d'Yves, de Frastrade d'Avesnes
« et d'Evrard, Evêque de Tournai. D'Yves sortit Perrine de Cison,
« ou peut-être de Cisoin, mère d'Isabelle de Nesle. » (V. Hist.
litt. de la France, par les Bénéd. de Saint-Maur. T. VIII, p. 497,
498 et s.)

Anselme de Ribemont a écrit deux relations sur la première Croisade; l'une depuis le commencement jusqu'aux premiers jours de Juillet 1098, l'autre depuis cette époque jusqu'à sa mort. Un des plus anciens et des plus grands *Tournois* dont il soit fait mention dans les Manuscrits du Moyen-Age est assurément celui que les Historiens nomment le *Tournois d'Anchin*. Il a donné l'an 1096, au moment du départ des Croisés, comme un solennel adieu avant de quitter la patrie.

Jamais fête semblable n'avait dû revêtir un caractère plus noble. Tous les sentiments élevés que les âmes généreuses peuvent éprouver devaient faire battre les cœurs, en ce jour où l'élite des Francs était appelée à montrer, dans une lutte Chevaleresque, la saisissante image des prochains combats. Les Seigneurs, qui ont résolu d'aller sur une terre lointaine exposer leur vie pour la défense de la justice et de la vérité, sont venus de toute part dans l'Isle d'Anchin, repaire autrefois des brigands, des bêtes féroces, depuis sanctifiée par la vie austère de l'Ermite Gordan.

Le bruit des armes a retenti autour de l'Abbaye; le silence, le calme de la solitude ont fait place à l'agitation des préparatifs, au roulement des chars, aux fanfares, à la réception des hauts personnages, à la bénédiction des bannières, aux vivats de la foule. L'écho des cloîtres ne cesse de hennir avec les chevaux impatients que pour répondre aux aboiements des lévriers, aux sons joyeux du cor, ou pour répéter des hymnes guerriers.

Les Religieux ont dû tressaillir sur le chemin qui mène du Sanctuaire à leurs cellules, à la vue de ces Chrétiens fiers, braves, prêts pour Dieu à tous les sacrifices.

Peut-être plus d'un vaillant, parmi les Moines, avait déposé le casque, la brillante cuirasse, après maints exploits, pour se consacrer à l'étude et finir ses jours dans le rude sentier de la pénitence.

Ceux-là sentent revivre les émouvants souvenirs de la *veille des armes*, d'une mêlée sanglante, ou du siège périlleux d'une forteresse. Les éperons d'or des Chevaliers résonnent sur les dalles de la chapelle; les Châtelaines prennent la place qui leur est réservée; la nef est devenue trop étroite pour contenir la multitude des visiteurs. Les héros futurs de la guerre sainte viennent, sans doute, confirmer leur vœu par la foi jurée sur l'Évangile entre les mains des Évêques de Cambray, de Nimègue, d'Arras. Le Clergé appelle les bénédictions célestes sur les Pèlerins; il les exhorte à se montrer dignes du *signe de la Croix* qu'ils portent sur leurs vêtements, et à mourir pour la délivrance des Chrétiens d'Orient et du Saint Sépulcre. Soudain, les voûtes de l'Édifice sacré tremblent et les vitraux frémissent au bruit d'un cri unanime qui remplit tout : *Dieu le veut! Dieu le veut! Nous marcherons dans la Voie du Seigneur. Nous délivrerons nos frères de Palestine; nous chasserons les impies de la ville de Jérusalem. Nous rendrons libre l'accès au Saint Sépulcre. Vous, pieux Évêques et Prêtres, savants Abbés, humbles Moines, pendant que nous combattrons les combats du Seigneur, priez pour nous, priez pour nos vieux parents, pour nos nobles Dames et pour les petits enfants que nous ne reverrons peut-être jamais plus dans nos chers castels. Dieu le veut! Dieu le veut! Dieu le veut!*

Sublime alliance des hommes de *cape* et d'*épée* pour le triomphe de Jésus-Christ.

Or, le puissant *Châtelain de Valenciennes, Comte de Ribemont*, sur les terres de qui les Seigneurs Francs se trouvent assemblés, ordonne qu'un si grand acte de foi soit transmis, pour l'exemple, de génération en génération. Le souvenir en sera conservé par une *Charte*, où la mémoire des *preux* survivra dans le long cours des siècles. Le Manuscrit contiendra la marque de nouveaux bienfaits, enrichira l'Abbaye, et sera pour elle un Titre de propriété; habile moyen de protéger à travers les âges l'existence d'un si précieux document. Ce dernier fut écrit par le Moine *Rumold*, en plusieurs originaux, dont l'un fit partie des Archives du Couvent. Le tournois et les joûtes chevaleresques eurent lieu sous la présidence du Comte *Baudouin de Boulogne, frère de Godefroy de Bouillon*, et qui devait un jour lui succéder sur le trône royal de Jérusalem. Nous ne savons si les flammes incendiaires de la Révolution, qui ont détruit tant de trésors historiques, ont épargné la pièce authentique, le parchemin. Nous en avons découvert le texte publié dans une Histoire du Cambrésis, ouvrage ancien et rare dont voici le titre : « *Histoire*

« généalogique des Pays-Bas ou Histoire de Cambray et du Cam-
« brésis, contenant ce qui s'y est passé sous les Empereurs et les
« Rois de France et d'Espagne, enrichie des généalogies, Éloges
« et Armes des Comtes, Ducs, Évêques et Archevêques : presque de
« quatre mille familles, tant des 17 Provinces que de France qui
« y ont possédé des terres, des bénéfices et des charges, y ont été
« alliées par mariage, ou y ont laissé des marques de leur piété
« dans les Églises et les hôpitaux. Le tout divisé en quatre
« parties, Justifié par Chartes, Titres, Épitaphes et Chroniques,
« et embelli de plusieurs riches mémoires de l'Antiquité, par
« Jean Le Carpentier, Historiographe à Leyde, chez l'Auteur,
« M.DC.LXIV. » L'Antique Abbaye de Saint-Arnould de Metz,
possédait un exemplaire in-quarto, relié (deux volumes), en l'année
1753.

(Voir aujourd'hui : Bibliothèque municipale de la ville de Metz, sous
les numéros : M, 918 et 919).

« Ex Abbatia Aquicintensi.

« In Nomine Sancte et Individue Trinitatis. Amen. Sepius audi-
« vimus illud euangelii quia non est arbor bona, q. non fructum bo-
« num, etc ; ea propter ego, Ansellus Valencen Castellan, Ribedimontis
« et Oestrevandie Dominus notum fieri volo omnibus ad vitam preordi-
« natis qtum gaudium percipiam dum Aquicinetum Insulam prius
« cubile ferarum et latibulum latronum hodie videam Dei summi
« gratia hanc in sanctorum hominum habitationem transformatam qrum
« bona fama ita michi cordi est et eos tanto Karitatis affectu pro-
« sequor ut de die in diem totus in ipsorum promotione et gloria
« verser. Eam ob causam hic hodie comparui multorum Militum con-
« ventu stipatus ut ii mecum vel eorum sanctitatem honorent vel
« imitentur vel tenera devotione escitati erga illam novellam oli-
« varum spiritalium plantationem eleimosinarum qtitate ejus multi-
« plicarent gentem et magnificarent letitiam. Nec eqdem hoc festum
« solempne absq. pio transivit effectu quandoquidem vir preclues et
« nobilis Balduinus Kalderuns escellenti Karitatis erga nascentem
« et pusillum hunc gregem affectu stimulatus me palam tanqm hujus
« fautorem convenerit dicens : Domine mi Anselle et vos omnes pro-
« ceres milites, scutiferi, armigeri, famuli et plebei, aures obsecro pre-
« bete attentas....... Ego Balduinus Kalderuns manus meas ad celum
« elevans in presentia vra Deo Omnipotenti et Salvatoris nro &c

« Beato Petro Apostolorum principi totum et integrum cum mansis
« dominicatis et indominicatis, alodiis, feudis mancipiis, campis
« pascuis aqs et ceteris q. possideo in villa q. dicitur Incis pro pec-
« catorum meorum remissione offero huic Cenobio illudque donum
« super ejus altare per ramum et cespitem pono ut nunqm in aliq.
« hujus donationis particula spem habeat dominandi ullus heres meus,
« hic presens vel absens, vel aliq. alia subseqns persona et potestas
« nisi q. regulariter hic prefuerit Abbas.

« Ad hec ego Ansellus gaudio magno gaudens debitas gratias egi
« dicto militi illiq. vitam eternam, promisi, et idem astantes promise-
« runt. ad qs ego A. oculos et vocem dirigens dixi : In nomine Do-
« mini Dei et Salvatoris, nri vos omnes deprecor et quibus possum
« mandans obsecro et obtestor tam. Epos qm Abbates, tam Comites
« qm Barones, tam consanguineos qm estraneos, tam Milites qm Scuti-
« feros aliosq. viros militares ut qd hic Balduinus tradidit, vel ego
« prius vel alii tradiderunt in e'eimosinam huic Cenobio pariter vos
« servaturos Deo et Salvatori nro michi promittatis atque promis-
« sionem ad pedes altaris hujus sacramentis corroboretis vestrosque
« successores eadem servaturos preordinetis qtenus tam egregii operis
« fructum a Redemptore nro colligere mereamur gaudentes in secu-
« lorum secula. Dumque omnes : Amen! respondissent et : fiat! liberis
« animis proclamassent seq. contra temerarios hujus cenobii adjutores
« et defensores futuros jurando confirmassent, ego A. adjeci dicens :
« Magnates et Primates incliti virique omnes strenuissimi qqt adestis
« gratias vobis rependo inerrabiles pro vro pio erga Dei ministros
« amore et pro vra acceptissima michi in hoc selempni festivoque
« certamine presentia gandeoque vos omnes incolumes et insaucios
« ad propria redituros qd facit Deus. Et ut charte huic in presenti
« et in futuro firmissime credatur hanc signo Castellanieque mee
« sigillo ac signo dicti donatoris B. corroborari feci, etc. Nomina
« autem Ecclesiacorum, Militum et scutiferorum q. pntes fuerunt hi
« sunt: Manasses Cam. Ratbodus Noviom. et Lambertus Atreb. Epi ;
« Albertus Hasnonii et Lambertus Crispini Abbates, Balduinus Comes,
« certaminis judex et preses.

« EX OESTREVANDIIS et HANNONIIS, hi fuerunt: Godefridus
« de Ribodimonte, filius meus; Almaricus de Landast; Reinerus,
« Dapifer, meus; Rainerus de Trith, nepos ejus; Hervardus de le
« Rohée, dtus a restella; Balduinus de Rosgin; Fulco de Castello ;

« Simon, filius Hugonis, advocati; Gualterus de Oberchicorte; Wal-
« terus, senior de Hamereincorte; Iohannes de Malcicorte; Helgotus,
« filius ejus; Herimbertus a Rosella; Helg. filius; Gerardus de Fani-
« marte; Godefridus de Dulci; Rainerus de Malsrois; Egidius de
« Yvodio; Godinus miles de Hordeng; Adami, Senescalli mei filius,
« Gerardus de Valers; Gobertus de Anseng; Willelmus, frater ejus;
« Gerricus de Novavilla; Richerus de Bugnicorte; Vilfrandus, frater
« ejus; Huo de Deneng; Lietbrandus de Hellemes; Philippus de
« Marca; Hugo, frater ejus; Rotgerus de Marketa; Petrus, frater
« ejus; Liethro de Enich; Robertus de Salice; Iohannes, frater ejus;
« Alelmus de Dechi; Verinfredus, frater ejus; Gedricus de Era,
« Terrici, filius; Robertus de Hordeng, Riculfus de Fles; Egidius de
« Herteng; Rodolfus de Ferseng; Hunoldus de Oneng; Amandus
« de Prouvi; Hugo de Wasnes; Ernulfus, frater ejus; Giraldus de
« Quaroubio, nepos Hunoldi; Willelmus de Hausti; Walterus de Rum-
« bies; Iohannes de Montingniaco; Egidius de Glargeis, frater ejus;
« Egidius de Bermereng; Guido de Someng; Amandus de Haspra;
« Walterus de Malcicorte, dictus a lattra, d. Iohis filius; Egidius de
« Escalloins; Anselmus de Bruilo; Vedricus de Masteng; Hellinus
« de Senis; Alulfus d. Vedrici filius; Berinardus de Duaco; Rica-
« redus de Hasnonio; Sicher de Bellodenguiens; Egidius Turpinus;
« Hugo a Fresna; Otho de Bernerisarto; Adam de Moncello; Godinus
« de Silva, dictus, de Ronsois; Almanus de Ponte; Simon de Alueto;
« Simon de Genlain; Pompo a Vinea; Hugo de Molino; Hugo de
« Merceriis; Helbertus de Beleng; Rumoldus de Vasberche; Wil-
« lelmus Bubais; Odoli Partit.; Hubertus a Curcello; Wago, frater
« ejus; Anthonius li Brochons; Boso li Brasseurs; Gontherus de
« Muisarto; Liebertus de Baisti; Reneirus de Petra; Valterus li
« Bailois; Adulfus Parvus; Liefrandus li Valet; Huard de Curia
« et Hubertus de Scaldeng, dtus a Vineta.

« EX CAMERACENSIBUS, hi : Hugo, Castellanus; Amalricus
« Rufus, dictus de Marcoeng, gener ejus; Hugo Sohierus, dictus
« Ab Hériis, frater; Fulco Lierinus, Cam. Subdompnus; Lietardus
« Brochet, d. Cuvillarius; Walterus Ruciacus, d. Cholet; Mardus
« de Cameraco; Huardus, Arnoldus, Isaac d'Hui, de Cameraco de-
« functi Comitis Arnoldi nepotes; Venchilo de Canteng, filius de
« A.; Adam de Wallincorte; Gerardus de Sto-Autberto; Hugo de Cre-
« picordio; Oilardus, filius ejus; Senvardus, frater ejus; Walterus

« Tonitruus; Raimbaldus Cretons, d. a. Stramella; Amalricus de Cal-
« deriaco; Tieturinus de Haucorte; Hugo de Fossa, Alelmus de Mane-
« riis; Gualterus de Venchilio; Ricardus, filius ejus; Hugo de Rumeli;
« Radolfus de Vinciaco; Hernardus et Odo, d. Senvarti, filii; Valterus
« de Guineliu, d. de Viestis; Egidius Louvet, d. de Sto-Vedasto; Hugo
« a Soleniis; Reinerus a Fontericardi; Walterus, frater ejus nepotes
« mei; Herbertus de Foresto; Inguerramus de Anneus, nepos R.
« Trith; Gualterus de Aubencuel; Balduinus, nepos ejus; Sigerus de
« Thuins; Amandus de Burlong; Walterus de Audencorte; Iacobus
« de Sto-Hilario; Hugo Canis; filius ejus; Ioh. de Longosarto;
« Egidius de Auraing; Egidius de Cauleri; Johes de Serenviliers;
« Terricus de Briastro; Egidius de Lesdeng; Ernoldus d. de Orevilla;
« filius ejus; Terricus de Meuvres; Reinerus de Sarto; Werricus de
« Grincorte; Adam d. Goderis, filius ejus; Almanus de Ongnies;
« Egidius de Wambais; Rainaldus d. Aspiers; filius ejus; Gualte-
« rius de Paisloncorte; Egidius de Faieto; Balduinus de Marets;
« Egidius de Greberto, d. Tieterran. filius; Josephus Beulleus;
« Hugo Lupus, d. de Bautuel; Paganus Bulliens; Gualterus de
« Kieri; Robertus Le Mire; filius ejus; Rigoldus li Fueseliers, d. de
« Gabevilla; Egidus de Fonte; Gregorius de Floriaco; Galterius Fe-
« lskiers, nepos Venchilonis; Iohannes a Barala; Michaël d. Ber-
« nardus; filius ejus; Rainaldus de Goñi dictus Faber; Amandus
« Picot; Wasnulfus de Raigneriis; Iohan. li Regnialmes, et Petrus
« d. Gulartus.

« EX ATREBANTIBUS, hi : Robert. advocatus, Atreb.; Hugo de
« Haret, d. de Albeigni; Anselmus de Houdeng; Balduinus de Len-
« sio; Rumoldus, Hugo et Goifridus de Incis, d. B. Kalderuns,
« cognati; Wistachius de Novavilla; Guido de Caunicorte; Rogerus
« Bucellus; Balduinus Bailliolanus; Hubertus de Estrées; Sicherus
« et Alexander de Ableing; Gualterus de Guineliu; Willelmus de
« Vailli, frater ejus; Willelmus de Blondellus, nepos ejus; Olardus
« de Novavilla; Oprimius de Montigniaco; Hugo de Bernimicorte;
« Petrus de Noiella; Wasco de Cordis; Vasco de Gielons, filius
« ejus; Falco de Mota; Amandus Burnellus; Arsellus de Sto-Leode-
« gario; Rumaldus de Bullientimonte; Stephanus don Hamel; Fre-
« minus de Tortekeu; Martinus de Sains, d. a. Duriis; Willelmus
« Hangart, nepos ejus; Paulus a. Bierberiis; Iohannes Corbehen;
« Ambrosius de Martisvalla; Amandus de Lagnicorte, Walbertus de

« Fampollo; Egidius de Atrebato, Castell. nepos; Virelus de Remis
« Lietbertus, frater ejus; Gualter de Vagnonvilla; Galterus de Ran-
« chicorte; Hugo d. Paruus, filius ejus; Hugo de Sclusa; Alardu de
« Bulecorte; Martinus Pellicorneus; Guimarus de Sademonte;
« Petrus de Belloprato; Seiherus de Ribestella; Adam de Seleneiis;
« Gervasius de Hermis; Simon de Vallo; Iacobus Kieret, et Simon
« a Porta.

« EX TORNACENSIBUS et vicinis, hi pauci : Hellinus Vavri-
« nius; H. filius; Kono de Tornaco; Hugo de Lannois; Iacobus de
« Bondues; Gossuinus de Escobec; Hugo, d. a. Paramenteria, filius
« ejus; Amandus de Hems; Eustachius del Angles; Iohannes Ha-
« mesius; Vago de Planca; Valnulfus de Sancto-Amando; Matheus
« de Aths; Brisius de Sancto-Petro; Manfridus de Sancto-Martino;
« Gerardus Willemus; Gerardus, filius ejus; Hugo Blancus; et
« Simon Bus; et alii Servientes, q. omnes nisi graves obsint cause
« se indictam crucis militiam, hoc anno inituros etiam promiserunt.
« Actum, Aqcincti, Anno D.D. nonagesimo sexto, ubi unam ex his
« nris Chartis custodiendam contradidimus. Deo sit laus, honor et
« gloria. Amen! Rumoldus, Monachus, hec scripsi et perlegi. »

« Abbaye d'Anchin.

« Au nom de la Sainte et Indivisible Trinité. Ainsi-soit-il!

« Nous avons souvent entendu répéter la maxime de l'Evangile :
« qu'un arbre est mauvais, s'il ne rapporte pas de bons fruits, etc.

« Pour cette raison, Nous, Anselme, Châtelain de Valenciennes,
« Seigneur de Ribemont et d'Ostrevant, voulons faire savoir à tous
« ceux qui ont été appelés à la vie, la joie dont Nous sommes aujour-
« d'hui rempli à la vue de l'Ile d'Anchin.

« Autrefois repaire de bêtes fauves et retraite de brigands, elle a
« été, par la grâce du Dieu Tout-Puissant, convertie en cette de-
« meure d'hommes remplis de sainteté. Leur bonne renommée est si
« précieuse à notre cœur et Nous leur portons une si religieuse affec-
« tion, que Nous sommes sans cesse disposé à les favoriser et glori-
« fier. En conséquence, Nous Nous sommes présenté ici, en ce jour,
« entouré d'une nombreuse assemblée de Chevaliers, afin que, de
« concert avec Nous, les Seigneurs présents puissent rendre hommage
« à la piété des Moines, et en tirer des exemples salutaires, ou que,
« poussés par une tendre sollicitude pour cette nouvelle plantation
« d'oliviers spirituels, ils multiplient la population du Monastère

« par d'abondantes aumônes, et manifestent leur satisfaction d'une
« manière éclatante.

« Or, cette fête solennelle ne s'est point passée sans résultats
« célestes, puisque le très-illustre et noble Baudoin Cauderon,
« inspiré par un généreux sentiment de charité chrétienne envers ce
« troupeau naissant, peu nombreux encore, est venu publiquement
« Nous aborder comme le fondateur, et a dit : Mon Seigneur Anselme,
« et vous tous, hauts personnages, Chevaliers, Écuyers, hommes
« d'armes, serviteurs et gens du peuple, je vous prie d'écouter
« attentivement mes paroles : Moi, Baudoin Cauderon, les mains éle-
« vées vers le ciel, en votre présence, devant le Dieu Tout-Puissant,
« Notre Sauveur et le Bienheureux Pierre, Prince des Apôtres,
« tout ce que je possède au village d'Inchy (manses seigneuriales,
« alleux libres, biens féodaux, champs, pâturages, eaux, etc.), pour la
« rémission de mes péchés, je l'offre à ce Couvent. Je dépose ce don
« sur son autel sous l'image d'un rameau et d'une motte, pour que
« nul héritier, soit présent soit absent, ou toute autre personne ou
« puissance, fors l'Abbé régulièrement pourvu d'autorité en ce lieu,
« n'ait la moindre prétention d'agir en maître, même sur une simple
« parcelle de ladite donation. C'est pourquoi, Nous, Anselme, rempli
« d'allégresse, avons rendu audit Chevalier les grâces qui lui étaient
« dues, et lui avons promis la vie éternelle ; les assistants pareille-
« ment. Nous Anselme, dirigeant vers ces derniers nos regards et
« notre voix, leur avons dit : Au nom du Seigneur Dieu, Notre
« Sauveur, Nous vous en prions tous, nous y invitons tous ceux sur
« qui Nous avons pouvoir, Nous vous le demandons à tous, Évêques
« ou Abbés, Comtes ou Barons, parents ou étrangers, Chevaliers ou
« Écuyers, et autres gens de guerre, promettez-Nous de conserver
« à Dieu et à notre Sauveur le don fait par Baudoin, comme ceux
« antérieurement offerts par Nous ou par d'autres sous forme d'au-
« mônes au profit de ce Monastère ; confirmez votre promesse par ser-
« ment au pied de cet autel, et faites une obligation à vos successeurs
« de maintenir un tel état de choses, afin d'être par les mérites de
« notre Rédempteur, à même de recueillir le fruit d'une si bonne
« œuvre, pour notre bonheur dans les siècles des siècles. Tous répon-
« dirent : Ainsi-soit-il ! s'écrièrent librement : fiat ! et garantirent
« par serment qu'ils protégeraient, aideraient et soutiendraient le
« Monastère contre les aggressions des téméraires.

« Alors Nous, Anselme, avons ajouté : Hauts potentats, personnages illustres, vous tous, hommes très-vaillants qui êtes ici, nous ne pouvons exprimer combien Nous vous savons gré de votre pieux amour envers les ministres de Dieu, et de votre présence, inappréciable pour Nous, à ce magnifique et solennel Tournois. Enfin, Nous accueillons avec joie la douce espérance que vous rentrerez tous sans blessures, sains et saufs, dans vos domaines, ce que Dieu fasse !

« Et pour que l'on ait foi absolue en cette Charte, présentement et dans l'avenir, nous l'avons confirmée par notre seing, le sceau de notre Châtellenie et le seing dudit B. donateur, etc. Or, voici les noms des personnages ecclésiastiques, des Chevaliers et des Écuyers qui furent présents. C'étaient : Manassés, évêque de Cambray; Ratbod, Évêque de Nimègue; Lambert, Évêque d'Arras; Albert, Abbé de Hannon; Lambert, Abbé de Crépy; le Comte Baudoin, Juge et Président du Tournois.

« Parmi les Seigneurs d'OSTREVANT et de HANNON, c'étaient : notre fils, Godefroy de Ribemont; Almaric de Landast; notre Chambellan, René; son neveu, René de Trith; Hervé de Rohes ou de Roës, dit de Réthel; Baudouin de Rochin; Foulque du Châtel; Simon, fils de Hugues, Seigneur de l'Advocatie (de Béthunes); Gauthier d'Aubricourt; Watier ou Walter, Seigneur d'Hamerincourt; Jean de Maulcourt; son fils, Hugues; Imbert de Rosel, fils d'Hugues; Gérard de Fanimart; Godefroy d'Ouche; René de Malleroy; Gilles d'Ivod; Godin, Chevalier de Hordaing; le fils de notre Sénéchal Adam; Gérard de Valers ou de Villers; Dagobert d'Anseng; son frère Guillaume; Gerric de Neufville ou de Neuville; Richard de Bugnicourt; son frère, Vilfrand; Hugues de Denain; Liétbrand de Hellemes ou de Helmès; Philippe de La Marck; son frère, Hugues; Roger de Market ou de Marquette; son frère, Pierre; Liéthon d'Enich; Robert de Salice; son frère, Jean; Alelme de Déhy; son frère, Vérinfred; Cédric d'Era, fils de Terric; Robert d'Hornain; Riculfe de Flex, de Flaix ou de Flessingue; Gilles de Hertaing; Rodolphe de Ferseng; Hunold d'Oneng ou d'Onain, ou d'Huningue; Amand de Proüy; Hugues de Vannes; son frère, Ernoulf; Gérard de Caroube ou de Carouge, neveu d'Hunold; Guillaume de Haust; Watier ou Walter de Rombilles; Jean de Montignac, ou de Montaignac, ou de Montaigne, ou de

« Montigny; Gilles de Glageux, son frère; Gilles de Bermerain;
« Guy de Somain; Amand d'Haspre ou d'Ypres; Watier ou Walter
« de Maucourt, dit de L'Atre, dit fils de Jean; Gilles d'Escailloins
« ou d'Escalles; Anselme de Bruille; Védric de Mastaing; Hellin
« de Seins; Alulf, dit le fils de Védric; Bernard de Douai; Richard
« de Hasnon ou de Hannon; Sicher de Beklenghien; Gilles Turpin;
« Hugues du Fresne; Othon de Bernisart; Adam du Moncel; Godin
« de La Forêt, dit de Ronsois; Alman de Pont; Simon de Launay;
« Simon de Genlain; Pompon de La Vigne; Hugues du Moulin;
« Hugues de Marcères; Helbert de Bélain; Rumold de Vasberg;
« Guillaume de Boubers, l'enfant d'Odile; Hubert de Courcelle; son
« frère Wagnes; Anthoine des Brochons; Boson Le Brasseur; Gon-
« thier de Muisart; Liebert de Basti, ou de La Bâtie, ou de Baisti;
« René de La Pierre; Watier ou Walter Le Bail; Adolphe Le
« Petit; Liefrand Le Valet; Huard d'Ordre, ou de Cury; et Hubert
« de Scakleng, dit de La Vigne.

« Parmi les Seigneurs du CAMBRÉSIS; c'étaient : Le Châtelain,
« Hugues; Amalric-Rufus, dit de Marcoing, son gendre; Hugues
« Sohier, dit d'Iliers, son frère; Foulques-Liérin, Vicomte de Cam-
« bray; Liétard de Brochet, dit Cuvilliers; Watier ou Walter Ru-
« riac ou de Roussy, dit Cholet; Marc de Cambray; Huard, Ar-
« naud, Isaac d'Huy, neveux du défunt Comte Arnaud de Cambray;
« Venchil de Quentin, fils d'Adam de Vallincourt; Gérard de Saint-
« Aubert; Hugues de Crèvecœur; son fils Olard; son frère Senvard;
« Watier ou Walter de Tonnerre; Raimbauld Créton, dit d'Estour-
« mel; Amalric de Caudery; Tietur de Haucourt; Hugues de la
« Fosse; Aleime de Manerys; Gautier de Venchy; son fils Richard;
« Hugues de Runnel; Rodolphe de Vincy; Heruard et Odon dit le
« fils de Senvart; Watier ou Walter de Guinelieu, ou de Guines,
« ou de Gonnelieu, dit de Viestis; Gilles Louvet, dit de Saint-Vé-
« dast, ou de Saint-Waast; Hugues de Solennes; René de Fonte-
« ricœur ou de Fontrichard; son frère Watier ou Walter, nos
« neveux; Hubert de Forêt, de Foresto ou du Bois; Enguerrand
« d'Anneu, neveu de R. Trith; Gauthier d'Aubenchel; son neveu
« Baudoin; Siger de Thuins ou de Thuy; Amand de Bourlong;
« Watier ou Walter d'Audencourt; Jacques de Saint-Hilaire; Hu-
« gues de Canny; son fils; Joseph de Longart ou de Longuesart, ou
« de Lancastre; Gilles d'Auraing; Gilles de Caulery; Jean Seren-

« villiers; Terric de Briastre ou de Bryas; Gilles de Lesdaing; Ar-
« nould d'Orville; son fils; Terric de Meuvres; René de Sart;
« Werric de Grincourt; Adam de Goderys; son fils; Alman d'On-
« gnles; filles de Wambais; Renaud d'Aspiers, ou d'Asp; son fils;
« Gauthier de Péloncourt; Gilles de la Faille ou de Failly, ou le
« Fayet; Baudoin des Marets ou des Marais; Gilles Grébert, dit le
« fils de Tieterin; Joseph Beuglens; Hugues le Loup, dit de Bau-
« tuel; Paganus, ou Païen, ou Le Page de Bouillon; Gauthier de
« Kiery; Robert le Mire; son fils; Rigauld de Fuselier, dit de Ga-
« beville; Gilles de Fontaine; Grégoire de Floriac ou de Flory;
« Gauthier Fléchier, ou de Flaix, ou de Fles, neveu de Verchil;
« Jean de Berlette ou de Barletto ou de Barelle, Michel, dit Ber-
« nard; son fils; Renaud ou Rainald de Goüy, ou de Goy, dit le
« Charpentier ou le Carpentier; Amand Picot ou Picard; Wasnulf
« de Régnier; Je. Regulalmes; et Pierre, dit Goulart.

« Parmi les seigneurs d'ARTOIS, c'étaient: Robert, dit d'Artois;
« Hugues de Haret, dit d'Albigny ou d'Aubigny; Anselme de Hou-
« daing ou du Herdaing; Baudoin de Lens; Rumold, Hugues et Go-
« defroy d'Inchy, parents dudit Baudouin Cauderon; Eustache de
« Neufville ou de Neuville; Guy de Caunicourt; Roger Bouxel;
« Baudoin de Bailleul; Hubert d'Estrées; Sicher et Alexandre d'A-
« blain, ou d'Ablaing; Gauthier de Guinelieu, ou de Guines, ou de
« Gonnelieu; Guillaume de Vailly; son frère; son neveu Guil-
« laume, dit le Blond ou Blondel; Olard de Neufville ou de Neu-
« ville; Oprime de Montignac ou de Montaignac, ou de Montaigne
« ou de Montigny; Hugues de Bernimicourt; Pierre de Noyelle;
« Wascon de Cordes; Vascon de Gieslons ou de Gislain; son fils,
« Foulques de la Motte; Armand Burnel; Arsel de Saint-Léodegard,
« ou de Saint-Léothard; Huard de Dovrin; Rumold de Bollemont;
« Étienne du Hamel; Frémin de Tortekeu; Martin de Sains, dit de
« Duras; Guillaume Hangard; son neveu; Paul de Berberis; Jean
« Corbehen; Ambroise de Marsville ou de Marville; Amand de La-
« gnicourt; Walbert de Fampolion; Gilles d'Arras, neveu du Châ-
« telain; Virel de Raismes; son frère Lietbert; Gautier Vagnou-
« ville; Gauthier de Ranchicourt; Hugues, dit le Petit; son fils;
« Hugues de L'Escluse; Alard de Bullecourt; Martin Peaucorne;
« Guimar de Ribestelle; Adam de Sélency; Gervais de Hermes; Si-
« mon du Val; Jacques Kieret; et Simon de la Porte.

« Parmi les Seigneurs de Tournai et des environs, ceux-ci seule-
« ment : Hélie ou Hellin de Vavrin, fils d'H...; Conan de Tournai;
« Hugues de Lannoy; Jacques de Bonduesse; Gossuin d'Esquebecque;
« Hugues, dit de Parmentier; son fils; Amand de Hems; Eustache
« de L'Angle; Jean de Hames; Vagon de La Planche; Valnulf de
« Saint Amand, Mathieu d'Ath; Brisleux de Saint-Pierre; Man-
« frid de Saint-Martin; Gérard Willelm; son fils Gérard; Hugues
« Leblanc; et Simon Bus; enfin un certain nombre de Serfs, qui tous
« ont promis aussi de commencer, cette année même, l'Expédition
« annoncée de la Croix.

« Fait l'an mil quatre-vingt-seize, à ANCHIN, où nous avons
« donné une de nos Chartes à conserver.

« Louange, honneur et gloire soient à Dieu. Ainsi soit-il.

« Moi, Rumold, Moine, j'ai écrit et relu la présente. »

Pour obtenir une *Traduction* absolument exacte des noms de famille concernant les *deux cent cinquante Croisés* mentionnés dans
la *Charte d'Anchin*, il faudrait se livrer à des recherches fort lon-
gues et parcourir un nombre considérables de documents recueillis
dans les Bibliothèques de l'Est et du Nord de la France, ainsi que
dans celles du Hainault, de la Belgique et des Pays-Bas. Quant à
Renaud de Goüi ou de Goy, dit le *Charpentier*, son nom patronimique s'écrivait autrefois de bien des manières : (*de Gouy, de Goüy,
de Goui, de Gouye, de Goye, de Goyck, de Ghoy, de Goï, de Guoys,
de Gois, de Goy, etc.*); comme le démontrent les Œuvres de plus d'un
Historien : (Dôm Lobineau. — Froissart. — Mém. de Phil. de Commines. — Hist. du Cambrésis, par J. Le Carpentier. — Dict. de La
Chesnaye des Bois. — d'Hozier. — Œuvres générales d'André du
Chesne. — Hist. de la Prov. d'Utrecht, par Freschot, 1713.
Hist. génér. des Prov. Unies, par D***, 1770 — Les Olims, par le
Comte Beugnot, etc. Toutes les branches de cette famille reconnais-
sent le *Nord-Est* de la Gaule pour leur patrie d'origine.

BULLETIN QUATORZIÈME

BULLETIN XIV.

PARAGRAPHE 1ᵉʳ. — Le reste de l'Armée, c'est-à-dire Raimond de Saint-Gilles, le Duc Godefroy et les autres Pélerins, pleins d'allégresse, arrivèrent tout joyeux devant Jérusalem, le troisième *jour de Fête*, le septième depuis le commencement de Juin. (1)

On fit un Siége très-rigoureux, en serrant de près les murailles.

Robert-le-Normand et le Comte de Flandre s'établirent au Nord de la ville, près de l'Église bâtie en l'honneur du *premier martyr Saint Étienne*, sur la place où celui-ci reçut avec bonheur les coups de pierres pour le nom du *Christ*.

Le Duc Godefroy et Tancrède assiégèrent du côté de l'Occident.

Au Midi, Raimond de Saint-Gilles, sur la montagne de *Sion*, près de l'Église de Sainte-Marie, Mère du Seigneur.

Cet édifice est bâti à l'endroit où la Vierge émigra du Siècle, où le Seigneur fit la *Cène* avec ses Disciples et où le Saint-Esprit descendit dans les âmes des Apôtres. (2)

Le troisième jour, (3) un certain nombre de nos Chevaliers quitta l'Armée du Saint-Sépulcre pour faire du butin ; c'étaient *Raimond Pilet, Raimond de Tournai,* (4) et d'autres en leur compagnie. Or, ils

---

(1) Le Mardi, 7 Juin 1099.
(2) « .... dans les âmes des Disciples. »
(3) Le Jeudi, 9 Juin 1099.
(4) « *Raimundus Piletus et Raimundus de Torena.* »

rencontrèrent deux cents Arabes. Les Chevaliers du *Christ* livrèrent un combat à ces païens ; *Dieu* aidant et le Saint-Sépulcre aussi, les Chrétiens défirent les Ennemis, en tuèrent beaucoup, et s'emparèrent de trente chevaux.

Le jour de la *seconde Fête* (5), les Pèlerins attaquèrent la ville avec une telle valeur que la Place fût tombée en leur pouvoir si les échelles eussent été prêtes.

Toutefois, ils renversèrent le mur le plus bas et dressèrent une échelle contre le plus élevé ; nos Chevaliers montèrent ; ils frappaient de leur mieux les païens de la garnison avec la lance et l'épée.

Là, mourut *Renaud* (5 bis), Chambellan de Lusignan, ainsi que bien d'autres ; mais il périt également un certain nombre d'Ennemis.

Les Chrétiens furent très-éprouvés par la disette. Depuis dix jours on n'avait pas mangé de pain, lorsqu'arriva un messager de la flotte chargé d'annoncer que nos vaisseaux avaient jeté l'ancre au port de *Joppé*. (6)

PARAGRAPHE II. — Au petit point du jour sortirent de l'Armée de Raimond de Saint-Gilles cent Chevaliers, savoir, *Raimond Pilet, Gaudemar Carpinel, Achard*

---

(5) Le Lundi, 13 Juin 1099.
(5 bis.) « *Raginaldus, dapifer Liziniacensis.* » — A.
« *Reginaldus, dapifer Hugonis Liziniacensis.* » — C.
« *Raimundus, dapifer Hugonis Liziniacensis.* » — D.
(6) « *porto Jaci.* » — A. — « *Jafi* » — B. C. — « *Rafi.* » — D.
Autrefois : *Joppé*, aujourd'hui : *Jaffa*, port de SYRIE.
« *Nos Seigneurs décidèrent alors en conseil, d'envoyer des Chevaliers et des Hommes-liges protéger sérieusement les matelots et les navires venus au port de Jaffa.* » — C. D.

de Mesleran (7), Guillaume de Sabran (8), et d'autres dont j'ignore les noms.

Pendant qu'ils étaient en marche dans la direction du port, trente Chevaliers, sous les ordres de Gaudemar et d'Achard, se séparèrent de leurs compagnons de route, et rencontrèrent des Arabes, des Turcs et des Sarrasins, au nombre de six cent. (9).

Les Chevaliers du Christ les attaquèrent courageusement ; mais les forces de ces païens dépassaient tant les nôtres, que les Ennemis enveloppèrent les Chrétiens, tuèrent Achar de Mesleran et massacrèrent les pauvres gens obligés de combattre à pied.

Pendant que les païens tenaient nos Pélerins si bien enfermés que tous ceux-ci pensaient mourir, un courrier vint dire à Raimond Pilet : « Pourquoi demeurez-« vous ici avec ces Chevaliers ? Tous les nôtres sont

---

(7) V. Guill. de Tyr, L. VIII, C. IX, p. 337.

(8) « *Raimundus Piletus et Gaudemarus Carpinellus, et Achar-« dus de Montmerlo, et Willelmus de Sabra.* » — A.

« *Raimundus Piletus et Gaudemarius Carpinellus, et Acardus « de Montmerlo, et Willelmus de Sabra.* » — C.

« *Raimundus Piletus et Gaudemarus Carpinellus, et Achardus « de Montemerlo, et Willelmus de Sabra.* » — D.

« *Gaudemar Carpinelle.* »

« *Acardus de Monte-Merulo.* » (V. Raimond d'Aguilers.)

Achard de Mesleran, (Montmesleran), d'après les lignes suivantes, où il est parlé d'un autre personnage : « *Guillaume étoit de « l'ancienne Maison de Mesleran au pays d'Ouche du côté de « Séez, connue dans les monuments latins sous le nom de* Merula « *et bienfaitrice de l'Abbaïe de Saint-Evroul.* » (V. Hist. litt. de la France, par les Bénéd. de Saint-Maur. T. VII, p. 602.)

Peut-être faudrait-il dire : *Achard de Montmerlan* ou *de Montmeillan*.

(9) « *sept cent.* » — D.

« engagés dans une bataille contre des Arabes, des
« Turcs et des Sarrasins, et peut-être à cette heure
« ont-ils péri jusqu'au dernier. Venez à leur aide,
« secourez-les. »

Les Pèlerins eurent à peine entendu le récit du messager qu'ils étaient partis au grand galop ; en arrivant, ils trouvèrent les Chrétiens encore les armes à la main.

Les païens, à la vue des Chevaliers venus du chemin de Jérusalem, se divisèrent aussitôt et formèrent deux Colonnes.

Après avoir invoqué le nom du Christ, et celui du Saint-Sépulcre, les nôtres attaquèrent si bravement que chacun renversa son adversaire.

Comprenant alors qu'ils ne pourraient tenir tête plus longtemps contre la valeur des Chrétiens, les Ennemis, sous l'empire d'une frayeur extrême, tournèrent le dos et prirent la fuite.

Nos Pèlerins firent près de quatre milles à leur poursuite ; ils en tuèrent beaucoup et en gardèrent un vivant pour avoir des renseignements détaillés ; ils s'emparèrent aussi de cent trois chevaux.

PARAGRAPHE III. — Devant Jérusalem, les assiégeants étaient si tourmentés par la soif (10), qu'ils allaient ordinairement chercher de l'eau à une distance de six milles dans des peaux de bœuf, de buffle ou de chevreuil. On se servait de l'eau rendue fétide et huileuse au contact de ces vases, de sorte que nous étions tous les jours dans un grand embarras et dans l'ennui, à cause de ce breuvage infect et du pain d'orge.

Il est vrai, la *fontaine de Siloé*, au pied du Mont

---

(10) V. Guill. de Tyr. L. VIII, C. VII. p. 333.

Sion (11), nous servait bien tant soit peu. Mais, néanmoins, l'eau se vendait si + cher + (C. D.) parmi les Chrétiens qu'un seul homme ne pouvait étancher sa soif pour un sesterce.

Les Sarrasins se postaient à toutes les fontaines, à tous les puits, dressant des embuscades à nos gens, et les tuant quand ils le pouvaient ; ils emmenaient les animaux dans les cavernes, les grottes ou les montagnes. Ils tuaient, aussi, dans les vignes, les Pèlerins qui allaient cueillir des grappes.

PARAGRAPHE IV. — Nos Seigneurs en furent très-irrités. Ils firent une assemblée où les Évêques et les Prêtres approuvèrent l'idée de faire une Procession autour de la ville.

En conséquence, les Évêques et les Prêtres, (12) pieds nus, revêtus des ornements sacrés et portant des Croix dans leurs mains, se rendirent de l'Église Sainte-Marie, située sur la montagne de Sion, à l'Église de Saint Étienne, le premier martyr, en chantant des psaumes et priant le Seigneur *Jésus-Christ* de délivrer sa Cité sainte et son Sépulcre des païens, et d'en confier la garde aux Chrétiens pour y pratiquer son culte sacré. (13)

Les Clercs étaient aussi en costume de cérémonie.

Les *Chevaliers* et les *hommes-liges* les accompagnaient tout armés.

A cette vue, les Sarrasins allaient dans le même

---

(11) « *ad radicem montis Syon.* »

(12) Om. « .... *approuvèrent l'idée de faire une procession autour de la ville. En conséquence, les Évêques et les Prêtres...* » — D.

(13) V. Guill. de Tyr, L. VIII. C. XI. p. 310.

sens sur les murailles de la ville, portant au bout d'une hampe *Mahomet* (14) couvert d'un drap.

Parvenus à l'Église de Saint Étienne, les Chrétiens y firent une *station*, comme c'est l'usage dans nos Processions. (15)

Les Sarrasins, qui assistaient aux prières, criaient du haut des murs, poussaient des hurlements dans leurs trompettes (16), et employaient toutes les marques de dérision imaginables.

Ils portaient des coups avec un bâton, sous les yeux de tous les Chrétiens, sur la Très-Sainte Croix par laquelle le *Christ* miséricordieux, en versant son sang, racheta le genre humain. (17)

Ensuite, pour affliger davantage les Pélerins, les Ennemis fracassaient la Croix contre le mur en disant à haute voix : « *Frangia, gip salip !* » ce qui, dans notre langue, signifie : « *Francs, c'est la vraie Croix !* » (18)

PARAGRAPHE V. — En présence de ce spectacle, les Chrétiens, émus d'une profonde douleur, gravirent les côteaux avec leur Procession, sans cesser de prier, jusqu'à l'Église du *Mont des Oliviers*, d'où le *Christ* monta au ciel.

---

(14) « *Machomet.* »

(15) Om. « ..... *dans nos processions.* » — D.

(16) « *ululabant cum buccinis.* »

(17) « *Ils faisaient faire une Croix semblable à celle par laquelle le CHRIST miséricordieux, en versant son sang, racheta le genre humain. Ils la frappaient avec un bâton.* » — C. D.

(18) « *Frangi, ogit salio.* » — B.
« *Frangi, agip salip.* » — C.
« *Frangia, gip salip.* » — D.
Littéralement : « *Franci, mira crux.* »
« *Francs, la fameuse Croix !* »

Là, un Clerc très-recommandable, nommé *Arnulf*, (19) montra, dans son sermon, les grâces que *Dieu* avait accordées aux Chrétiens qui ont suivi ses traces jusqu'à ce rocher d'où le Seigneur s'éleva dans les Cieux.

Les Sarrasins, qui voyaient tous les Chrétiens et pouvaient parfaitement les distinguer entre le *Temple du Seigneur* et celui de *Salomon*, couraient ici et là en faisant des menaces. (19 bis)

Les Pélerins vinrent encore, toujours avec la Procession, au Monastère de Sainte-Marie dans la *vallée dite de Josaphat*, (parce que le corps du Saint y fut ravi au ciel;) puis ils retournèrent au Mont des Oliviers. *Là, au moment où l'on allait entrer dans l'Église, un Clerc faisant partie de la Procession reçut une flèche au milieu du front et expira.*

Je pense que son âme règnera auprès du *Christ* pendant les Siècles des Siècles. Ainsi-soit-il!

PARAGRAPHE VI. — *Il faut en croire celui qui, le premier mentionne ce fait par écrit, car, faisant lui-même partie de la Procession, il fut témoin et rapporte ce qu'il a vu de ses propres yeux, c'est-à-savoir Pierre Tudebœuf.* (20)

---

(19) Cet *Arnulfus* ou *Ernulfus*, devint Patriarche de Jérusalem.
(19 bis.) « *avec des sabres et des bâtons.* » — C. D.
(20) « *Credendus est qui primus hoc scripsit, quia in processione
 fuit et oculis carnalibus vidit, videlicet Petrus Tudebovis.* » — A.
« .... *videlicet Petrus Tudebovis sivracensis.* » — C.
« .... *scilicet Petrus sacerdos Tudebovis sivracensis.* » — D.
« .... *scilicet Petrus sacerdos Tudeboius sivracensis.* » — B.

BULLETIN QUINZIÈME

BULLETIN XV.

PARAGRAPHE Ier. — Les nôtres s'occupèrent immédiatement d'organiser les moyens de prendre la ville, et d'arriver au Sépulcre du Seigneur Sauveur pour l'y adorer.

On fit deux Citadelles en bois et diverses autres machines.

Le Duc Godefroy construisit sa Forteresse et des machines ; Raimond de Saint-Gilles (1) aussi.

De très loin, ils faisaient traîner et apporter des bois, par des attelages de cinquante ou soixante Sarrasins prisonniers.

Les Chrétiens se servaient ainsi de leurs propres Ennemis pour les combattre.

Les Sarrasins, voyant nos Troupes fabriquer ces machines, fortifiaient admirablement la ville et travaillaient jour et nuit à exhausser les tours.

PARAGRAPHE II. — Un jour, ils envoyèrent un Sarrasin examiner comment les Chrétiens s'y prenaient pour exécuter leurs inventions. Or les Syriens, et les Grecs, reconnaissant dans cet homme un Sarrasin, le désignèrent aux Chrétiens, en disant : *Ma te Christo, caco Sarrazin !* (2) ce qui signifie dans notre langue : « Par le Christ, c'est un maudit Sarrasin ! »

Les Chrétiens l'arrêtèrent et lui firent demander par

---

(1) « *Le Comte Raimond.* » — C. D.
(2) « *Ma te Christo, caquo Sarrazim.* » — C.
« *Ma te Christo, caquo Sarrazin.* » — D.
En Grec : « MA TON C'HRISTON, KAKOS SARRAKÉNOS. »

drogman, c'est-à-dire par interprète, dans quel but il était venu.

Il répondit : « *Les Sarrasins m'ont envoyé ici parce qu'ils voulaient connaître le système de vos inventions.* »

Les Chrétiens lui dirent alors : « *C'est bien !* » et, l'ayant saisi, pieds et poings liés, le placèrent au fond d'une machine appelée *pierrier (petrera)*. (3)

Ils réunirent toutes leurs forces afin de le lancer dans la ville ; mais ils n'y réussirent point ; car, avec un si grand élan, les cordes se rompirent avant que l'espion eût atteint le mur de la ville, et l'homme fut mis en pièces.

Les nôtres voyant le côté le plus faible de la ville, à l'Orient, (4) y transportèrent, dans la nuit d'un Dimanche, (5) nos machines et nos citadelles de bois.

Avant l'aurore, ils commencèrent à les installer, à les monter et à les armer, ce qui demanda la *première*, la *seconde* et la *troisième Fête*, (6) en travaillant jour et nuit.

Pendant les *quatrième* et *cinquième Fêtes*, (7) on

---

(3) « *Petrera.* » — A. C. « *Perera.* » — D.
« *Petraria.* » V. ce mot ; Dict. de moyenne et basse latinité de Du Cange.

(4) Om. « *à l'Orient.* » — C. D.

(5) « *in quâdam nocte Sabbati.* »
Le Sabbat des Israélites est le Samedi, celui des Chrétiens, le Dimanche.

(6) Les Dimanche, Lundi et Mardi.

(7) Les Mercredi et Jeudi.
« *In quarta feria usque ad primam et in quinta feria.* » — D. — Le Mercredi jusqu'à la première Veille et le Jeudi. Les Veilles romaines se comptaient de 6 heures du soir à 6 heures du matin. Il y en avait quatre :

pressa la ville de tous côtés d'une manière admirable.

Le jour de la *sixième Fête*, de grand matin, on attaqua sur tous les points à la fois, mais inutilement ; chacun en était confondu et dans une fort sérieuse inquiétude.

PARAGRAPHE III. — Cependant on approchait de l'heure où Notre-Seigneur Jésus-Christ (8) daigna par la Passion, souffrir l'ignominie du gibet (9) pour l'amour de nous, (10) et nos Chevaliers (11) combattaient toujours vaillamment dans une des Citadelles avec le Duc Godefroy et son frère le Comte Eustache.

1re veille (vigilia), de 6 heures du soir à 9 heures.
2e — de 9 heures à minuit.
3e — de minuit à 3 heures du matin.
4e — de 3 heures du matin à 6 heures du matin.

Le jour était subdivisé de la manière suivante :
La 1re heure était achevée à 7 heures du matin de la méthode moderne.

2^e	—	8 —
3^e	—	9 —
4^e	—	10 —
5^e	—	11 —
6^e	—	12 ou midi.
7^e	—	1 heure après midi.
8^e	—	2 —
9^e	—	3 —
10^e	—	4 —
11^e	—	5 —
12^e	—	6 du soir.

(8) « *On attaqua la Cité sainte de Jérusalem ; mais on ne put rien contre cette garnison païenne jusqu'à l'heure où Notre-Seigneur Jésus-Christ*..... » — C.

(9) Om. « *du gibet* » « *patibulum.* »

(10) « .... *pour nos péchés.* » — C.

(11) « .... *les Chevaliers du Saint-Sépulcre...* » — C.

Alors, un de nos Chevaliers, nommé *Letot*, (12) monta sur la muraille ; le Comte Eustache et le Duc Godefroy l'y suivirent.

Immédiatement tous les défenseurs de la Place prirent la fuite sur les murs et dans la ville ; (13) nos Pèlerins, en les poursuivant, les tuaient et les décapitaient.

Raimond (14) travaillait depuis midi à rapprocher sa Forteresse du mur. Mais, entre elle et l'enceinte, il existait une douve très-profonde.

Raimond prit sur le champ le parti de faire combler ce fossé.

---

(12) « *Letot.* » — D.
V. Guill. de Tyr. L. VIII, C. XVIII, p. 351. — Var. : « *Letoht Lethot, Letholdus, Letoldus, Lettoldus, Lictoldus.* »

(13) « *Immédiatement tous les Païens qui défendaient la Place
« de ce côté, descendirent du mur et se sauvèrent.* » — C.

(14) « *Raimond, comte de Saint-Gilles.* » — D.
Raimond IV, Comte de Saint-Gilles et de Toulouse, l'un des plus illustres Princes de la première Croisade, était frère utérin d'*Hugues VI de Lusignan*. *Almodis*, mère d'*Hugues VI*, répudiée par *Hugues V de Lusignan*, avait épousé *Ponce, Comte de Toulouse*. *Raimond, fils de Ponce*, mourut en PALESTINE, le 2e Jour des Calendes de Mars de l'année 1105, (le Mardi, 28 Février), à *Mont-Pèlerin*, Château-Fort qu'il avait élevé tout près de *Tripoli*. Son neveu, *Guillaume Jordan*, de *Jordan* ou du *Jourdain*, « *Guillelmus Jor-
« danus, seu Jordanis,* » lui succéda dans le commandement des Troupes, gouverna le Pays et continua de presser la Ville de *Tripoli* jusqu'en 1109, époque où *Bertrand*, fils du *Comte Raymond*, débarqua en ASIE. Ces deux Seigneurs se disputèrent le droit de garder la Place avant qu'elle fût prise. Guillaume se retira au *Mont-Pèlerin*. La concorde renaissait à peine entre les deux cousins, lorsque Guillaume, voyageant à cheval pendant la nuit fut tué à l'improviste, par une petite flèche. *Bertrand* devint *Prince de Tripoli*, et vassal du roi *Baudoin*. (V. Hist. Occ. des Cr. T. III, in-fol. Acad. p. 400. note e.; Foucher de Chartres, chap. XXX, XL et XLI).

Il fit donc publier qu'il paierait un denier pour trois pierres que l'on y apporterait. L'opération dura trois jours et deux nuits. La douve remplie, on traîna la Citadelle contre une tour.

Mais la garnison (15) continuait à lutter avec bravoure contre nos Troupes, à force de pierres et par le feu.

Elle réussit même à défoncer la partie supérieure de la Citadelle de Raimond de Saint-Gilles.

Ce dernier, avec ses Chevaliers, devant la plateforme à moitié démolie qui paraissait brûler, était contrarié et bien embarrassé, quand il remarqua tout-à-coup la présence de trois Chevaliers de l'Armée du Duc Godefroy. Ils venaient par le Mont des Oliviers en criant que le Duc Godefroy et ses hommes étaient dans la ville.

A la nouvelle que les Francs s'étaient introduits dans la Place, le Comte Raimond dit à ses gens : « *Pourquoi tarder plus longtemps ? Les Francs sont « déjà entrés.* »

Quand on eut entendu ces paroles, on prit des échelles, on les dressa contre le mur, et l'on pénétra de la sorte dans Jérusalem (16) en combattant.

PARAGRAPHE IV. — L'Émir (17) qui était dans la *tour de David* se rendit à Raimond de Saint-Gilles et lui ouvrit la Porte par où les Pélerins passaient ordinairement pour payer les tributs.

---

(15) « *la garnison de la ville et de la tour...* » — C. D.
(16) « *dans la cité sainte de Jérusalem.* » — C.
(17) « *Istichar-el-Daula,* » ou « *Istichar-Eddaule,* » ou « *Isticharus-Eddaule,* » qu'*Afdhal*, Émir de Babylonne, avait établi Gouverneur de Jérusalem.

Cette capitulation eut lieu sous la condition de faire conduire sains et saufs, à *Ascalon*, l'Émir et ceux qui se trouvaient avec lui dans la tour ; le Comte tint parole.

Les Pélerins avançaient dans les rues ; ils tuaient les Sarrasins et les autres païens en les poursuivant jusqu'au Temple de Salomon et celui du Seigneur.

Là, rassemblés, les Ennemis livrèrent aux Chrétiens une grande bataille qui dura tout le reste du jour.

Nos Pélerins firent un si grand carnage que le sang coulait partout au Temple. (18)

Enfin les païens étaient vaincus ; on en saisit une foule, de l'un et l'autre sexe, dans le Temple ; on mit à mort les uns ; on garda les autres comme prisonniers.

Au-dessus du Temple de Salomon, il y avait un rassemblement considérable de païens, hommes et femmes ; Tancrède et Gaston de Béarn (19) leur envoyèrent leurs étendards.

Bientôt on parcourut toute la ville pour y prendre l'or et l'argent, les chevaux et les mulets, et s'emparer des maisons pleines de toutes sortes de richesses.

Tout le monde vint ensuite dans la joie et pleurant d'émotion au Saint-Sépulcre de Notre Sauveur.

Le matin venu, Tancrède fit publier qu'il fallait aller en masse au Temple pour tuer des Sarrasins. (20)

On s'y rendit, et chacun se mit à tirer de l'arc et à tuer beaucoup d'Ennemis.

---

(18) « .... *le sang ruisselait dans le Temple de Salomon et sur toute la place qui entoure le Temple du Seigneur.* » — C. — « *le Temple de Notre-Seigneur.* » — D.

(19) « *Gaston de Bearn.* » — A. — « *Gastos de Bearn.* » — C. — « *Gastos de Beern.* » — D.

(20) Om. « .... *pour tuer des Sarrasins.* » — D.

Un certain nombre de Chrétiens monta sur le toit du Temple ; ils attaquèrent les Sarrasins, hommes et femmes qui s'y trouvaient, les décapitant avec des épées nues.

Il y avait des Ennemis qui se précipitaient sur le sol ; les autres mouraient en haut.

PARAGRAPHE V. — Le jour suivant, les Chrétiens s'assemblèrent devant le Temple du Seigneur, en disant que chacun devait prier, faire des aumônes et jeûner pour que Dieu leur fît élire l'homme de son choix comme Prince, chargé de gouverner la ville (21) et et d'enlever aux païens leurs possessions. (22)

Mais les Évêques et les Prêtres furent d'avis qu'en premier lieu il fallait jeter hors de Jérusalem tous les Sarrasins morts, dans la crainte que la puanteur déjà forte ne devînt nuisible.

En effet, toute la ville était pleine de ces cadavres.

On fit donc traîner les corps jusqu'au delà des Portes par les Sarrasins vivants. Ces derniers rangèrent régulièrement les cadavres par tas semblables à des maisons, puis ils les consumèrent tous dans le feu.

A-t-on jamais pu voir ou ouïr pareil carnage des Troupes païennes !

Hormis Dieu, personne ne sait le nombre de ceux qui ont péri.

Le huitième jour depuis la prise de Jérusalem, on fit une Fête dans toute la ville ; puis, dans la même journée, on forma une assemblée où le Duc Godefroy (23)

---

(21) « la ville sainte de Jérusalem. » — C. D.

(22) « et paganos espoliaret. » — A. C.

« et paganos expœliaretur. » — D. — « et de combattre sans « cesse les païens. »

(23) V. Guill. de Tyr. L. IX, C. I — III, p. 314 et s.

fut élu Prince du pays, chargé de combattre les païens et de protéger les Chrétiens.

On élut aussi Patriarche (24) un très-savant et honorable Personnage (25) nommé *Arnoul* (26), le jour de la *Fête de Saint-Pierre-ès-liens.* (27)

La Place fut prise par les *Chrétiens de Dieu* le XVe jour de Juillet, dans la *sixième Fête* (28), grâce au secours de Notre-Seigneur Jésus-Christ (29) à qui appartiennent honneur et gloire dans les Siècles des Siècles. Ainsi soit-il !

---

(24) « *elegerunt patriarcham.* » — A. — « *in loco Patriarchæ.* » — C. D.

(25) « *quemdam sapientissimum et honorabilem virum.* » — A. « *quemdam sapientissimum et honorabilem clericum.* » — C. D.

(26) « *Arnulfus.* » V. Orient. Christ., T. III., C. 1241-1245; et Guill. de Tyr : L. IX, C. IV, p. 369.

(27) Le Lundi, 1er Août 1099.

Cet *Arnoul*, était *Chapelain de Robert, Duc de Normandie*; il ne faut point le confondre avec un autre *Arnoul, Évêque de Martorano.*

(28) Le Vendredi, 15 Juillet 1099.

(29) Om. « *Jésus-Christ.* » — D.

BULLETIN SEIZIÈME

BULLETIN XVI.

PARAGRAPHE 1ᵉʳ — A cette époque, un messager vint avertir Tancrède et le Comte Eustache de se préparer pour aller recevoir la soumission de la ville de *Népoli*. (1)

En conséquence, ils partirent, emmenant avec eux un grand nombre de *Chevaliers* et de *Fantassins*; ils arrivèrent devant la cité dont les habitants se rendirent aussitôt.

Or, sur les entrefaites, le Duc Godefroy fit mander par un courrier à son frère Eustache et à Tancrède de retourner immédiatement près de lui.

En effet, il avait appris que l'Émir (2) de Babylone était à *Ascalon* (3), où il prenait ses dispositions pour être en état de s'emparer d'assaut de Jérusalem. Le Prince ennemi faisait apporter des chaînes et d'autres liens en fer afin de garotter les jeunes hommes Chrétiens, et de les tenir plus sûrement en esclavage. (4) Il avait, en outre, ordonné de mettre à mort tous les Chrétiens âgés. (5)

---

(1) « *Neapolitana.* » — A. C. — « *Neopolitana.* » — D. Autrefois: *Sichem*.

(2) *Afdhal Émir el Djujuch.* (c'est-à-dire Général-en-Chef.) V. Extraits des Hist. Arabes, p. 12; et *Hn-Khald.* p. 53.
Il régnait sur les *Fatimites* du CAIRE; il était en même temps Émir de Babylone.

(3) « *Scalonia.* » — A. D. — « *Scalona.* » — C.
Ou plutôt *Ascalo* ou *Ascalonia*.

(4) « .... *pour servir les païens et leurs enfants.* » — C. D.

(5) « .... *tous les Francs âgés, de l'un ou de l'autre sexe.* » — C. D.

A cette nouvelle, le Comte Eustache et Tancrède revinrent sur leurs pas avec allégresse, à travers les montagnes, fort désireux de combattre les Sarrasins.

Ils allèrent d'abord à *Césarée*; (5 bis) puis ils suivirent le rivage de la mer jusqu'à la ville de *Rama*. (5 ter) Là, ils rencontrèrent un grand nombre d'Arabes, signe avant-coureur du combat.

Ils les poursuivirent et s'emparèrent de plusieurs d'entre eux qui, bon gré malgré, furent bien obligés de raconter en détail toutes les nouvelles de la guerre, le lieu où se trouvaient les Ennemis, leur nombre, l'endroit où ils se proposaient de livrer bataille aux Chrétiens. Après avoir recueilli ces renseignements, le Comte Eustache et Tancrède envoyèrent de suite à Jérusalem un courrier chargé de dire au Duc Godefroy, au Patriarche *Arnulf*, et à tous les Princes : « *La bataille se prépare sous les murs d'Ascalon* ; (6) *venez donc avec toutes les forces dont vous pourrez disposer.* »

PARAGRAPHE II. — Le Duc Godefroy fit aussitôt publier (7) que tous les Pèlerins en état de se mettre en campagne étaient invités à marcher sur Ascalon, à la rencontre des Ennemis de Dieu.

Le Prince quitta lui-même Jérusalem en compagnie du Patriarche, (8) du Comte de Flandre (9) et de l'É-

---

(5 bis.) *Césarée* de PALESTINE, aujourd'hui : *Kaisarich*.

(5 ter.) *Rama*, ville de SYRIE; autrefois : *Arimathie;* aujourd'hui: *Ramla*.

(6) « *Scalonia.* » — A. D. — « *Scalona.* » — C.

(7) « .... *dans la ville de Jérusalem.* » — D.

(8) « .... *en compagnie du Patriarche Arnulf.* » — C.

« .... *en compagnie d'Arnulf, le Patriarche.* » — D.

(9) « .... *du Comte Robert.* » — C. D.

vêque de *Martorano,* (10) le jour de la *troisième Fête.* (11)

Raimond de Saint-Gilles et Robert-le-Normand (12) répondirent : « *Nous n'irons point, tant que la présence de l'Ennemi n'aura pas été positivement confirmée.* »

Ils envoyèrent des gens de leurs Armées vérifier si ce que l'on rapportait était exact, avec cette recommandation : « *Si c'est vrai, revenez au plus vite ; nous serons prêts de suite.* »

Les éclaireurs se mirent en route, aperçurent l'Ennemi, et rebroussant chemin en toute hâte, dirent : « *En vérité, le fait est bien réel ; nous l'avons vu de nos propres yeux.* » Le Duc Godefroy envoya l'Évêque de Martorano à Jérusalem auprès de Raimond de Saint-Gilles, de Robert le Normand et d'autres Seigneurs pour les engager à le rejoindre promptement s'ils désiraient prendre part au combat contre les païens.

L'Évêque de Martorano (13) revenait après avoir transmis l'invitation faite par le Patriarche et par le Duc ; mais, en route, il rencontra des Sarrasins qui s'emparèrent de lui, et l'emmenèrent on ne sait où.

---

(10) *Arnulf,* Évêque de la ville de *Martorano,* en ITALIE. (V. Italia sacra, T. IX, col. 272.)

(11) Le Mardi.

(12) » *Rotbertus Normannus.* » — A. D. — « *Rotbertus Normandus.* » — C.

(13) « *L'Évêque de Martorano repartit donc pour transmettre verbalement l'invitation faite par le Patriarche et par le Duc ; mais...* » — C. D.

MARTORANO, évêché suffragant de *Cosenza* dans la *Calabre citérieure.* L'Évêque s'appelait *Arnoul.*

Raimond (14) et les autres Seigneurs sortirent de la ville (15), dans la *quatrième Fête*, (16) et marchant toujours préparés au combat, (17) se rendirent auprès du Duc Godefroy.

Pierre l'Ermite resta à Jérusalem pour y prêcher les *Grecs* et les *Latins* et les exhorter à faire pieusement une Procession, à prier *Dieu*, à distribuer des aumônes aux pauvres, afin que le Seigneur attribuât la victoire à son Peuple.

Les Clercs, firent, en effet, une Procession, revêtus de leurs habits sacrés, et pieds nus, en portant des Croix dans leurs mains, et récitant des litanies et d'autres prières depuis le Saint-Sépulcre jusqu'au Temple du Seigneur.

PARAGRAPHE III. — Tandis que les Clercs faisaient ainsi une Procession, le Duc Godefroy, Raimond de Saint-Gilles, le Patriarche et les autres Évêques, et tous les Seigneurs (18) se réunirent (19) près de la rivière (19 bis) qui passe sur le territoire d'Ascalon. (20)

Là, ils rencontrèrent une innombrable multitude d'animaux, bœufs, chameaux, moutons, ânes et autres espèces de bétail que les Sarrasins nous envoyèrent, pour

---

(14) « *Raimond de Saint-Gilles.* » — C. D.

(15) « .... *de la ville de Jérusalem.* » — D.

(16) Le Mercredi, 10 Août 1099.

(17) « .... *pourvus du signe de la Croix.* » — C. D. — Om. « *toujours préparés au combat.* » — C. D.

(18) « *le Patriarche Robert le Normand, l'Évêque d'Albaria, le* « *Comte de Flandre et les autres....* » — C.

(19) « *ensemble.* » — D.

(19 bis.) Cette rivière s'appelle *Sou-Krek.*

(20) « *Scalonia.* » — A. D. — « *Scalona.* » — C.

encombrer tout et embarrasser nos mouvements. (21)

Mais les *Chevaliers du Christ* et leurs *hommes-liges* s'emparèrent de tous ces animaux.

Sur le soir, le Patriarche, (22) porteur de la Croix (23) de Notre-Seigneur Jésus-Christ, (que les Pèlerins avaient trouvée à Jérusalem), et le chapelain de Raimond de Saint-Gilles, porteur de la Lance de Notre-Seigneur Jésus-Christ, (24) commencèrent à défendre solennellement au nom de Dieu, du Saint-Sépulcre, de la très-précieuse Lance et de la très-sainte Croix : « *Que personne s'oc-*
« *cupât de recueillir le moindre butin, jusqu'à ce*
« *que la bataille fût terminée, et que les Ennemis*
« *de Dieu eussent été défaits. On reviendrait alors*
« *sur ses pas avec la plus grande allégresse et le*
« *plus magnifique triomphe, et l'on prendrait tout*
« *ce que Dieu aurait mis à la disposition des vain-*
« *queurs.* »

Quand les Pèlerins du Saint-Sépulcre et les Chrétiens du Christ eurent tous entendu cet avis, ils allèrent, dès l'aurore de la *sixième Fête* (25), dans une très-belle vallée, près du rivage de la mer, et organisèrent leurs Colonnes de la manière suivante.

---

(21) « *Mais Dieu et le Saint-Sépulcre ne le voulurent point; les Chevaliers du Christ et leurs hommes-liges...* » — C.

« *Mais Dieu et le Saint-Sépulcre ne le voulurent point; les Chevaliers du Christ, Hommes-liges du Saint-Sépulcre s'emparèrent....* — D.

(22) « *le Patriarche Arnulf.* » — C. D.

(23) « *porteur d'un fragment de la vraie Croix.* — C. D.

(24) « *du Seigneur Jésus-Christ...* » — D.

(25) Le Vendredi, 12 Août 1099.

(25 bis) *Godefroy de Bouillon* mourut, (empoisonné, dit-on), le 18 juillet 1100.

PARAGRAPHE IV. — Le Duc Godefroy, déjà élu Roi de Jérusalem, forma sa Colonne ; Raimond de Saint-Gilles, Robert le Normand, Robert de Flandre et le Comte Eustache firent chacun la leur ; enfin, Tancrède et Gaston de Béarn se réunirent pour en composer une ensemble.

L'Armée s'avança donc en six Colonnes à la rencontre de l'Ennemi.

Les *Archers* marchaient devant, flanqués à leur droite et à leur gauche de tous les animaux (26), chameaux, etc., qui, par un très-grand miracle de Dieu, allaient de la sorte sans conducteur.

La lutte commença immédiatement au nom de Jésus-Christ et du Saint-Sépulcre.

On avait apporté la Lance de Notre-Sauveur ; le Patriarche en personne tenait une portion de la Croix de Notre Seigneur. (27)

Le Duc Godefroy formait la gauche avec sa Colonne. Le Comte Raimond de Saint-Gilles occupait la droite le long du rivage de la mer. Le Comte de Normandie, (28) le Comte de Flandre, le Comte Eustache, Tancrède et Gaston de Béarn, et tous les autres étaient au centre.

Alors, on s'avança lentement dans cet ordre.

Les païens se tenaient immobiles, prêts à combattre. Ces derniers avaient tous un vase suspendu au cou pour boire en se battant avec les Chrétiens.

PARAGRAPHE V. — Robert, Comte de Flandre, attaqua très-vigoureusement, puis Tancrède et tous les autres de même.

---

(26) « .... dont il a été parlé précédemment. » — C. D.
(27) « .... de la Croix même du Sauveur. » — D.
(28) « *Comes de Normannia.* » — A. D. « *de Normandia.* » — C.

Alors les païens tournèrent le dos.

Cependant la bataille était gigantesque ; la multitude des Ennemis était innombrable. (29) Dieu seul en sait le nombre absolu ! La force divine accompagnait nos Pélerins ; elle était si grande et si efficace qu'ils faisaient peu de cas du nombre.

Les Ennemis de Dieu s'arrêtaient, frappés d'aveuglement et de stupeur ; les yeux ouverts, ils regardaient les Chevaliers du Christ venus de Jérusalem, et ne les voyaient point. Ils n'osaient pas tenir tête aux Chrétiens, tant la puissance de Dieu les avait rendus tremblants.

Telle était leur épouvante qu'ils montaient sur les arbres pour s'y cacher.

Mais les nôtres leur envoyaient des flèches ou les tuaient à coups de lance, et les faisaient choir des branches comme des oiseaux. D'autres païens se couchaient par terre sans oser résister aux Chrétiens.

Ceux-ci les décapitaient comme on tranche la tête au bétail pour le marché.

Raimond, Comte de Saint-Gilles, en tua un nombre incalculable sur le bord de la mer ; celui qui ne pouvait pas fuir se plongeait dans la mer. D'autres se sauvaient dans la ville.

PARAGRAPHE VI. — Devant la Porte d'Ascalon, (30) l'Émir affligé et désolé s'écriait : (31) « O Mahomet !

---

(29) « ..... innombrable, six cent soixante mille hommes, dit-on, « mais Dieu seul ..... » — C. D.

(30) « ..... ante civitatem. » — A.

« ..... ante Escalonam civitatem. » — C.

« ..... ante Scaloniam civitatem. » D.

(31) « ..... en pleurant ..... » — C. D.

« *O nos dieux, qui donc a jamais pu voir ou ouïr pareille chose !*

« *Une si grande puissance, de si formidables
« éléments, une si noble bravoure, des forces si
« nombreuses, qui n'avaient jamais été vaincus par
« aucune Armée Chrétienne ni païenne, ont été bri-
« sés par une troupe de guerriers si petite qu'on la
« pourrait cacher dans le creux de la main !*

« *Malheur à moi ! Dans ma tristesse et mon cha-
« grin, que dirai-je de plus inouï ?*

« *Comment ai-je pu être vaincu par une bande
« de gueux, mal armés, misérables, qui n'ont que
« le sac et la besace ?*

« *Ils poursuivent notre Armée d'Égypte, qui fit
« maintes fois l'aumône à ces gens autrefois men-
« diants dans toute notre patrie.. J'ai amené ici
« une multitude innombrable de Cavaliers et de
« Fantassins, Turcs, Sarrasins, Arabes, Agulans,
« Curtes, Achuparles, Azimites, et autres païens ;
« (32), je les vois fuir tous honteusement, à bride
« abattue, sur la route de Babylone ; ils n'osent pas
« se retourner contre une Armée aussi faible ! Eh !
bien ! En vérité, je le jure par Mahomet et par*

---

(32) « *Scilicet Turcorum, Sarracenorum et Arabum, Agulano-
« rum et Curtorum, Asupatorum, Azimitorum et aliorum pa-
« ganorum......* » — A.

« *...... scilicet Turcorum, Sarracenorum et Arabum, Angula-
« norum et Curtorum, Asupatorum, Azimitorum et aliorum
« paganorum......* » — D.

« *...... Silicet Turcorum, Sarracenorum et Arabum, Agu-
« lanorum et Curtorum, Achupartorum et aliorum paganorum......* » — C.

« toutes les puissances divines, (33) je n'embauche-
« rai plus de Cavalerie désormais, puisque j'ai été
« vaincu par cette insignifiante poignée d'hommes.

« J'ai apporté ici toutes sortes d'armes, d'instru-
« ments, de machines, et des quantités de liens en
« fer. Je pensais conduire les Eennemis garrottés à
« Babylone, ou les assiéger dans Jérusalem.

« Et voici que, par une marche de deux journées,
« ils sont venus au-devant de moi pour me livrer
« bataille ! Que me serait-il donc arrivé si j'avais
« conduit mon Armée à Jérusalem ? Eh ! ni moi,
« ni un seul de mes soldats, je crois, n'eût échappé.

« Que dire de plus ? Je suis déshonoré pour tou-
« jours dans le pays de Babylone ! » (34)

PARAGRAPHE VII. — Un Chrétien prit l'étendard de l'Émir. La hampe, entièrement recouverte d'argent, était surmontée d'un globe d'or.

C'est ce que l'on appelle chez nous : un drapeau.

Robert, Comte de Normandie, l'acheta vingt marcs d'argent, et le donna au Patriarche, (35) en l'honneur de Dieu et du Saint-Sépulcre.

Un Pélerin acheta aussi l'épée de l'Émir soixante by-santins.

Tous nos Ennemis furent donc défaits, avec la permission de Dieu ; aussi étaient-ils complètement découragés.

Les flottes de tous les pays païens assistaient à la bataille. Quand ces vaisseaux eurent vu l'Émir et son Armée en fuite, ils se hâtèrent de mettre à la voile et

---

(33) « ..... et par tous les noms des Dieux..... » — C.
(34) « .... puis il se tut. » — C. D.
(35) ..... et en fit don à un Monastère, en l'honneur..... » — C.D.

de prendre la haute mer après avoir pris à bord l'Emir lui-même.

PARAGRAPHE VIII. — Nos Pélerins se dirigèrent du côté des tentes de l'Ennemi, et s'emparèrent d'immenses dépouilles : or, argent, une masse de manteaux, toutes sortes de richesses, chevaux, mulets, chameaux, moutons, bœufs, ânes (36) et beaucoup d'autre bétail.

Montagnes, collines, plaines, tout était couvert d'une multitude d'animaux.

On trouva des monceaux d'armes. On emporta celles que l'on voulut ; les autres furent entassées ensemble et brûlées.

Les Chrétiens retournèrent à Jérusalem, (37) enchantés et heureux de la défaite de tous les païens.

Nos Pélerins apportaient avec eux une masse de butin, amenaient des chameaux et des ânes chargés de pain-biscuit, de farine, de froment, de fromages, d'étoffes, d'huile et de tout ce dont ils avaient besoin.

Il en résulta une si grande abondance parmi les Chrétiens, que l'on pouvait se procurer un bœuf pour huit ou dix sesterces, une mesure (38) de froment pour douze sesterces, une d'orge pour huit.

Afin de ne laisser aucun détail tomber dans l'oubli, que tous les Chrétiens le sachent : cette bataille fut livrée le deuxième jour des Ides d'Août. (39) Elle nous fut

---

(36) Om. « ..... ânes. » — D.

(37) « ..... à la Ville sainte de Jérusalem..... » — C. D.

(38) « Modium frumenti. »

(39) « Sciant hoc bellum factum esse II Idus Augusti. » — A. « Sciant hoc bellum factum esse duodecimo die intrante Augusti. » — C. D. Le Vendredi, 12 Août 1099.

octroyée (40) par Notre-Seigneur Jésus-Christ, (41) à qui appartiennent honneur et gloire maintenant et toujours dans les Siècles des Siècles, Ainsi-soit-il!

---

(40) « *Largiente Domino.* » — A. « *Largiente hoc Domino.* » — C. D.

(41) « *L'issue de la Journée d'Ascalon fut un prodige éclatant* « *en ce que vingt mille Chrétiens défirent entièrement plus de* « *cinq cent mille infidèles.* » (V. Hist. litt. de la France, par les Bénéd. de Saint-Maur. T. VIII, p. 640).

TABLES

TABLE GÉOGRAPHIQUE

A

Acra (v. Acre).
Acre, 238.
Achra (v. Acra).
Adana, 101.
Ad. Francos (v. Villefranche).
Afrique (L'), 7.
Agreh (v. Areg.).
Akscher (v. Philomena).
Albara, 213, 222, 234, 282.
Albaria (v. Albara).
Alep, 54, 115, 132, 133, 173, 176, 177, 187, 244.
Aleph (v. Alep).
Alexandrette, 191.
Alfi, 101.
Allemagne (L'), 77.
Amalfi, 42, 59.
Amand (Abbaye de St), 240.
Amazônes (Le fleuve des), 171, 172.
Anchin (Abbaye d'), 121, 122, 240, 241, 242, 244, 248, 253.
Andres, 244.
Andrinople, 60.
Angers, 23.
Angleterre (L'), 76, 122.
Annecy, 72.
Antioche, 26, 29, 37, 54, 56, 63, 71, 72, 83, 106, 108, 111, 112, 115, 119, 129, 132, 133, 140, 143, 148, 149, 155, 156, 158, 159, 160, 162, 167, 168, 171, 172, 176, 177, 181, 184, 185, 191, 192, 194, 200, 210, 212, 214, 219, 221, 226, 227, 228, 234, 244.
Anvers, 76.
Apulie (L'), 27, 56, 60, 63, 172.
Aquiscinctum (v. Anchin).
Aquitaine (L'), 26, 32.
Arcas (v. Archas).
Archas (Forteresse), 232, 233, 234, 240, 241.
Archipel (L'), 51.
Archos (v. Archas).
Ardennes (Les), 23.
Areg, 113, 126, 130, 132.
Areght (v. Areg).
Ariano, 62, 63, 128.
Arimathie (v. Rama).
Arménie (L') 38, 101.
Arnould (Abbaye de St) (à Metz), 244.
Arras, 78, 79, 243, 245, 247, 250.
Artase, 214.
Artois (L'), 78, 79, 252.
Ascalon, 12, 13, 30, 36, 39, 272, 279, 280, 282, 286.
Asie (L') 7, 39, 105, 171, 270.

Asie-Mineure (L'), 99.
Athena (v. Adana).
Atrebatum (v. Arras).
Auersperg, 38.
Autriche (L'), 8.
Auvergne (L'), 48.
Avesnes, 211, 212.
Avesnes-les-Obert, 122.

B

Babylone, 30, 129, 112, 271, 279, 286.
Bagdad, 168.
Bainson, 48.
Baradi (Fl.), 29, 61.
Bari (port de mer), 57.
Baruth (v. Beyrout).
Barra (v. Albara).
Basy, 76.
Basse-Lorraine (v. Brabant).
Bathyn (Fl.), 93.
Batroum (v. Béthoron).
Bavière (La), 38.
Béarn (Le), 27.
Belgia (v. Belgique).
Belgique (La), 75, 211, 253.
Benoît-sur-Loire (St), 10.
Béthoron (forteresse), 237.
Béthelon (v. Béthoron).
Béthune, 250.
Beyrout, 238.
Bichinat, 74.
Blois, 191.
Bosphore (Le), 39.
Bouillon (Le duché de), 75, 76.
Bothentrot, 102.

Boulogne-sur-Mer, 75, 76, 243.
Bourgogne (La), 104.
Bourgueil (Abbaye de), 23, 33.
Brabant (Le duché de), 75, 76, 77.
Braïm, 238.
Bras de St-Georges (v. Georges).
Bretagne (La), 24.
Brindes, 56.
British Museum (à Londres), 16.
Bulgarie (La), 60, 62, 172, 191.
Burdigalium (v. Bourgueil).
Burgaria (v. Bulgarie).
Byblos (v. Gibelon).
Bysance (v. Constantinople).

C

Caire (Le), 142, 279.
Caïphas, 238.
Calabre (La), 60, 281.
Caleph (v. Aleph).
Cambe (Seigneurie de la), 78, 79.
Cambray, 24, 77, 78, 79, 121, 211, 243, 244, 245, 247, 250.
Cambridge, 18.
Cambrésis (Le), 77, 121, 122, 243, 211, 251.
Camélia (v. Emesse).
Caméla (v. Camélia).
Cameracum (v. Cambray).
Cappadoce (La), 105.
Caphalia, 230.
Capharda (forteresse en Syrie), 228, 229.
Capharéa (v. Capharda).
Caphartab (v. Capharda).

Castorie, 61.
Cassin (Abbaye du Mont-), 63.
Céphalie (v. Caphalia).
Chalcédoine, 40.
Champagne, (La) 31.
Chartres, 36, 61, 191.
Châtillon-sur-Marne, 48.
Châtillon, 106, 147.
Césarée (de Palestine), 103, 238.
Césarée (de Syrie), 229.
Chypre (La), 125.
Cilicie (La) 101.
Civite, 54, 55.
Civray, 11, 25, 26, 47, 263.
Clarus-Mons (v. Clermont-Ferrand).
Clermont-Ferrand, 7, 23, 30, 33, 35, 39, 48, 241.
Condé, 241.
Constantinople, 7, 27, 29, 38, 39, 40, 41, 50, 51, 57, 68, 71, 75, 79, 81, 82, 85, 191.
Corosanum, 54, 55, 85, 132, 133, 137, 167, 169, 171, 172.
Corpus-Christi (bibliothèque), 18.
Cozenza, 281.
Coxon, 103.
Coxor (v. Coxon).
Crépy, 245, 250.
Crispinum (v. Crépy).
Cybistra (v. Héraclée).

D

Damas, 115, 167, 187, 211.
Daniel (Seigneurie de), 122.

Daphné (Fl.), 120.
Daphnes (v. Daphné).
David (Tour de), 271.
Dessem, 235.
Deux-Siciles (Les) (v. Siciles).
Détroit de St-Georges (v. Bras).
Dijon, 241.
Djebali (v. Gibel).
Djebail (v. Gibelon).
Dol (en Bretagne), 23, 24.
Dordogne (Fl.), 16.
Dorylée, 90, 93, 185.
Douai, 241.
Doueir (v. Daphné).
Dyrachium, 27, 57, 73, 192.

E

Edesse, 37, 58.
Egypte (L'), 58, 142, 287.
Eloy (Abbaye du mont St) 122.
Emesse, 231.
Emissa (v. Emesse).
Empire d'Occident (L'), 5.
Empire d'Orient (L'), 5, 7.
Enfer (L.), 49.
Erachia (v. Héraclée).
Eraclea (v. Héraclée).
Eregli (v. Héraclée).
Euphrate (L') (Fl.), 37.
Europe (L'), 7, 8, 10, 42, 106, 171, 191.
Escalona (v. Ascalon).
Eski-Kaleh (v. Exerogorgo).
Esclavonie (L'), 55, 72.
Espagne (L') 123, 244.

Etienne (Eglise de St), 261, 262.
Evroul (Abbaye de St), 104, 259.
Exergorgo, 52.

F

Farfar (Le) (Fl.) (v. Oronte).
Feruus (v. Oronte).
Finimine, 191.
Fleury, 16.
Flaix, 24.
Flandre, (La) 11, 56.
Fontenai-le-Comte, 13.
France (La), 8, 10, 12, 13, 15, 16, 21, 23, 29, 33, 38, 43, 48, 50, 56, 60, 75, 76, 77, 119, 123, 210, 244, 253, 259.
Francos (ad). (v. Villefranche.)
Freisingen (v. Frisingue).
Frisingue, 38, 39.

G

Gallia (v. Gaule).
Gaule (La), 6, 47, 49, 50, 123, 253.
Gemlik (v. Civito).
Georges (Bras de St.), 54, 55, 59.
Germanie (La), 38, 76.
Germer (Abbaye de St.), 24.
Gibel, 234.
Gibelet (v. Gibelon).
Gibelon, 237.
Gibellum (v. Gibel).
Gillek-Borghas, 102.
Gilles (Comté de St.), 35, 56, 72, 84, 85, 90, 91, 92, 101, 103, 129, 137, 147, 148, 159, 183,
186, 195, 200, 205, 210, 213, 215, 216, 224, 240, 270, 284, 285.
Gogsyn (v. Coxon).
Golgotha (Le Mont), 58.
Gorgon (La vallée dite de), 95.

H

Hainaut (Le Comté de), 210.
Hanau, 24.
Hanaw (v. Hanau).
Hannon (Abbaye de), 245, 250.
Hara (v. Albara).
Héracléa (v. Marakia).
Héraclée, 101.
Herclia (v. Héraclée).
Hercléia (v. Héraclée).
Hiconium, 101.
Hongrie (La), 31, 50, 77.
Hollande (La), 122.
Honnecourt (Abbaye de), 122.
Hungaria (v. Hongrie).

I

Iconium (v. Hiconium).
Illyrie (L'), 29.
Inchy (La Seigneurie d'), 245, 248.
Incis (v. Inchy).
Inde (L'), 172.
Isle (L') (Riv.), 16.
Iskenderum (v. Finimine).
Italie, 281.

J

Jaffa (v. Joppé).
Jacum (v. Joppé).

Jafum (v. Joppé).
Jérusalem, 13, 15, 16, 18, 22, 24, 25, 27, 31, 32, 33, 34, 37, 38, 39, 47, 58, 67, 72, 75, 76, 78, 81, 115, 123, 143, 167, 183, 187, 236, 237, 240, 243, 257, 260, 263, 269, 271, 273, 279, 280, 281, 282, 284, 285, 288.
Jherusarem (v. Jérusalem).
Jerusolyma (v. Jérusalem).
Jerusalume (v. Jérusalem).
Jessé, 230.
Joppé, 238.
Josaphat (Vallée dite de), 263.

K

Kahira (v. Le Caire).
Kaisarieh (v. Césarée de Palestine).
Keferthabe (v. Capharda).
Kerferthale (v. Capharda).

L

Lageri, 48.
Languedoc (Le), 72, 147, 148.
Laodicée (en Syrie), 234.
Larisse, 58.
Laurent (Seigneurie de St.), 78, 79.
Laudocia (v. Laodicée).
Lens, 75, 78, 79, 80.
Leyde, 121, 244.
Lica (v. Rusa de Syrie).
Licéa (v. Laodicée).
Lichia (v. Laodicée).
Licia (v. Laodicée).
Lieux-Saints (Les), 8, 15, 16, 23.

Loire (St-Benoit-sur-), (v. Benoit).
Lombardie (La), 75.
Lorraine (Basse-) (v. Brabant).
Lorraine (Haute-) (v. Mosellane).
Loudun, 23.

M

Macédoine (La), 71, 74, 75, 106.
Maillezais (Abbaye de), 15, 16, 32, 33.
Maillezais, 33.
Mamistra (v. Manistra).
Manistra, 101.
Marmara (Mer), 51.
Marmoutiers-les-Tours, 23.
Maracléa (v. Marakia).
Maréchéa (v. Marakia).
Marakia (en Syrie), 101, 234.
Marasch (v. Marasis).
Marasis, 107, 211.
Marrah (v. Marra).
Martorano, 274, 281.
Marra, 30, 107, 211, 227, 228, 229.
Maregard, 114.
Maréla (v. Marakia).
Marie (Monastère de Ste-), en la vallée dite de Josaphat), 263.
Marie-du-Puy (Église cathédrale de Ste-), 119.
Ste-Marie (Église près du Mont Sion), 257, 261.
Ste-Marie (Église de Lens), 78, 79.
Ste-Marie Église d'Antioche), 186.

Martin (Abbaye du Mont St.), 122.
Maur (Abbaye de St.), 21, 23, 32, 35, 38, 44, 48, 50, 72, 119, 147, 148, 210, 259.
Melun, 122, 123.
Mesleran (Seigneurie de), 259.
Méréeléa (v. Marakia).
Metz, 211.
Missis (v. Manistra).
Modène (Duché de), 8.
Mons, 210.
Monteil, 72.
Montélimar (v. Monteil).
Mont-Cassin (Abbaye du), (v. Cassin).
Montmesleran (v. Mesleran).
Montpellier, 16, 224.
Mont-Pélerin (v. Pélerin).
Mont St-Éloy (Abbaye du), (v. Éloy).
Mont St-Martin (Abbaye du), (v. Martin).
Mont-des-Oliviers (Le), (v. Oliviers).
Morimond (Abbaye de), 38.
Mosellane (La), 77.
Mosquée (La), (près d'Antioche) 204, 228.
Mossoul, 167.
Moussoul (v. Mossoul).

N.

Népoli, 279.
Nicée, 36, 37, 40, 41, 52, 54, 83, 89, 99, 181, 211.
Nicomédie, 51, 52, 83.
Nicomia (v. Nicomédie).
Nil (Le) (Fl.), 58.
Nimègue, 243, 245, 250.
Normandie (La), 50, 56, 202, 229, 274, 281, 287.
Notre-Dame de Ribemont (v. Ribemont).
Noviomelunum (v. Nimègue).
Noyon, 21.

O.

Oestrevandie (v. Ostrevant).
Oliviers (Mont des), 262, 263, 271.
Orange, 63.
Oronte (L') (Fl.), 114, 126, 155, 219, 229.
Ostrevant (Seigneurie d'), 211, 248, 250.
Otrante, 57.
Ouche, 259.

P.

Palestine (La), 7, 13, 35, 38, 143, 243, 270.
Paris, 14, 15, 123, 148, 211.
Parme, 8.
Paul (Comté de), 78, 79.
Pays-Bas (Les), 121, 240, 244, 253.
Pélagonie (La), 42, 61.
Pélerin (Forteresse du Mont-), 270.
Périgord (Le), 16.
Perse (La), 55, 167, 168, 198.
Pharamia, 58.
Pharan (v. Pharamia).
Pharfar (Le) (Fl.) (v. Oronte).

Philomena, 191, 192.
St-Pierre (Église d'Antioche), 72, 143, 170, 186, 197.
Pisidie (La), 192.
Plastencia (v. Plastentia).
Plastentia, 105.
Poitiers, 7.
Poitou (Le), 11, 15, 23, 25, 26, 32, 42, 43.
Polignac, 119.
Pologne (La), 8.
Pons-Pharreus (v. Pont-de-Fer).
Pont-de-Fer (Le), 111, 126, 128, 130, 132, 169.
Pouille (La) (v. Apulie).
Propontide (La) (v. Marmara).
Provence, 35.
Provinces-Unies (v. Pays-Bas).
Ptolémaïs (v. Acre).
Puy-de-Dôme (Le), 48.
Puy (Ste-Marie-du-) (Église cathédrale de), 119.
Puy-en-Vélay (Le), 33, 72, 119, 200, 212, 214.
Pyrénées, 7.

R.

Raff (v. Joppé).
Rama (en Syrie), 238, 280.
Ramla (v. Rama).
Reims, 24, 48.
Rhin (Le) (Fl.), 10.
Rémy (Abbaye de St-) (à Reims), 24.
Ribemont (Monastère de Notre-Dame-de-), 240.
Rochelle (La), 15, 32.
Ribemont (Le Comté de), 240, 213, 214, 218.
Ribodimonte (de) (v. Ribemont).
Rodesto (de Macédoine), 75.
Rokelincourt (Seigneurie de), 78, 79.
Romanie (La), 52, 83, 99, 100, 124, 125, 168, 171, 172, 214.
Rome, 5, 48, 56.
Rosegno, 62, 128.
Rossa (st Rusa de Macédoine).
Rossilione, 128.
Roussillon (Le), 62.
Rubéa (v. Ruiath).
Rugéa (v. Ruiath).
Ruiath (v. Rusa de Syrie).
Rusa (de Macédoine), 74, 74, 105.
Rusa (de Syrie), 74, 106, 107, 222, 227.
Ruskujan (v. Rusa de Macédoine).
Russa (v. Rusa de Syrie).

S.

Sagitta (v. Sidon).
Saints-Lieux (Les) (v. Lieux Saints).
St-Benoît-sur-Loire (v. Benoît).
St Georges (v. Bras de st Georges).
St Gilles (v. Gilles).
St Laurent (v. Laurent).
St Maur (v. Maur).
Ste-Marie (Église de Lens (v. Marie).
St Paul (v. Paul).
St Pierre (Église d'Antioche) (v. Pierre).

St Evroul (v. Evroul).

St-Sépulcre (Le), 48, 49, 59, 62, 72, 105, 123, 139, 141, 149, 188, 193, 203, 209, 210, 214, 215, 216, 221, 227, 228, 234, 235, 243, 258, 261, 267, 269, 272, 283, 287.

St-Siméon (Port de mer), 138, 180.

St-Rémy-de-Reims (Abbaye) (v. Remy).

Saintes, 52.

Salomon (Le Temple de), 263, 272.

Saltzbourg, 58.

Saor (v. Tyr).

Sauveur (Monastère de St-), 244.

Scarphée (Mer), 59.

Scarpe (La) (Riv.), 240.

Scalonia (v. Ascalon).

Schaysar (v. Césarée).

Seez, 259.

Seigneur (Le Temple du), 263, 272, 273.

Senuc (Abbaye de), 23.

Sichem (v. Népoli).

Siciles (Les Deux-), 9.

Sidon, 238.

Siloé (Fontaine de), 260.

Sion (Mont-de-), 25, 257, 264.

St-Siméon (Port), 138, 180, 216.

Sivracum (v. Civray).

Sivray (v. Civray).

Sou-Krek, 282.

Subrea (v. Rusa de Syrie).

Suède (La), 48.

Sur (v. Tyr).

Suza (v. Rusa de Macédoine).

Suze (v. Rusa de Macédoine).

Syon (v. Sion).

Syrie (La), 71, 101, 102, 108, 169, 171, 172, 229.

T.

Tancrède (La Forteresse de), 204.

Tarse, 102, 103.

Terre Sainte (La), 12, 33, 56, 77, 122, 211.

Térouane, 24.

Tirus (v. Tyr).

Thélémanit (Forteresse), 210. Tortosa, 233.

Tortuosa (v. Tortosa).

Toscane (La), 8, 75.

Tornacum (v. Tournai).

Toulouse, 35, 36, 147, 222, 270.

Tournai, 24, 233, 242, 248, 253.

Tour (La), 225.

Tours, 225.

Tripoli, 234, 235, 236, 237, 241, 270.

Troyes, 46.

Tulle, 202.

Turenne, 147.

Tyr, 28, 42, 238.

U.

Ungria (v. La Hongrie).

V.

Utrecht, 253.

Valencen (v. Valencienne).

Valencienne, 210, 211, 213, 214.
Vannes, 122.
Vatican (Le), 6, 18.
Vaucelles (v. Vauchelles).
Vauchelles (Abbaye de), 121, 122.

Vermandois (Le) 56.
Villefranche, 16.
Ville-Sainte (La) (v. Jérusalem).
Viviers, 210.
Vouziers, 29.
Waast (St-) (d'Arras), 122.

TABLE DES NOMS PROPRES.

A

Abbasside (v. Mosthadher).
Ablain de Buissis, 79, 80.
Abraham (Le Patriarche), 150, 212.
Abu-Ali-Ibn-Ammar (Roi de Tripoli), 234, 236, 247.
Aboussalama-Morschad (Roi de Césarée en Syrie), 229.
Académie (L') (des Inscriptions et Belles Lettres) 11, 14, 15, 16, 17, 18, 183, 221, 234, 240, 270.
Acardus de Monte Merulo (v. Achard de Mesleran). (Achard de Montmerlan ou de Montmeillan).
Achard de Mesleran, 258, 259.
Achupartes (Les), 286.
Adam de Berlettes, 78, 80.
Adam (Le Sénéchal), 218, 250.
Adam du Moncel, 246, 251.
Adam de Goderys, 247, 252.
Adam de Selency, 248, 252.
Adam de Wallincourt, 246, 251.
Adaniens (Les), 73.
Adélaïde (v. Adèle).
Adèle (Comtesse de Sicile), 58.
Adhémar de Monteil (Évêque du Puy, ou d'Annecy), 35, 56, 63, 72, 74, 84, 85, 89, 91, 92, 119, 126, 130, 159, 183, 200, 212, 214.
Adolphe Le Petit, 246, 251.
Æmilius, 25, 40, 42.
Afdhal, Emir-el-Djujuch (Émir de Babylone), 112, 168, 271, 279, 285, 287, 288.
Agnès (Sœur de Godefroy de Bouillon), 38.
Agnès (Comtesse de Ribemont), 240.
Agnès de Ribemont (Fille d'Anselme, épouse de Gossouin, Seigneur d'Avesnes), 241.
Agulans (Les), 92, 93, 158, 168, 286.
Aimé (Archevêque de Bordeaux), 48.
Aimeric de Lobènes, 232, 233.
Aimoin (Moine de Fleury), 16.
Aimoinus, Aimoenus (v. Aimoin).
Alais (Le Vicomte d') (v. Arles).
Alain d'Esterres, 79, 80.
Alprès (Roi d'Antioche), 220.
Alard de Bullecourt, 248, 252.
Alard de Ricamez, 78, 80.
Albert de Cagnac, 62.
Albert de Bagnères, 27, 42.
Albert (Abbé de Hamon), 245.
Albéric de Grandménil, 179.

Alelme de Déchy, 216, 250.
Alelme de Manerys, 217, 251.
Alep (Le Roi d') (v. Rodoan).
Alexandre d'Ablain ou d'Ablaing, 217, 252.
Alexis Ier Comnène (Empereur d'Orient), 27, 28, 41, 51, 55, 57, 58, 59, 62, 64, 68, 71, 72, 75, 77, 81, 82, 83, 85, 86, 89, 99, 105, 124, 125, 158, 191, 192, 215, 216.
Allemands, 51, 52, 53, 77.
Almaric de Landast, 215, 250.
Alman du Pont, 216, 251.
Alman d'Ougnies, 217, 252.
Alpibus (Petrus de) (v. Petrus).
Almodis (Mère d'Hugues VI de Lusignan et de Raymond IV, Comte de Saint-Gilles), 270.
Alulf (de Mastaing) (dit le fils de Védric), 216, 251.
Amalric de Caudery, 217, 251.
Amalric-Rufus (dit de Marcoeng), 216, 251.
Amand Thesselt, 79, 80.
Amand de Habarc, 78, 80.
Aman de Lobens (v. Almeric de Lobènes).
Amatus (v. Aimé).
Amiens (Pierre d') (v. Pierre Damien ou d'Amiens).
Amonius, Ammonius (v. Aimoin).
Amazones (Les), 171, 172.
Amand d'Haspre ou d'Ypres, 216, 251.

Amand de Prouy, 216, 250.
Amand de Bourlong, 247, 251.
Amand Picot ou Picard, 217, 252.
Amand de Lagnicourt, 217, 252.
Amand de Hems, 218, 253.
Ambroise de Marsville ou de Marville, 217, 252.
Anonyme, 48.
André (St) (Apôtre), 181, 195, 196, 223.
André du Chesne (ou Duchêne), 14, 15, 21, 43, 68, 122, 179, 253.
Anges (Les), 150, 182, 213.
Anselme d'Hawerdoeng, 78, 80.
Anselme (Comte de Ribemont), 121, 236, 240, 241, 242, 243, 244.
Anselme de Houdaing (Le Cadet), 79, 80.
Anselme (Le Père), 122.
Anselme de Lambris, 79, 80.
Anselme de Noïlles, 79, 80.
Anselmus de Ribodimonte (v. Ribemont).
Ansellus de Ribedimonte (v. Ribemont).
Anselme de Bruille, 216, 251.
Anselme de Houdaing (ou de Herdaing, 217, 252.
Antiochus (Roi d'Antioche), 220, 221.
Anthoine des Brochons, 216, 251.
Aoxianus (v. Cassian).

Apparand (Roi d'Antioche), 220, 221.

Arabes (Les), 91, 92, 93, 94, 99, 100, 115, 125, 168, 205, 211, 222, 230, 231, 232, 233, 235, 238, 258, 259, 260, 279, 280, 286.

Archiepiscopus Remensis (L'Archevêque de Reims), 63.

Archiepiscopus Lugdunensis (L'Archevêque de Lyon), 63.

Archevêque de Tyr (L') (v. Guillaume de Tyr).

Archevêque, 23, 24, 27, 48.

Ariandon (Roi d'Antioche), 220, 221.

A. Régnier, 11, 12, 13, 14, 17, 19, 61, 64, 119.

Arda (Fille de Thoros), 58.

Argolas (Roi d'Antioche), 220.

Arles (Le Vicomte d'), 106.

Arluin (L'Interprète), 197.

Armand Burnel, 247, 252.

Arnauld Tudebœuf, 29, 161, 212.

Arnaud d'Huy, 246, 251.

Arnaud (Comte de Cambray), 246, 251.

Arnould d'Orville, 247, 252.

Arméniens (Les), 94, 104, 106, 112, 120, 129, 140, 156, 163, 197, 204, 209.

Arménie (Thoros, Prince d'). (v. Thoros).

Arnaldus Tudebovis (v. Arnauld Tudebœuf).

Arnould (St-) (de Metz), 211.

Arnoulf, Chapelain de Robert-Courte-Heuse et, [plus tard, Patriarche de Jérusalem, 72, 263, 274, 280, 281, 282, 283, 284, 287.

Arnulf (Le Clerc) (v. Arnoulf, Chapelain de Robert Courte-Heuse).

Arnoul (Évêque de Martorano), 63, 274, 281.

Arnould de Calonne, 79, 80.

Artasiensis episcopus (v. Bernard, Évêque d'Artase).

Arsel de St-Léodegard (ou de St-Léothard), 247, 252.

Arvedus Tudebovis (v. Hervé Tudebœuf).

Aub. Miræus, 211.

Auguste Leprévost, 62, 64.

Aurasicensis episcopus (v. L'Évêque d'Orange).

Avesnes (v. Gossouin, Nicolas, Yves, Frastade et Évrard d').

Avoir (Gauthier-Sans-) (v. Gauthier).

Azimites (Les) (v. Fatimites).

B

Bagi-Séian (v. Cassian).

Bagi-Sian (v. Bagi-Séian).

Baldricus (v. Baudri).

Balduinus (v. Baudoin de Boulogne).

Barbares (Les), 5, 84, 114, 115, 119, 244.

Bartholomœus Boëllus, 64.

Baudoin (Comte de Boulogne-sur-Mer) (Roi de Jérusalem), 13, 30, 31, 37, 50, 58, 76,

77, 102, 103, 114, 115, 213, 215, 270.

Baudoinus (v. Baudoin de Boulogne).

Baudoin, 42.

Baudoin de Waëncourt, 78, 80.

Baudoin de Rochin, 245.

Baudoin de Barlis, 78, 80.

Baudoin de Simoncourt, 79, 80.

Baudoin Cauderon (ou Caldéron), 244, 247, 252.

Baudoin d'Aubenchel, 247, 251.

Baudoin de Rochin, 245, 250.

Baudoin des Marels (ou des Marais), 247, 252.

Baudoin de Lens, 247, 252.

Baudoin de Bailleul, 247, 252.

Baudri (Évêque de Dol en Bretagne), 16, 21, 23, 30, 31, 32, 34, 39, 41, 48, 104, 105, 114, 121, 126, 129, 210.

Baudri (Évêque de Noyon et de Tournai), 24, 33.

Baudri (Le Chantre), 24.

Baudry (v. Baudri).

Barthélémy Boël, 64.

Barthélémy (Pierre) (v. Pierre Barthélémy).

Barthélémy de Goy (dit le Charpentier) (ou Le Carpentier), 124.

Bartholomœus Boellus (v. Barthélémy Boël)

Bas (Philippe Le) (v. Philippe)

Béarn (Gaston, Vicomte de) (v. Gaston).

Béatrix (Marquise ou Comtesse de Toscane), 75.

Bégon de la Rivière, 232, 233.

Bego de la Ribeira (v. Bégon de la Rivière).

Bénédictins (Les), 12, 13, 18, 21, 23, 32, 35, 38, 43, 48, 50, 60, 75, 119, 147, 148, 240, 242, 259

Bernard (patriarche d'Antioche), 35.

Bernard (Évêque d'Artase), 214.

Bernard de Douai, 246, 251.

Bertrand (fils de Raymond de Saint-Gilles) (et prince de Tripoli), 270.

Besly (Jean) (v. Jean Besly).

Beugnot (Le comte), 253.

Beurnonville (Guillaume de) (v. Guillaume).

Blois (Étienne, Comte de) (vs Étienne, Comte de Chartre, et de Blois).

Bodin de Vermelles, 79, 80.

Bois (Guillaume du) (v. Guillaume Bodin).

Bœuf (Le), 50.

Bongars (Jacques) (v. Jacques Bongars).

Bongarsius (v. Jacques Bongars).

Bohémond Ier (Prince de Tarente et d'Antioche), 12, 21, 27, 28, 59, 60, 61, 62, 65, 71, 72, 76, 80, 81, 82, 83, 89, 90, 91, 92, 104, 105, 108, 111, 113, 114, 115, 119, 120, 123, 127, 128, 129, 130, 131, 137, 138, 139, 157, 158, 159, 160, 162, 163, 176, 177, 183, 186, 192, 193, 200, 204, 214, 215, 216, 222, 226, 227, 228, 234.

Bohémond II, (Dit-le-Jeune), 56.

Boniface (Marquis de Montferrat), 58.

Boël de Chartres, 62, 63, 64, 160.

Bordin de Riez, 79, 80.

Boson le Brasseur, 246, 251.

Borkiaruk-Seldschukida (v. Mosthadher).

Bouillon (Godefroy, Duc de) (v. Godefroy).

Bracerand (Roi d'Antioche), 220, 221.

Brisieux de Saint-Pierre, 248, 253.

Bromiri (Roi d'Antioche), 220, 221.

Bruas-le-Vaillant (Roi d'Antioche), 220, 221.

Brulion (Roi d'Antioche), 220, 221.

Brumand Ier (Roi d'Antioche), 220, 221.

Brumand II (Roi d'Antioche), 220, 221.

Brumoriès (Roi d'Antioche), 220, 221.

Bruno (Saint-), 48.

Bruzen de la Martinière (Géographe), 251.

Buamundus (v. Bohémond)

Burchard de Vaux 79, 80.

C

Calabre (Le Duc de) (v. Roger, Duc d'Apulie).

Calarfinès (Roi) d'Antioche, 220, 221.

Cambden, 32.

Candelos (Roi d'Antioche), 220, 221.

Cange (Du), 53, 121, 123, 268.

Capsianus (v. Cassian).

Cardinal, 15.

Carlovingiens (Les), 76.

Carpentier (Le) (v. le Charpentier).

Carpentier (Jean Le) (v. Jean).

Carpentier (v. Guillaume, dit le Charpentier, Vicomte de Melun).

Caspianus (v. Cassian).

Chapelain de Robert-Courte-Heuse (Le) (v. Arnouf, Patriarche de Jérusalem).

Chapelain du comte Raimond (Le) (v. Raimond d'Aguilers).

Charlemagne (L'Empereur), 50, 76.

Charles (Duc de Basse-Lorraine), 75.

Charpentier (Le) (v. de Goy).

Charpentier (Le) (v. Guillaume Le Charpentier).

Charpentier (Renaud de Goy, dit Le) (v. Renaud).

Chartres (Le Comte de) (v. Étienne, Comte de Blois et de Chartres).

Charnotensis comes sive Carnotensis (v. Étienne de Chartres).

Castelion (Vicomte de) (v. Raimond, Vicomte de Châtillon.)

Cassian (Émir d'Antioche), 149, 162, 163, 167, 168, 186, 216, 228.

Châtillon (Raimond, Vicomte de) (v. Raimond).

Châtelain (Le) d'Arras, 248, 252.

Châtelain de Valenciennes (Le) (v. Anselme Comte de Ribemont.)

Chems - Eddaulah (v. Sanzedolas).

Chesce (André du) (v André).

Chrétien (Les Chrétiens Le nom Chrétien). 5, 6, 7, 8, 9, 10, 12, 13, 25, 27, 29, 37, 39, 49, 51, 52, 55, 59, 65, 66, 67, 74, 75, 100, 102, 103, 105, 114, 115, 116, 120, 121, 130, 131, 133, 134, 140, 144, 148, 150, 157, 167, 171, 172, 173, 174, 175, 176, 181, 186, 197, 198, 199, 200, 203, 204, 209, 212, 223, 227, 229, 230, 231, 232, 233, 237, 244, 242, 243, 258, 259, 260, 261, 262, 263, 267, 268, 272, 273, 274, 279, 280, 283, 284, 285, 286, 287, 288.

Christ (Le). 7, 8, 10, 30, 34, 49, 50, 53, 59, 65, 72, 73, 86, 90, 92, 94, 101, 102, 113, 123, 138, 148, 149, 151, 174, 175, 178, 179, 182, 184, 197, 198, 199, 202, 203, 209, 211, 213, 214, 225, 228, 229, 233, 235, 237, 238, 257, 258, 259, 260, 262, 263, 267, 283, 285.

Christine (La reine) (de Suède), 18.

Christianisme, (Le). 99, 119, 187, 211, 225.

Chroniqueur de Tyr (Le) (v. Guillaume Év. de Tyr).

Chroniqueur d'Andres (Le), 241.

Cison (ou Cisoin) (Perrine de) (v. Perrine).

Clarand (Roi d'Antioche)

Colbert, 50.

Colossiens (Les), 49.

Collenutius (v. Pandulphus).

Comnène (v. Alexis Ier Empereur d'Orient).

Conrad (Abbé d'Auersperg). 38, 39, 40, 41.

Conrad III (Roi de Germanie), 38.

Conrad (fils d'Henri IV d'Allemagne), 76.

Colard de Carneu, 78, 79, 80

Comans (Les), 73.

Commines (Philippe de) (v. Philippe)

Conan de Tournai, 218, 252.

Corpus Christi (Bibliothèque du). 18

Corpolatius (v. Corpolasius).

Corpolasius, 29, 68, 71.

Crépy (L'abbé de) (v. Lambert).

Cressonnière (Le baron de La) (v Pilingenius).

Croisés (Les) 12, 13, 26, 35, 54, 55, 56, 57, 72, 115, 122, 130, 131, 241.

Curtes (Les), 168, 233, 286.

D

D***, 253.

Dagobert d'Anseng, 246, 250.

Dairamorn (Roi d'Antioche), 220, 221.

Damien, (Pierre), (v. Pierre).

Damas (le Roi de) (v. Deccacus-Ibn-Toulousch).

Daribon (Roi d'Antioche), 220, 221.

David (le Prophète-Roi), 174, 271.

David (l'hérétique.) (Roi d'Antioche), 220, 221.
David d'Ablain, 78, 80.
Deccacus-Ibn-Toutousch. (Roi de Damas), 167, 168, 187.
Defrémery, 228.
Démétrius (le Bienheureux), 182, 202.
Démon. (v. Diable.)
Dieu, 5, 6, 7, 8, 9, 10, 25, 30, 31, 33, 47, 50, 54, 55, 58, 60, 66, 74, 78, 79, 90, 93, 94, 95, 99, 102, 103, 105, 108, 111, 116, 119, 129, 130, 131, 132, 133, 134, 137, 138, 139, 141, 143, 149, 150, 151, 159, 160, 161, 163, 174, 175, 177, 187, 188, 193, 194, 196, 197, 198, 199, 200, 203, 204, 209, 211, 212, 213, 214, 221, 223, 224, 233, 238, 243, 244, 245, 258, 263, 273, 274, 280, 282, 283, 284, 285, 287.
Dieux (Les), 149, 150, 287.
Disciples (Les), 49, 257.
Diable (Le), 140.
Diable (Hugues - de - Lusignan dit-le-), (v. Hugues.)
Dimétrius, (v. Démétrius).
Djenah-el-Daula, (Prince d'Émesse), 231.
Djujuch (Afthal-Émir-el-), (v. Afthal.)
Docap, Docaph. (v. Deccacus-Ibn-Toutousch.)
Dormand (Roi d'Antioche), 220, 221.
Drahon (Roi d'Antioche), 220, 221.
Droliand (Roi d'Antioche), 220, 221.

Dodechin (l'Abbé), 41.
Ducach, Ducath, Duchac, (v. Deccacus-Ibn-Toutousch).
Du Cange. (v. Cange).
Du Chesne (André), (v. André du Chesne).
Dupuy (Pierre), (v. Pierre Dupuy).
Dupuy (Jacques), (v. Jacques Dupuy.)
Dumoulin, 59.
Duras (Roi d'Antioche), 220, 221.

E

Ebrard-le-Chasseur, 224.
Ebramdon (Roi d'Antioche), 220, 221.
Edesse (le Comte d'), (v. Baudoin de Boulogne).
Effrémion (Roi d'Antioche), 220, 221.
Eglise (L'), 5, 6, 7, 8, 223.
Ellebold de Bouschoi, 78, 80.
Emir de Babylonne, 30, 129, 142.
Emirus Feirus, (v. Pyrus).
Emir de Jérusalem, (v. Socman-Ibn-Ortok).
Emirs d'Antioche, (v. Cassian et Sanzédolas.)
Emma Campana, (v. Emma de Champagne).
Emma de Champagne, (fille de Tetbaut ou Thibaut, Comte de Champagne), 31.
Emma (sœur de Bohémond Ier, Prince d'Antioche), 56.
Empereur (L'), (v. Alexis).

Episcopus Oriensis, (v. Évêque d'Orange.)

Episcopus Podiensis, (v. Adhémar de Monteil).

Episcopus Martoronensis, (v. Évêque de Martorano).

Episcopus Aurasicensis, (v. Évêque d'Orange).

Enguerrand d'Anneu, 247, 251.

Enguerrand de Goy, 78, 80.

Enguerrand de Ploich, 78, 80.

Enguerrand de Wallincourt, 78, 80.

Eracle (Vicomte du Puy), 119.

Eracle (Vicomte de Polignac), (v. Eracle, Vicomte du Puy).

Eremita Petrus, (v. Pierre l'Hermite).

Ermite (Pierre l'), (v. Pierre l'Hermite).

Ernouf de Vannes, 246, 250.

Esclavons (Les), 73.

Escombs (Roi d'Antioche), 220, 221.

Esprit-Saint (L'), 60, 93, 129, 257.

Esprit de Ténèbres (L'), 5.

Etienne IX, (Pape), 75.

Etienne de Champagne, (Roi d'Angleterre), 76.

Etienne, (Comte de Chartres et de Blois), 191.

Etienne, (le Prêtre), 180, 182, 199, 202.

Etienne (St-) (premier Martyr), 237, 261, 262.

Etienne du Hamel, 247, 252.

Eudes, (v. Urbain II, Pape).

Eucher, 48.

Eustache, (Comte de Boulogne-sur-Mer et de Lens, père de Godefroy de Bouillon), 75, 76, 77, 78, 79.

Eustache, (Comte de Boulogne, frère de Godefroy du Bouillon), 76, 77, 129, 130, 215, 269, 270, 279, 280, 281.

Eustache de Neufville, 78, 80.

Eustache de Neufville (ou de Neuville) 247, 252.

Eustache de L'Angle, 248, 253.

Eustache de Raucicourt, 78, 80.

Eustras-le-Vaillant (Roi d'Antioche), 220, 221.

Evêque (Le premier...... d'Antioche), (v. St-Pierre, Apôtre.)

Evêque de Tyr (L'), (v. Guillaume de Tyr.)

Evêque de Frisingue ou de Frisingen, (v. Othon, Evêque de Frisingue).

Evêque du Puy, (v. Adhémard).

Evêque d'Ariano, (v. Girard).

Evêque de Roscigno, 128.

Evêque d'Orange, 195, 196, 228.

Evêque d'Albara, (v. Pierre).

Evêque de Cambray, (v. Manassès.)

Evêque de Cambray, (v. Liebert.)

Evêque de Nimègue, (v. Ratbod.)

Evêque d'Arras, (v. Lambert.)

Evêque de Martorano, (v. Arnoul.)

Evêque de Tournai, (v. Evrard d'Avesnes.)

Évêque de Noyon et Tournai, (v. Ratbod II.)

Évêques de Ramla ou d'Arimathie, (v. Robert et Roger.)

Evrard d'Avesnes, (Évêque de Tournai), 242.

Evroul (St-), 259.

F

Faber (Rainaldus de Goni, dictus), (v. Renaud de Goy).

Faux-Prophète (Le). (v. Mahomet.)

Faraon (Roi d'Antioche), 220, 221.

Faraud de Thouars, 147, 195, 196.

Faraldus de Tornaiz, (Faraldus de Thoart), (v. Faraud de Thouars).

Fatimites (Les), 112, 150, 168, 279, 286.

Fidèles (Les), 47.

Fils (Le) d'Hugues dit-le-Parmentier), 248, 253.

Fils (Le) (d'Hugues dit-le-Petit), 248, 252.

Fils (Le) (de Vascon de Gieslons ou de Gislain), 247, 252.

Fils (Le) (du Sénéchal Adam), 246, 250.

Fils (Le) (d'Hugues de Canny), 247, 251.

Fils (Le) (d'Arnould d'Orville), 247, 252.

Fils (Le) (d'Adam de Goderys), 247, 252.

Fils (Le) (de Renaud d'Aspier ou d'Asp), 247, 252.

Fils (Le) (de Robert Le Mire), 247, 252.

Fils (Le) (de Michel-dit-Bernard) 247, 252.

Firmin-Didot, 123.

Flandre (Le Comte de), (v. Robert).

Flamand (Le), (v. Robert, Comte de Flandre).

Florus (Julius), (v. Julius Florus).

Foncemagne, 50.

Fourmont (de), 44.

Foulque (L'Archidiacre), 78, 79.

Foulque de Montcaurel, 78, 79.

Foulques du Châtel, 245, 250.

Foulque Liérin (Vicomte de Cambray), 246, 251.

Foulques de la Motte, 247, 252.

Foucher de Chartres, 26, 36, 37, 40, 47, 58, 63, 64, 160, 161, 270.

Francs (Les), 6, 7, 9, 10, 11, 12, 15, 41, 49, 52, 59, 61, 64, 77, 85, 91, 99, 100, 103, 104, 123, 124, 133, 134, 159, 160, 162, 167, 168, 169, 170, 171, 172, 173, 174, 176, 197, 199, 200, 201, 204, 219, 229, 231, 238, 242, 243, 262, 271, 279.

François II, (Roi de Naples), 9.

Frastrade d'Avesnes, 242.

Frémin de Tortekeu, 247, 252.

Frère (Le) (de Guillaume de Wailly), 247, 252.

Frère (Le) (de Gilles de Glajeux), 246, 251.

Freschot, 253.

Frisons (Les), 77.

Frison (Le), (v. Othon, Évêque de Frisingue).
Froissard, 253.
Frumold de Montignac (ou de Montaignac), 78, 80.
Fulcherius Carnotensis, (v. Foucher de Chartres)

G

Gabriel du Moulin, 50.
Gafern (Roi d'Antioche), 220, 221.
Galder (Roi d'Antioche), 220, 221.
Galliæ Christianæ (Libri), 228.
Gaston de Béarn, 12, 27, 147, 200, 272, 284.
Gaulois (Les), 122.
Gaudemar Carpinel, 258, 259.
Gaultier-Sans-Avoir, (sine habere), 51, 54.
Gautier de Ranchicourt, 248, 252.
Gautier de Vagnonville, 248, 252.
Gauthier de Guinelieu (ou de Guines, ou de Gonnelieu), 247, 252.
Gauthier Fléchier, ou de Flaix, ou de Fles, 247, 252.
Gauthier de Kiéry, 247, 252.
Gauthier de Venchy, 247, 251.
Gauthier de Péloncourt, 247, 252.
Gauthier d'Aubenchel, 247, 251.
Gauthier d'Aubéricourt, 246, 250.
Gazani (Roi d'Antioche), 220, 221.

Gaziani (Roi d'Antioche), 220, 221.
Gédric d'Éra, 246, 250.
Gentils (Les), 99, 158, 176, 185.
Geoffroy, (Abbé de Maillezais), 33.
Geoffroy de Tours, 147.
Georges, (Le Bienheureux, ou Saint), 155, 182, 202, 238.
Genah-Eddaule, (v. Djenah-el-Daula).
Gérard de Mancicourt, 78, 80.
Gérard, (Moine), 23.
Gérard II, (Évêque de Cambrai), 241.
Gérard, (Archidiacre), 78, 79.
Gérard (fils de Gérard-Willelm), 248, 253.
Gérard Willelm, 248, 253.
Gérard de Saint-Aubert, 246, 251.
Gérard de Caroube (ou de Carouge), 246, 250.
Gérard de Valers ou de Villers, 246, 250.
Gérard de Fanimart, 246, 250.
Gerberge, 75.
Gerric de Neufville ou de Neuville, 246, 250.
Gervais de Hernes, 248, 252.
Gilles Grébert, dit le fils de Ticterin, 247, 252.
Gilles de Fontaine, 247, 252.
Gilles d'Orton, 79, 80.
Gilles d'Arras, 248, 252.
Gilles de la Faille (ou de Failly ou de Fayel), 247, 252.
Gilles de Wambais, 247, 252.

Gilles de Lesdaing, 247, 252.
Gilles Louvet (dit de Saint-Védast ou de Saint-Waast), 247, 251.
Gilles d'Ivod, 246, 250.
Gilles de Hertaing, 246, 250.
Gilles de Glageux, 246, 251.
Gilles de Bermerain, 246, 251.
Gilles d'Escalloins ou d'Escalles, 246, 251.
Gilles Turpin, 246, 251.
Gilles d'Auraing, 247, 251.
Gilles de Caulery, 247, 251.
Girard de Roussillon, (père de Robert), 62, 127.
Girard, (Évêque d'Ariano), 62, 128.
Girard, (père de Foucher de Chartres), 64.
Godefredus, Godefridus, (v. Godefroy de Bouillon).
Godefroy, Duc de Bouillon, premier Roi chrétien de Jérusalem, 13, 30, 31, 36, 37, 38, 44, 50, 57, 58, 75, 76, 77, 82, 83, 89, 91, 92, 102, 104, 159, 183, 186, 200, 201, 203, 215, 227, 228, 234, 235, 236, 240, 241, 243, 257, 267, 269, 270, 271, 273, 279, 280, 281, 282, 283, 284.
Godefroy de Tours (ou de la Tour), 225.
Godefroy, (Comte de Roussillon), 28, 62.
Godefroy d'Aspremont, 62, 93, 94, 185.
Godefroy le Grand ou le Barbu, (Duc de Lorraine), 75.
Godefroy le Bossu, (Duc de Lorraine), 76.

Godefroy de Ribemont, 248, 250.
Godefroy d'Ouche, 246, 250.
Godefroy d'Inchy, 245, 247, 252.
Godefroy de Ribemont, (fils d'Anselme), 240, 241, 245.
Godefroy Carpentier, (Sire de de Daniel et d'Avesnes-les-Obert), 121, 122.
Goderanne, 32.
Godin (Chevalier de Hordaing, 246, 250.
Godin de la Forêt, dit de Ronsois, 246, 251.
Golfer, (v. Godefroy de Tours).
Gonthier de Muisart, 246, 251.
Gorband dit l'Impie de Samarzana, (Roi d'Antioche), 220, 221.
Gorgand, (Roi d'Antioche), 220, 221.
Gordan (l'Hermite), 241, 242.
Gordanius, (v. Gordan).
Gossuin de Ployemont, 79, 80.
Gossuin d'Esquebecque, 248, 253.
Gossouin d'Avesnes, 241.
Gouel de Chartres, (v. Boël).
Goüi (Rainaldus de), (dictus-Faber), (v. Renaud de Goy, dit-le-Charpentier).
Goy (Renaud de), (v. Renaud de Goy, dit-le-Charpentier.
Goüy, (Roger, Sire de), (v. Roger, Sire de Goüy).
Goüy, (Les Seigneurs de), (v. Goy).
Goy, (Les Seigneurs de) (famille de), 121, 122.

21

Goy, (Wattier-Flaët de), (v. Wattier-Flaët de Goy).

Goy (Renaud de), (v. Renaud de Goy, dit-le-Charpentier).

Goy (Enguerrand de), v. Enguerrand de Goy.

Gracianus, (v. Cassian).

Grand, (Hugues le), (v. Hugues le Grand).

Grecs (Les), 51, 58, 73, 94, 120, 129, 140, 197, 267, 282.

Grégoire de Floriac (ou de Flory), 247, 252.

Guelfe, 104.

Guibert, (Abbé de Nogent), 21, 24, 30, 31, 33, 34, 41, 123, 197.

Guillaume (fils d'Odon-le-Bon-dit-le-Marquis), 27, 56, 92, 94, 179.

Guillaume de Malmesbury, 37.

Guillaume, (Évêque de Tyr; dit-Guillaume de Tyr).

Guillaume Ier, le Conquérant, (Roi d'Angleterre et Comte de Normandie), 56.

Guillaume, (fils de Richard-it-le-Prince), 56, 179.

Guillaume-dit-de-la-Pouille, 60.

Guillaume-Hugues, (Comte de Monteil), 72.

Guillaume, (frère de Godefroy de Bouillon), 76.

Guillaume de Senghem, 78, 80.

Guillaume Jordan, (de Jourdan ou du Jourdain), 270.

Guillaume de Bruille, 79, 80.

Guillaume de Montpellier, 106, 147, 224.

Guillaume-dit-le-Charpentier, (Vicomte de Melun), 121, 122, 123, 124.

Guillaume, Vicomte de Melun, (v. Guillaume le Charpentier).

Guillaume de Sabran, 147, 259.

Guillaume de Grandménil, 179.

Guillaume de Beurnonville, 179.

Guillaume, (Évêque de Tyr), (dit Guillaume de Tyr). 28, 40, 42, 47, 48, 51, 57, 62, 64, 71, 72, 73, 74, 75, 76, 83, 89, 95, 101, 102, 104, 107, 111, 112, 115, 123, 125, 129, 137, 141, 142, 155, 156, 157, 158, 159, 160, 161, 162, 170, 177, 180, 191, 192, 197, 199, 200, 202, 205, 212, 214, 219, 222, 225, 227, 228, 229, 231, 232, 233, 234, 237, 260, 261, 270, 273, 274.

Guillaume Botin, 232, 233.

Guillaume d'Anseng, 246, 250.

Guillaume de Haust, 246, 250.

Guillaume de Boubers, (dit l'enfant d'Odile), 246, 251.

Guillaume de Wailly, 247, 252.

Guillaume, dit le Blond (ou Blondel), 247, 252.

Guillaume Hangard, 247, 252.

Guillaume Le Picard, 236, 240.

Guimard de Ribestelle, 248, 252.

Guillaume VIII, (Comte de Poitou et Duc d'Aquitaine), 26, 200.

Guilelmus Carpenterius, (v. Guillaume le Charpentier).

Guilelmus de Grantamasnil, de Granmasnil, de Grantemaisnil.

Guilelmus de Grantemasneda,

(v. Guillaume de Grand-mênil).

Guillelmus de Bernavilla, de Bernefia, de Bernevilla.

Guilelmus de Bernonvilla, de Bruilla, (v. Guillaume de Beurnonville)

Guillelmus Botins, (v. Guillaume Botin).

Guillelmus Buti, (v. Guillaume Botin).

Guiscard de Thiembroune, 78, 79.

Guiscard (Robert), (v. Robert).

Guischard (Robert), (v. Robert Guiscard).

Guy, (Comte de Saint-Paul), 78, 79.

Guy de Crévecœur, 78, 79.

Guy de Rolancourt, 78, 80.

Guy Trosel, 179.

Guy, (frère de Bohémond Ier, Prince d'Antioche), 192, 193, 194.

Guy de Somain, 246, 251.

Guy de Caunicourt, 247, 252.

H

H. de Vavrin, 248, 253.

Harlay, 16.

Hasmonius, 16.

Haymon, 16.

Hauteville (Tancrède de). (v. Tancrède).

Helbert de Bélain, 246, 251.

Hélie (ou Hellin) de Vavrin (fils d'H.), 253.

Hélias (Roi d'Antioche), 220, 221.

Hélidius (Roi d'Antioche), 220.

Hellin de Baumès, 78, 80.

Hellin de Cuinchis, 78, 80.

Hellin de Seins, 246, 251.

Helgot de Lens, 78, 80.

Hémion, 16.

Henri Wallon, (ancien ministre), 14.

Henri IV, Empereur d'Allemagne (beau-frère de Godefroy de Bouillon). 38, 76, 77.

Henri III dit-le-Noir, (Empereur d'Allemagne), 38.

Henri Ier (Roi d'Angleterre), 76. 221.

Hérétiques (Les), 12, 61.

Herluinus (v. Arluin).

Hermite (Pierre l'). (v. Pierre)

Hérodes (Roi d'Antioche), 220. 221.

Hernard de Crèvecœur (dit fils de Senard), 247, 251.

Hervé de Rohes ou de Roes (dit de Réthel), 245, 250.

Hervé de Roès (ou de Rohes). dit-de-Réthel, 245.

Hervé Tudebœuf, 29, 161, 178.

Heuschel, 121.

Hierosolymitanus, 15, 16, 31, 47.

Hôzier (d'). 253.

Huard d'Ordre-en-Boulenois, 78, 80.

Huard d'Huy, 246, 251.

Huard de la Cour (ou de Cury), 244, 251.

Huard de Dovrin, 247, 252.

Hubert de Courcelle, 246, 251.

Hubert de Scaldeng (dit-de-La Vigne), 246, 251.
Hubert de Forêt (ou de Foresto ou du Bois), 247, 251.
Hubert d'Estrées, 247, 252.
Hugo Mannus, (v. Hugues-Le-Grand).
Hugues V de Lusignan, 270.
Hugues VI de Lusignan, 12, 26, 258, 270.
Hugues, (Comte de Vermandois, dit Hugues-le-Grand), 27, 36, 56, 67, 89, 91, 92, 122, 200, 201.
Hugues (frère du Comte de Saint-Paul), 78, 79.
Hugues de Douai, 78, 79.
Hugues d'Albiniae, 78, 80
Hugues de la Fosse, 78, 80.
Hugues Miettes, 79, 80.
Hugues le-Forcené, 185.
Hugues de Maucicourt, 246, 250.
Hugues de Rosel, 246, 250.
Hugues de Denain, 246, 250.
Hugues de la Marck, 246, 250.
Hugues de Vannes, 246, 250.
Hugues du Fresne, 246, 251.
Hugues du Moulin, 246, 251.
Hugues de Marcères, 246, 251.
Hugues (Châtelain de Cambrai), 246, 251.
Hugues Sobier-dit-d'Iliers, 246, 251.
Hugues de Crèvecœur, 246, 251.
Hugues de la Fosse, 247, 251.
Hugues de Runnel, 247, 251.
Hugues de Solennes, 247, 251.

Hugues de Canny, 247, 251.
Hugues Le Loup (dit de Bautuel), 247, 252.
Hugues de Haret (dit d'Albigny ou d'Aubigny), 247, 252.
Hugues d'Inchy, 247, 252
Hugues de Bernimicourt, 247, 252
Hugues (dit-le-Petit), 248, 252
Hugues de L'Escluse, 248, 252.
Hugues de Lannoy, 248, 253.
Hugues (dit-de-Parmentier), 248, 253.
Hugues Leblanc, 248, 253.
Humbert (Abbé de Maillezais), 32.
Humbert de Bailleul, 78, 80.
Hunold d'Oneng ou d'Onain, ou d'Huningue, 246, 250.

I

lambertus Pauper. (v. Lambert-le-Pauvre).
Ibn-Khalduni, 231.
Ide ou Ida, (mère de Godefroy-de-Bouillon), 75, 76, 77, 78, 79.
Immaculée Vierge Marie (L') (v. Marie, Mère de Dieu).
Imbert de Rosel, 246, 250.
Infidèles (Les), 7, 39, 54, 55.
Isaac (Le Patriarche), 212.
Isaac d'Huy, 248, 251.
Isabelle, 48.
Isabelle de Nesle, 242.
Israélites (Les), 268.
Istichar-el-Daula (ou Istichar Eddaule), (Émir de Jérusalem), 271, 272.

Italiens (Les), 33.

J

Jacobus Bongarsius. (v. Jacques Bongars).

Jacques de Saint-Hilaire, 217, 251.

Jacques Kiéret, 218, 252.

Jacques de Bonduesse, 218, 253.

Jacques Bongars, 14, 15, 18, 21, 22, 31, 32, 36, 38, 41, 43.

Jacques Dupuy, 15.

Jacques de Vitri, 77.

Jacques de Boucourt, 78, 80

Jean de Maucicourt (ou de Maucourt), 216, 250.

Jean de Salice, 216, 250.

Jean de Montignac, ou de Montaignac, ou de Montaigne, ou de Montigny, 216, 250, 251.

Jean Serenvilliers, 217, 251, 252.

Jean de Berlette ou de Barlette, ou de Barelle, 217, 252.

Jean Regnialmes, 217, 252

Jean de Corbehen, 217, 252.

Jean de Hames, 218, 253.

Jean Besly, 15, 21, 26, 28, 29, 31, 43, 67, 68, 89, 179.

Jean Le Carpentier (Historien du Cambrésis), 77, 121, 244, 253.

Jean de Lardar, 79, 80.

Josaphat (Saint), 263.

Joseph de Longart (ou de Longuesart, ou de Lancastre), 217, 251.

Joseph Beuglens, 217, 242.

Jésus, 7, 15, 113, 235.

Jésus-Christ, 7, 8, 57, 61, 108, 114, 129, 151, 181, 195, 196, 199, 200, 203, 205, 228, 243, 261, 269, 274, 283, 284.

Judas-Machabée (Roi d'Antioche), 220, 221.

Julien Florus, 46.

K

Kemal-Eddin, 205, 222, 228.

Kerboga (Prince de Moussoul), 26, 57, 167, 168, 169, 170, 173, 174, 175, 177, 197, 198, 201, 204.

Kilidj-Arslan, 99.

L

La Chesnaye-des-Bois, 253.

Labbe (Le Père Philippe). (v. Philippe).

Laïd, (Roi d'Antioche), 220, 221.

Lambert le Pauvre, 179.

Lambert, (Évêque d'Arras), 242, 245.

Lambert, (Abbé de Crépy), 245

Lamurafre, (Roi d'Antioche), 220, 221.

Lamustroc-le-Brave, (Roi d'Antioche), 220, 221.

Lancelot de Pas, 79, 80.

Lancelot de Selles, 78, 79.

Latin, 11, 14, 15, 42, 47, 282.

Lavendalius ou Lavedaulis. (v. Afdhal-Émir-el Djujuch).

Le Bœuf, (v. Bœuf).

Le Bas, (v. Philippe Le Bas).

Le Carpentier, (v. Jean Le Carpentier).

Le Page, (v. Page).

Leprévost (Auguste), (v. Auguste Leprévost).

Lelot (Chevalier), 270.
Liebert, (Évêque de Cambray), 77, 78, 79, 80.
Liebert de Basti (ou de la Bâtie, ou de Baisti), 246, 251.
Liefrand Le Valet (246, 251).
Lietard de Brochet (dit Cuvilliers), 246, 251.
Lietbert de Raismes, 248, 252.
Lietbrand de Hellemes ou de Helmés, 246, 250.
Liethon d'Enich, 246, 250.
Lietoldus (v. Lelot).
Linlion, (Roi d'Antioche), 220, 221.
Lobènes (Aimeric de) (v. Aimeric).
Lobineau (Dom), 253.
Lombards (Les), 51, 52.
Longobards (Les), 51, 52.
Longobard, (Le Page, le) (v. Page).
Lorrains (Les), 77.
Lothaire, (Roi d'Austrasie), 76.
Luc (Saint), 49.
Ludovici filii, 46.
Lusignan (Hugues de). (v. Hugues).

M

Mabillon, 18.
Macron, (v. Maucoron).
Machabée (Judas), (v. Judas Machabée).
Mahomet, 7, 149, 172, 262, 285, 286.
Mahométants (Les), 7, 143, 168.
Mala-Corona, (v. Maucoron).
Malard, (Roi d'Antioche), 220, 221.
Malek-Schah, 99.
Malcoron, (v. Maucoron).
Malger de Lô, 79, 80.
Malmesbury (Guillaume de), (v. Guillaume de Malmesbury).
Malphumet, (v. Mahomet).
Manfrid de Saint-Martin, 248, 253.
Manassès, (Évêque de Cambray), 243, 245.
Manegaud, 23.
Maphumet ou Maphumes, (v. Mahomet).
Maraon, (Roi d'Antioche), 220, 221.
Margoriès, (Roi d'Antioche), 220, 221.
Marchisus, (v. Odon-le-Bon).
Marc de Cambray, 246, 251.
Marc (St), 223.
Mardrolien, (Roi d'Antioche) 220, 221.
Marie d'Écosse, 76.
Marie, (Mère de Dieu), 78, 79, 91, 181, 182, 198, 231, 257, 261, 263.
Marquis, (Odon-le-Bon-dit-le), (v. Odon le Bon).
Marquis, (le fils du), (v. Tancrède l'Illustre).
Martin (St), 33.
Martin de Sains (dit-de-Duras), 247, 252.
Martin Peaucorne, 248, 252.
Massa Corona, (v. Maucoron).
Massecoron, (v. Maucoron).

Mathieu d'Ath, 248, 253.
Mathilde-l'Illustre, (Comtesse ou Marquise de Toscane), 75.
Mathilde, (fille de Gerberge), 75.
Mathilde, (fille de Marie d'Écosse), 76.
Mathieu de Cauderon, 78, 80.
Mathieu (St), (Apôtre), 53, 223.
Maucoron, 159.
Mazarin, 15.
Michel (dit-Bernard), 247, 252.
Michel (St), (l'Archange), 53.
Michel Thévenot, 15.
Milon d'Alennes, 79, 80.
Mirguland, (Roi d'Antioche), 220, 221.
Mirmon, (Roi d'Antioche), 220, 221.
Mordand, (Roi d'Antioche), 220, 221.
Morabut, (Roi d'Antioche), 220, 221.
Morfir, (Roi d'Antioche), 220, 221.
Morlion, (Roi d'Antioche), 220, 221.
Morus, (Roi d'Antioche), 220, 221.
Morimond (l'Abbé de), (v. Othon, Évêque de Frisingue).
Mosthader-Billah-Aboul-Ahmed, 167, 168.
Moulin (Gabriel du), (v. Gabriel du Moulin).

N

Nicolas Vigner, 41.
Nicolas d'Avesnes, 242.

Noirand, (Roi d'Antioche), 220, 221.
Normandie (Comte de), (v. Robert).
Normands (Les), 59, 60, 128.
Notre-Seigneur, 36, 57, 114, 129, 139, 151, 181, 184, 200, 205, 225, 228, 269, 274, 283, 284.
Nublès, (Roi d'Antioche), 220, 221.

O

Odile, 246, 251.
Odon de Crèvecœur (dit-fils-de-Senvard), 247, 251.
Odon-le-Bon, dit-le-Marquis, 27, 56, 102.
Odon, (v. Urbain II, Pape).
Odon, (v. Othon, Évêque de Frisingue).
Olard de Crèvecœur, 246, 251.
Olard de Neufville ou de Neuville, 247, 252.
Onfroy, (fils de Rau), 62.
Oprime de Montignac, ou de Montaignac, ou de Montaigne, ou de Montigny, 247, 252.
Orange (L'Évêque d'), (v. Évêque d'Orange).
Oratoriens (Les), 16.
Ordolius (Roi d'Antioche), 220, 221.
Ordric, (ou Orderic) Vital, 75, 76, 104, 105, 126, 127, 129, 156, 169, 192, 210, 219, 230.
Organn, (Roi d'Antioche), 220, 221.
Orguland, (Roi d'Antioche), 220, 221.

Oringès, (Roi d'Antioche), 220, 221.

Oriensis Episcopus, (v. l'Évêque d'Orange).

Orluinus (v. Arluin).

Ostrevant (Le Seigneur d'). (v. Anselme, Comte de Ribemont).

Othon (v. Urbain II. Pape).

Othon, (Abbé de Morimond), (Évêque de Frisingue), 38, 39, 40, 41.

Othon de Bernisart, 246, 251.

P

Paganus (v. Le Page).

Pagan (v. Le Page).

Paganus (ou Païen, ou Le Page), de Bouillon, 247, 252.

Païens (Les) 170.

Païen (Le) (v. Le Page).

Pandulphus Collenutins, 59.

Pape (Le), 7, 8, 9, 169.

Paris (Paulin) (v. Paulin Paris).

Patriarche de Jérusalem (Le) v. Arnoulf, chapelain de Robert-Courte-Heuse).

Pascal (Pape), 41.

Paulin Paris, 13, 14.

Paul de Berberis, 247, 252.

Paul Petau, 18.

Paul (Saint) (Apôtre), 205.

Pauvre (Le) (v. Lambert-le-Pauvre).

Pelet (Raymond) (v. Raymond Pelet).

Pélufrès (Roi d'Antioche), 220, 221.

Perses (Les), 93, 168.

Père (Dieu le) (v. Dieu).

Petau (Paul) (v. Paul Petau).

Perrine de Cison (ou de Cisoin), 242.

Petrus Sacerdos Cirvacensis (v. Pierre Tudebœuf).

Petrus de Alpibus (v. Pierre d'Aliph).

Philippe de la Marck, 246, 250.

Philippe Ier (Roi de France) (frère d'Hugues de Vermandois, dit-le-Grand), 56, 210.

Philippe de Mesnil, 79, 80.

Philippe de Commines, 253.

Philippe V (Roi d'Espagne), 211.

Philippe Labbe (Le Père), 15.

Philippe Le Bas, 47, 61, 62, 67, 112, 116, 130, 131, 221.

Pie IX (Pape), 6.

Pierre de Market, ou de Marquette, 246, 250.

Pierre (dit Goulart), 247, 252.

Pierre de Noyelle, 247, 252.

Pierre (Saint-) (Apôtre), 7, 29, 108, 170, 178, 179, 182, 184, 195, 196, 197, 198, 205, 209, 212, 213, 245, 274.

Pierre Tudebœuf (Prêtre de Civray), 11, 12, 13, 16, 18, 21, 22, 25, 26, 27, 28, 29, 30, 31, 36, 39, 40, 41, 42, 43, 47, 61, 63, 65, 66, 67, 68, 106, 122, 128, 147, 192, 221, 263.

Pierre Tudebode, Tudebœuf ou Tubœuf (v. Pierre Tudebœuf).

Pierre Dupuy, 15.

Pierre (Évêque d'Albara).

Pierre (Abbé de Maillezais), 16, 32, 33.

Pierre l'Hermite, 31, 50, 51, 54, 121, 122, 197, 282.

Pierre Damien (ou d'Amiens), 51.

Pierre d'Héricourt, 78, 80.

Pierre d'Aliph, 103.

Pierre (Vicomte de Châtillon), 106, 147.

Pierre de Roës, 106.

Pierre Raymond d'Hautpoul, 106, 147.

Pierre de Roy (v. Pierre de Roës).

Pierre (Vicomte de Turenne), 117.

Pierre Barthélémy, 183, 195, 196, 223.

Pierre (Évêque d'Albara), 231, 282.

Pilate (Roi d'Antioche), 220, 221.

Pilet (Raymond), (v. Raymond Pilet).

Pilingenius (Baron de la Cressonnière), 15, 42, 43.

Pincinnatins (Les), 57, 65, 73, 74.

Pithou, 16.

Poitevins (Les), 11, 12, 22, 27, 39, 122.

Poitou (Le Comte de) (v. Guillaume).

Pompon de La Vigne, 246, 251.

Ponce (Comte de Toulouse, et père de Raymond de Saint-Gilles), 270.

Ponce de Balazun, 195, 196, 236, 240.

Ponce (Vicomte de Polignac), 119.

Ponce-Raginald, 73.

Pontius de Baulan (v. Ponce de Balazun).

Pontius Balonensis (v. Ponce de Balazun).

Pontius de Baladuno (v. Ponce de Balazun).

Pontius de Balan (v. Ponce de Balazun).

Praxède-Adélaïde (sœur de Godefroy de Bouillon), 76.

Prélion (Roi d'Antioche), 220, 221.

Prince des Apôtres (Le) (v. Saint-Pierre).

Prise (de la), 66.

Provençal (Un pèlerin) (v. Pierre Barthélémy).

Prussiens (Les), 9.

Publicains (Les), 93, 106, 158, 168, 232.

Pulcher (Roi d'Antioche), 220, 221.

Pyrus (L'Emir), 156, 158, 160, 161.

R

Radbod II, (Évêque de Noyon et Tournai), 24.

Rademon, (Roi d'Antioche), 220, 221.

Raimbauld Créton (dit d'Estourmel), 247, 251.

Raimond d'Aguilers, 35, 36, 40, 42, 61, 62, 121, 132, 133, 134, 147, 160, 181, 183, 195, 196, 222, 228, 240, 259, 283.

Raimond d'Agiles, (v. Raimond d'Aguilers).

Raimond Pilet, 240, 233, 257, 258.

Raimond, (Vicomte de Châtillon), 232.

Raimond, (Vicomte de Tournai?) 232, 233, 257.

Raimond IV, (Comte de Saint-Gilles, de Toulouse et de Provence), 35, 36, 55, 56, 72, 81, 85, 90, 91, 92, 104, 105, 107, 129, 137, 139, 147, 148, 159, 183, 186, 195, 196, 200, 204, 210, 213, 215, 216, 221, 222, 223, 227, 228, 229, 230, 231, 234, 235, 236, 237, 240, 257, 258, 267, 270, 271, 272, 281, 282, 283, 284, 285.

Raimundus (Dapifer Hugonis Liziniacensis), (v. Renaud de Chambellan).

Raimundus, (v. le Comte Rainard).

Rainald (Le Chambellan), 26, 258.

Rainald, (Chef des Lombards, Longobards et Allemands de la 1re colonne), 52, 53.

Rainaldus de Goüi dictus Faber, (v. Renaud de Goy, dit le Charpentier).

Rainald, (v. Renaud de Porcelet).

Rainolde, (Archevêque de Reims) 24.

Rainard (Le Comte), (v. Ruinard).

Rainardus, (v. le Comte Rainard).

Rambuland, (Roi d'Antioche), 220, 221.

Raoul de Caën, 63, 72, 92, 160.

Ratbod, (Évêque de Nimègue), 243, 245.

Rau, 62.

Raymond Pilet, 210, 233.

Reginaldus (Dapifer Hugonis Liziniacensis), (v. Renaud le Chambellan).

Régnier (A), (v. A. Régnier).

Régnier Banastres, 78, 80.

Reine de Suède (La) (v. Christine de Suède).

Renaud d'Aspiers (ou d'Asp), 247, 252.

Renaud (Le Chambellan), (v. Rainald).

Renaud, (v. Rainolde, Archevêque de Reims).

Renaud, (frère de Richard-dit-le-Prince), 62.

Renaud de Licques, 78, 79.

Renaud de Goy, dit-le-Charpentier, 121, 122, 247, 252, 253.

Renaud de Goüy, (v. Renaud de Goy dit-le-Charpentier).

Renaud de Goüi, (v. Renaud de Goy, dit-le-Charpentier.

Renaud Carpentier, (v. Renaud de Goy, dit-le-Charpentier).

Renaud Porchet, (v. Renaud de Porcelet).

Renaud Porcher, (v. Renaud de Porcelet).

Renaud de Porcelet, 148, 149, 150.

Renaud de Pourcelet, (v. Renaud de Porcelet).

René (Le Chambellan d'Anselme de Ribemont), 245, 250.

René de Trith (neveu de René Le Chambellan), 245, 250, 251.

René de Malleroy, 246, 250.

René de la Pierre, 246, 251.
René de Fontericœur ou de Fontrichard), 247, 251.
René de Sart, 247, 252.
Ribemont (v. Anselme et Godefroy de)
Richard de Bugnicourt, 246, 250.
Richard de Hasnon (ou de Hannon), 246, 251.
Richard de Venchy, 247, 251.
Richard, (fils du Comte Renaud), 62.
Richard dit-le-Prince, (fils du Comte Guillaume), 56, 62.
Ricalfe du Flex, de Flais ou de Flessingue, 246, 250.
Rigauld le Fuselier (dit de Gabeville), 247, 252.
Rivière (Bégon de la), (v. Bégon).
Robert de Salice, 246, 250.
Robert d'Hornain, 246, 250.
Robert Le Mire, 247, 252.
Robert-le-Moine, (v. Robert, Abbé de Saint-Remi), 21, 22, 30, 31, 34, 40, 41, 47, 48, 64, 89, 101, 104, 121, 122, 131, 142, 161, 240.
Robert, (Abbé de Saint-Remy de Reims, dit Robert-le-Moine).
Robert-Courte-Heuse, (Comte de Normandie), 56, 89, 92, 126, 130, 183, 200, 202, 215, 227, 229, 236, 257, 274, 281, 284, 287.
Robert, frère de Tancrède l'Illustre), 56.
Robert Guiscard, 56, 60, 92.

Robert, fils de Girard de Roussillon, 62, 127.
Robert de Sourval, 78, 79.
Robert (fils de Trost), 62.
Robert dit d'Artois, 78, 79, 247, 252.
Robert de Molencourt, 78, 80.
Robert (Comte de Flandre), 41, 56, 76, 80, 82, 83, 89, 92, 115, 119, 127, 159, 183, 200, 201, 203, 213, 227, 234, 235, 236, 257, 280, 282, 284.
Robert de Rambures, 79, 80.
Robert de Ansa, 92.
Robert de Roussillon (fils de Girard) (v Robert, fils de Girard).
Robert-dit-le-Frison (v. Robert, Comte de Flandre).
Robert (Évêque de Ramla ou d'Arimathie), 238.
Rodoan (Roi d'Alep).
Rodolphe de Ferseng, 246, 250.
Rodolphe de Vincy, 247, 251.
Rodolphe d'Inchy, 78, 80.
Rodolphe de Dours, 78, 80.
Roger (Évêque de Ramla ou d'Arimathie), 238.
Roger Ier (Comte de Sicile), 58, 60.
Roger II (Duc d'Apulie) (ou de Pouille) (et de Calabre), 56, 60.
Roger (fils de Richard dit-le-Prince), 56.
Roger, Sire de Goùy ou de Goy, 121.
Roger Houliers, 79, 80.
Roger de Market ou de Marquette, 246, 250.

Roger Bouxel, 217, 252

Roi de Césarée (de Syrie) (Le) (v. Aboussalama-Morschad).

Roi de Jérusalem (v. Socman Ibn Ortok).

Roi de Damas (v. Deccacus Ibn Toutousch).

Roi de Tripoli (Le) (v. Abu-Ali-Ibn-Ammar).

Roi d'Alep (v. Rodoan).

Rokn-Eddin-Aboul-Modhaffer-Kamis-Borkiaruk (v. Mosthadher).

Romain, Romaine, 5, 12, 48, 57, 175.

Roscigno (Le Comte de), 128.

Roussillon (Le Comte de))v. Godefroy, Comte de Roussillon).

Roussillon (Girard de) (v. Girard)

Rubeus (v. Guy Trosel).

Rudand Ier (Roi d'Antioche), 220, 221.

Rudand II (Roi d'Antioche), 220, 221.

Ruinard, (Comte de Tulle), 202.

Rumold (Moine), 213, 218, 253.

Rumold de Vasberg, 216, 251

Rumold d'Inchy, 217, 252.

Rumold de Bollemont, 217, 252

S

Saints (Les) 7, 171.

Saint-Maur (v. Maur).

Saint-Martin (v. Martin).

Saint-Esprit (v. Esprit-Saint).

Salomon (Roi de Jérusalem), 263, 272.

Salomon (Roi d'Antioche), 220, 221.

Sanzédolas (Emir d'Antioche), 119, 168, 169.

Samson de Hames, 78, 80.

Samson (Roi d'Antioche), 220, 221.

Sarrasins (Les), 29, 91, 92, 93, 94, 106, 107, 115, 120, 137, 159, 162, 168, 209, 211, 213, 214, 222, 225, 226, 232, 233, 235, 238, 259, 260, 261, 262, 267, 268, 272, 273, 281, 286.

Sauley (de) 12.

Sauveur du Monde (Le) (v. Jésus-Christ).

Satan, 110.

Satan (Roi d'Antioche), 220, 221.

Saxons (Les), 77.

Seigneur Dieu (Le) (v. Seigneur et Dieu).

Seigneur (Le), 8, 38, 47, 48, 49, 53, 61, 81, 93, 108, 133, 131, 143, 181, 182, 183, 188, 196, 212, 223, 236, 238, 243, 257, 261, 263, 267, 272, 273, 282, 284.

Semelimilech (v. Afdhal Émir-el-Djujuch).

Semelmuc (v. Afdhal).

Semelmuch et Semelmul (v. Afdhal).

Senvard de Crèvecœur, 216, 251.

Senzedolas (Emir d'Antioche), 119, 168, 169.

Sichard, 232.

Sichard d'Auchy, 78, 80.

Sicher Cassenasse, 79, 80.

Sicher, 211.
Sicher de Beldenghien, 246, 251.
Sicher d'Ablain ou d'Ablaing, 247, 252.
Sicile (La Comtesse de) (v. Adélaïde).
Sieger Carpentier (Sire de Vannes), 121, 122.
Sifrid de Renty, 78, 80.
Sigebert (Moine), 41.
Siger de Mennerve, 78, 80.
Siger Talet, 79, 80.
Siger de Thuins (ou de Thuy), 247, 251.
Siméon (l'Arménien), (Chevalier), 101.
Siméon (Saint), 216.
Simon de Heuchy, 78, 80.
Simon de Hulluch, 78, 80.
Simon (fils d'Hugues Seigneur de l'Advocatie, de Béthunes), 246, 250.
Simon de Launay, 246, 251.
Simon de Genlain, 246, 251.
Simon du Val, 248, 252.
Simon de la Porte, 248, 252.
Simon Bus, 248, 252.
Socman-Ibn-Ortok (Émir de Jérusalem), 167, 168, 187.
Soliman-Ibn-Cotulmisch, 99.
Soliman l'Ancien (v. Soliman-Ibn-Cotulmisch).
Soliman-le-Jeune (v. Kilidj-Arslan).
Sosman (v. Socman-Ibn-Ortok).
Souverain-Pontife (Le) (v. Pape).
Stephanus Valenti, Sive Valentino (v. Étienne-le-prêtre).

Syriens (Les), 91, 112, 120, 121, 129, 140, 156, 163, 197, 201, 209, 210, 212, 267.

T

Tancrède de Hauteville, 56.
Tancrède (fils du Comte Guillaume), 56.
Tancrède (l'Illustre) (Fils d'Odon-le-Bon, dit-le-Marquis), 12, 27, 28, 56, 60, 62, 63, 64, 72, 89, 92, 94, 102, 103, 104, 120, 123, 155, 156, 162, 163, 176, 177, 183, 186, 200, 201, 257, 272, 279, 280, 284.
Tarente (Bohémond 1er, Prince de) (v. Bohémond).
Tasse (Torquatus Le) (v. Torquatus).
Tatic (v. Titidus).
Tatinus (v. Titidus).
Téland (Roi d'Antioche), 220, 221.
Terric d'Era, 246, 250.
Terric de Briastre (ou de Bryas), 247, 252.
Terric de Meuvres, 247, 252.
Tetigus (v. Titidus).
Thanas (Roi d'Antioche) 220, 221.
Thévenot (Michel), (v. Michel Thévenot).
Théodore (Le Bienheureux), 182, 202.
Thoros (Prince d'Arménie), 58.
Tietur de Haucourt, 247, 251.
Timothée, 49.
Titidus (Le Chevalier), 124.
Tobie (Roi d'Antioche), 220, 221.

Torena (Vicecomes) (v Tournai).

Toulouse (Le Comte de) (v. Raymond de Saint-Gilles).

Torquatus (Le Tasse), 33.

Tournai (Raymond, Vicomte de) (v. Raimond).

Tout-Puissant (Le) (v. Dieu).

Tous-les-Saints (La Fête de), 210, 214.

Trinité (La Sainte), 32, 94, 214.

Troand (Roi d'Antioche), 220, 221.

Trost, 62.

Trosel (Guy) (v. Guy).

Trusellus, Trassellus, Tursellus (v. Trosel).

Tudebœuf (Pierre) (v. Pierre).

Tudebœuf (Hervé) (v Hervé).

Tudebœuf (Arnauld) (v. Arnauld).

Tudebode (v. Pierre Tudebœuf).

Tudebovis, Tudabovis, Tutebovis, Tudebodus, Tuteboius Tudeboius, Tudebouis, Tutebœuf, Tuebœuf (v. Pierre Tudebœuf).

Turcs (Les) 10, 51, 32, 53, 54, 55, 73, 84, 85, 89, 90, 91, 92, 93, 100, 101, 102, 103, 104, 105, 106, 111, 112, 113, 115, 119, 121, 125, 126, 127, 128, 129, 130, 131, 132, 133, 134, 138, 139, 140, 141, 142, 148, 149, 155, 156, 158, 160, 162, 168, 169, 170, 173, 177, 180, 184, 185, 186, 187, 191, 192, 193, 194, 197, 199, 200, 202, 203, 204, 211, 212, 221, 222, 229, 232, 233, 235, 239, 260, 286.

Turcopolitains (Les), 57, 63.

Tyrius Pontifex (v. Guillaume, Évêque de Tyr).

U

Udon l'Impie (Roi d'Antioche), 2.0, 221.

Ugo Magnus, (v. Hugues Le Grand)

Ulric de Créquy, 78, 80.

Ulric de Mammes, 79, 80.

Ulric de Bruielles, 79, 80.

Urbain II, (Pape), 7, 30, 35, 41, 48, 72.

Ursin de Tingris, 78, 80.

Ursin de Nédonchel, 78, 80.

Ursin, 122.

Ursiens (Les), 73.

V

Vagon de la Planche, 248, 253.

Valanti sive Valantino, (Stephanus), (v. Stephanus Valanti).

Valenciennes (Les Comtes de), 240.

Valnulf de Saint-Amand, 248, 253.

Varner de Longastre, 79, 80.

Vascon de Gieslons (ou de Gislain), 247, 252.

Valter on Valter de Thiembroune, 78, 79.

Védric de Mastaing, 246, 251.

Venchil de Quentin (fils d'A), 246, 251, 252.

Vérinfred de Déchy, 246, 250.

Vermandois (Hugues, Comte de) (v. Hugues-de-Vermandois, dit-le-Grand).

Vicaire de Jésus-Christ (Le), (v. Pape).

Vicaire de Jésus, (v. Vicaire de de Jésus-Christ).

Vidric (l'Archidiacre), 78 79.

Vierge (La) (Marie) (v. Marie, Mère de Dieu).

Vigner (Nicolas) (v. Nicolas)

Vilfrand de Bugnicourt, 246, 250.

Virel de Raismes, 248, 252.

Vision (Roi d'Antioche), 220, 221.

Vital (Orderic ou Ordric), (v. Orderic ou Ordric Vital).

Y

Yves d'Avesnes, 242.

Yves Tesson, 79, 80.

Yvon de Grandménil, 179.

W

Wagnes de Cou celle, 246, 251.

Walbert de Fampolin, 247, 248, 252.

Wallincourt (de), 122.

Wallon (Henri) (v. Henri).

Walrand de Hinget, 79, 80.

Walter, 240.

Wascon de Willerval, 78, 80.

Wascon de Cordes, 247, 252.

Wasnulf de Régnier, 247, 252.

Watier ou Walter de Bousilles, 79, 80.

Wattier-Flaët ou Walter-Flaët de Goy, 79, 80.

Watier ou Walter (Seigneur d'Hamerincourt), 246, 250.

Watier ou Walter de Rombilles, 246, 250.

Watier ou Walter de Maucourt ou de Maucicourt (dit-de-l'Atre, dit-fils-de-Jean) 246, 251.

Watier ou Walter Le Bail, 246, 251.

Watier ou Walter Ruciac (ou de Roussy), (dit Cholet), 246, 251.

Watier ou Walter de Tonnerre, 246, 247, 251.

Watier ou Walter de Guinelieu, (ou de Guines ou de Gonnelieu) (dit-de-Viestis), 247, 251.

Watier ou Walter de Fontericœur ou de Fontrichard, 247, 251.

Watier ou Walter d'Audencourt, 247, 251.

Werric de Grincourt, 247, 252.

Wibold (Le Gouverneur), 78, 79.

Wido, (v. Guy, frère de Bohémond, Prince d'Antioche).

Willelmus de Gentamasnil, de Grandis-Maisnil, de Grante-Maisnil, de Grentemaisnil, (v. Guillaume de Grandménil)

Wilfrid de Griboval, 79, 80.

Willemus Botinus, (v. Guillaume Botin).

Willelmus Pichardus, (v. Guillaume Le Picard).

Wolfrad d'Allewaëne, 79, 80.

ERRATA

Page 34, note 25; lisez : Emma de Champagne.
Page 39, note 37; lisez : Othon.
— 251, note 58, ligne 1re; lisez : Gilles de Glageux : son frère ;
— — ligne 8; lisez : Alman du Pont ;
— — ligne 15; lisez : Huard de la Cour, ou de Cury ;
— — ligne 23; lisez : Venchil de Quentin, fils d'A.;
— — ligne 28; lisez : Heruard et Odon, dits les ...
— 252, ligne 4; lisez : Gilles de Wambais ;
— — ligne 23; lisez : Guillaume de Vailly ;
— — ligne 27; lisez : son fils ;
— — ligne 31; lisez : Guillaume Hangard, son neveu ;
— — ligne 33; lisez : Gautier de Vagnonville.
— 253, ligne 28; lisez : Œuvres généalogiques d'André.

www.ingramcontent.com/pod-product-compliance
Lightning Source LLC
Chambersburg PA
CBHW060655170426
43199CB00012B/1809